СОБРАНИЕ

АНАТОЛИЙ РЫБАКОВ

Тяжелый песок

ИЗДАТЕЛЬСТВО
Москва
2003

УДК 821.161.1-311.6Рыбаков
ББК 84(2Рос=Рус)6-44
   Р93

ISBN 5-17-018296-1

СОБСТВЕННАЯ ЖИЗНЬ — ЭТО КЛАД

О своих соседях, о детях Арбата, Рыбаков начал писать в 1958 году. Через девять лет он предложил роман «Новому миру»: в этом журнале был напечатан роман Рыбакова «Лето в Сосняках».

Редактором журнала был Александр Твардовский, с небывалой смелостью опубликовавший «Один день Ивана Денисовича», произведение бессмертное. Рыбаков надеялся, что Твардовскому понравятся «Дети Арбата», которые, не дойдя до редактора, уже больше года томились в редакции. Роман высоко оценили сотрудники Твардовского — Анна Берзер, Кондратович, Лакшин. Измученный ожиданием, Рыбаков обратился к Твардовскому с письменной просьбой прочесть роман.

Вскоре Рыбаков встретился с Твардовским в редакции «Нового мира». Вот слова Твардовского:

«Каждый писатель мечтает о своей главной книге, но не всякий, даже очень талантливый, ее создает, потому что не находит того, что должно послужить для нее материалом. Вы нашли свой золотой клад. Этот клад — ваша собственная жизнь. И то, что вы пренебрегли своей славой известного беллетриста, своим материальным положением, пишете такую книгу, без надежды на скорое ее опубликование, пишете всю правду, подтверждает, что вы настоящий писатель... Вы прекрасно показали ту эпоху, показали общество во всех его разрезах — от сына портного до дочери наркома... Вы достигли поразительной силы и убедительности изображения. Мне очень горько, что я ничего не могу пообещать вам конкретно. Журнал в очень тяжелом положении, его медленно удушают».

Идут годы, «Дети Арбата» все еще в утробе письменного стола, Рыбаков пишет новый роман: «Тяжелый песок».

Русский писатель Рыбаков никогда не забывал о своем еврействе. Он написал много повестей и романов, приобретших большую популярность и на родине, и за ее рубежами. Я уверен, что он надолго останется в литературе как создатель «Детей Арбата» и «Тяжелого песка». А ведь хорошо как-то сказал Корней Чуковский: «В литературу трудно попасть, еще труднее в ней задержаться и почти невозможно в ней остаться. Рыбаков останется».

Название «Тяжелый песок» взято из Библии, из книги Иова: «Если бы была взвешена горесть моя, и вместе страдания мои на весы положили, то ныне были бы они песка морского тяжелее».

Удачливый, широко известный автор впервые понял, как трудно у нас напечатать не беллетристику, пусть увлекательную и честную, а истинно художественную вещь, чуждую политическому направлению тоталитарного государства. «Тяжелый песок» отклонили новый (после Твардовского) «Новый мир», «Дружба народов». Напечатал отважный Ананьев в «Октябре». Как всегда, были потребованы купюры, поправки. Рыбаков скрепя сердце шел на уступки. Один персонаж романа был расстрелян как «враг народа». Теперь Рыбакову пришлось бросить его под поезд. Антисемитские листовки с текстом из Достоевского, которые немцы разбрасывали на фронте, теперь снабжались текстами из Кнута Гамсуна. Цифра уничтоженных фашистами евреев — шесть миллионов — государством запрещалась. Преодолев сопротивление редакции, Рыбаков — впервые в нашей стране — назвал эту цифру в своем романе. Были и смешные придирки. Один из персонажей романа родился в Цюрихе. Но в это время мы узнали книгу Солженицына «Ленин в Цюрихе». Пришлось, по требованию редакции, заменить Цюрих Базелем. Но когда роман вышел отдельным изданием, Рыбакова пригласили в ЦК КПСС. Цекистский чиновник прочел по бумажке замечания «серого кардинала» Суслова, касающиеся романа. Оказалось, что некий профессор написал в ЦК письмо, сообщая: «Тяжелый песок» — роман сионистский. Не случайно главный герой романа родился в Базеле, где происходил первый сионистский конгресс». Вряд ли Рыбаков об этом знал. Как трудно сделать героя родившимся в Швейцарии: Цюрих плох, а Базель и того хуже.

Читательский успех «Тяжелого песка» был оглушителен. Множество писем прислали автору русские, украинцы, белорусы и, конечно, евреи, писали люди, уцелевшие в лагерях уничтожения, в гетто, дети, потерявшие родителей, родители, потерявшие детей.

Советская печать роман замолчала. Но на Западе публикация «Тяжелого песка» рассматривалась как «поворот Кремля в еврейском вопросе». Роман был издан в 26 странах. Заголовки статей в большой, многоязыкой прессе: «Роман поворачивает душу», «Долгое молчание разбито», «Еврейская семейная сага», «Высокая песня любви», «Семейная хроника, продолжающая старую русскую традицию», «Сильный одинокий плач», «Советским людям нравится еврейская сага».

Как странно, даже загадочно: великие книги Солженицына, книги Булгакова, Бабеля, Зощенко, Платонова, Гроссмана, «Тихий Дон» (Шолохова?), «Дети Арбата» и «Тяжелый песок» Рыбакова возникли в самую жестокую, в самую несвободную, в самую античеловеческую пору истории России. Сила человечности оказалась сильнее дьявольской мощи большевизма. Так решил Тот, Кто создал человека.

Семен Липкин

Тяжелый песок

Роман

И служил Иаков за Рахиль семь лет; и они показались ему за несколько дней, потому что он любил ее.

Бытие, гл. 29, ст. 20.

1

Что было особенного в моем отце? Ничего. Правда, он родился в Швейцарии, в Базеле, в нашем городке не так уж много уроженцев Швейцарии. Говоря точнее, им был только мой отец.

В остальном — обыкновенный сапожник. Плохой сапожник. Его отец, мой дедушка, был в Базеле профессором медицины, а братья, мои дяди, — докторами медицины. И моему отцу тоже следовало стать доктором медицины. Но он стал сапожником, и, как я уже сказал, неважным сапожником.

Мою фамилию вы знаете — Ивановский. Мой отец тоже был Ивановский, дедушка из Базеля — Ивановский, дяди — Ивановские и кузены, те, что сейчас живут в Базеле, — тоже Ивановские. Может быть, там они не просто Ивановские, а какие-нибудь перелицованные на немецкий лад, скажем Ивановски. Но, как ни поворачивать, остается Ивановский. Мой прадедушка родился в селе Ивановке, а тогда был обычай давать фамилию по названию города, деревни или местечка, откуда ты родом. Прадедушка был человек состоятельный, и когда его единственный сын, то есть мой дедушка, окончил гимназию, послал его учиться в Швейцарию. Дедушка окончил университет в Базеле и там же, в Базеле, женился. Женился на дочери врача, владельца большой клиники. Тесть умер, клиника перешла к моему деду, а после него к его двум старшим сыновьям, моим дядям. Отец мой тоже был наследником, имел право на часть клиники, но он не был медиком, жил не в Базеле, а в России, ничего для клиники не сделал и ни на что не претендовал.

Итак, у моего дедушки Ивановского было три сына... «У старинушки три сына, старший умный был детина, средний был и так и сяк, младший вовсе был дурак...» Не знаю, был ли мой старший дядя умнее среднего, не думаю. Оба окончили университет, стали докторами медицины, владельцами одной из лучших клиник в Европе, значит, были не дураки. Что касается моего отца, то он тоже не был дурачок, но он не получил высшего образования, хотя возможностей для этого у него было не меньше, чем у его братьев. Отец был младший в семье, последний, м и з и н и к л, как у нас говорят, то есть мизинец, самый маленький, а самый маленький — самый любимый. И из трех братьев он единственный был похож на мать, такую субтильную немочку. Старшие братья были в дедушку Ивановского, здоровые, знаете ли, бугаи. Вот фотокарточка: эти двое, в белых шапочках и белых халатах, старшие, видите, мясники. Впрочем, знаменитые на всю Европу хирурги, дело свое знали и делать его умели. А вот карточка моего отца: голубоглазый блондин, изящный, нежный и застенчивый красавчик, мамин и папин любимчик. Дедушка, профессор Ивановский, был деловой человек и вместе со старшими сыновьями был занят медициной, клиникой и пациентами, но жену свою любил и младшего сына, то есть моего отца, тоже любил. Звали моего отца Якоб — это по-немецки, а по-нашему Яков, и я, следовательно, Яковлевич, Борис Яковлевич Ивановский.

В общем, отец мой Якоб был младший, был любимчик, и его мама, моя будущая бабушка, старалась держать его при себе, ходила с ним гулять по Базелю, люди останавливались, спрашивали, чей это и откуда такой ангелок. И моей бабушке было приятно, всякой матери приятно, когда любуются ее ребенком.

Говорят, в девятнадцать лет мой отец был настоящий Дориан Грей. Что?.. Я тоже, наверно, был похож на Дориана Грея? Не думаю. Если я и был похож на Дориана Грея, то на того, который уже изрезал или порвал свой портрет. Но из всех братьев, а нас было пятеро, только я и самый младший, Саша, были похожи на отца, как видите, я блондин, и глаза у меня голубые, и рост сто семьдесят восемь сантиметров, как у отца. Остальные братья в мать, мать была крупная женщина, и братья высоченные — за сто восемьдесят сантиметров, костлявые, черные, как цыгане... Сколько вы мне дадите? Спасибо! А за шестьдесят не хотите? Представьте себе!.. Молодой я действительно был ничего... Не хочу преувеличивать, но факт остается фактом. Когда еще в парнях я работал сапожником, то самые шикарные дамочки требовали, чтобы именно я шил им туфельки, и когда такой шикарной дамочке я обмеривал ножку, то из этой ножки било электричество, даю вам слово!.. Но прошло, проехало, пролетело, и давайте вернемся к моему отцу.

Когда отец окончил колледж и готовился поступить в университет, возникла идея поехать в Россию, посмотреть родные места. Отчего и как возникла такая идея, точно сказать не могу. Отец завершил среднее образование, и решили, видимо, что неплохо ему перед университетом посмотреть на мир. И дедушка давно мечтал посетить места, где родился, где лежат в могиле его предки, одним словом — родину. И моя бабушка тоже, наверно, хотела доставить удовольствие своему любимчику. Ведь ее Якоб совсем не был похож на старших братьев: те деловые люди, практики, реалисты, а этот — мечтатель, романтик. Бабушка даже не была уверена, что он должен стать доктором, но раз уж так повелось в их роду — все доктора, — то пусть будет не хирургом, хотя бы терапевтом, а еще лучше — психиатром, вроде Фрейда.

На том решили, сдали документы Якоба в университет, а может быть, просто записали в университет, не знаю, как это делается в Швейцарии, все оформили и поехали в Россию: мой дедушка профессор Ивановский и мой будущий отец, красивый молодой блондин Якоб из города Базель, Швейцария. Было это в 1909 году.

Теперь представьте себе состояние молодого человека из Базеля, пересекающего Россию в 1909 году. Я не был в Базеле, не был в Швейцарии, но я почти два года был в Германии, в войну, в армии, и после войны в оккупационных войсках, и могу представить себе приблизительно, что такое Базель и что такое Швейцария. Красивая страна, Альпы, Женевское озеро... Но горы и озера есть и у нас и, наверно, не уступят ни Альпам, ни Женевскому озеру. Я вовсе не утверждаю, что Россия — красивейшая страна мира, и когда поют: «Хороша страна Болгария, но Россия лучше всех», то это для русского человека, а болгарину, я думаю, Болгария тоже не хуже других. Но, понимаете, когда молодой человек, девятнадцати лет, мечтательный, впечатлительный, приезжает из Швейцарии, едет день, два, три по России и видит из окна вагона бескрайние степи, и деревеньки на горизонте, и белые украинские хаты, и вишневые сады под горячим южным солнцем, и небо, полное звезд, и маковки церквей, и усатых украинцев, и украинок в ярких монистах... Это вам не чинный, добропорядочный Базель. И к тому же молодой человек знает, что здесь, в этих степях, родился его отец, и это не может не произвести на него впечатления. Возможно, у него не защемило сердце, как щемит оно у нас, когда мы возвращаемся на родину, как, наверное, защемило у дедушки, когда он почти через сорок лет снова увидел Россию. Но, повторяю, впечатление было очень сильным, он сам потом рассказывал, что не мог отойти от окна, не мог оторваться от наших просторов, тихих полустанков, ковыля, перелесков. Добавьте к этому, что ничего, кроме Швейцарии, он не видел, ехал к нам через Австрию, а в Австрии ничего особенно нового по сравнению с Швейцарией, я думаю, не заметил.

И вот в таком состоянии этот молодой человек идет по нашему тихому жаркому южному городу, идет по солнечной песчаной улице, где родился его отец, где жили его дедушка и бабушка: улица довольно широкая, как это бывает в степных городках, по обе стороны деревянные домики с голубыми ставнями, деревянные заборы с крепкими воротами, палисадники, тополя, и на улице никого нет, улица пустынна.

Все, конечно, знали, что сын покойного Ивановского приехал посмотреть родину и показать ее своему сыну, чтобы тот не забывал, откуда они родом, и, конечно, всем было интересно на них поглядеть. Но народ у нас деликатный, никто на улицу не вышел; люди не толпились, не глазели на то, как идут пожилой Ивановский с молодым Ивановским. Но все немного раздвинули занавески и смотрели на них потихоньку из окон; как ни говори, событие — люди приехали из Швейцарии посмотреть улицу, посмотреть дом, где жили их предки.

И только один человек вышел на улицу, только один человек вышел из дома и смотрел на швейцарцев не из окна, а прямо им в глаза. Вы, конечно, догадываетесь, кто был он, этот человек... Это был не он, а она, моя будущая мать Рахиль...

— Что за принцы такие? — сказала она. — Почему я должна, как арестантка, подглядывать за ними из окна?

Вышла на улицу, стала в воротах, прислонилась к калитке и во все глаза смотрит на моего будущего дедушку и на будущего отца.

Представляете картину?! Идет красивый, чистенький блондинчик в заграничном костюме, при галстуке, в модных штиблетах, мальчик из аккуратного города Базеля, где он видел чистеньких немочек в белых передничках, идет этот немчик по жаркому южному городу, по тяжелому, нагретому солнцем песку и видит: стоит в воротах, прислонясь к калитке, загорелая девушка в старом платьице, которое ей до колен, видит стройные босые ноги, видит талию, которую можно обхватить двумя пальцами, видит густые, черные, прекрасные волосы, синие-синие глаза и зубы, белые, как сахар. И она во все свои синие глаза смотрит на него, беззастенчиво, даже нахально, дерзкая шестнадцатилетняя девчонка из южного украинского городка, дочь сапожника, никакому этикету, как вы понимаете, не обучена. И этот парень ей в диковинку. Не только потому, что он из Швейцарии, она об этой Швейцарии понятия не имела, просто она никогда не видела, чтобы еврейский парень был голубоглазый блондин, чтобы был одет, как сын какого-нибудь генерал-губернатора. Она видела только ребят со своей улицы, здоровых, загорелых, сапожников, кожевников, портных, возчиков, грузчиков. И в первый раз увидела такого беленького мальчика с голубыми глазами, чистенького, аккуратного, красивого, как молодой бог.

Что вам сказать? Это был Момент, Момент с большой буквы. Это была любовь-молния. Эта девушка стала для моего отца судьбой, женщиной, к которой ему было суждено прилепиться. И он прилепился к ней на всю жизнь, как прилепился праотец наш Иаков к своей Рахили.

Позже, много лет спустя, отец говорил, что, увидев мать, стоящую у ворот, босоногую, в коротком ситцевом платьице, он полюбил ее, как принц полюбил Золушку, и женился, чтобы увезти в Швейцарию. А мама говорила, что, увидев этого бледненького красавчика в заграничном костюме с жилетом и белым стоячим крахмальным воротничком, изнемогающего от жары, она его пожалела и потому вышла за него замуж. Они, конечно, шутили. Шутили потому, что любили друг друга.

Но вернемся к событиям...

Когда дедушка и отец приехали из Швейцарии, никаких Ивановских в городе уже не было. Отец моего дедушки давно умер, обе его сестры тоже умерли. Но после сестер остались их дети, и у этих детей тоже были дети.

В те времена, особенно в маленьком городишке, приезжий иностранец обязательно считался миллионером. А у всякого миллионера моментально появляется куча родственников. Но это в том случае, если дело происходит в каком-нибудь захудалом местечке, какие в свое время описывал Шолом-Алейхем и где люди жили одним воздухом. Про наш город этого сказать нельзя. Наш город не был похож на местечки черты оседлости. Север Черниговской губернии, рядом Могилевская губерния — уже не Украина, а Белоруссия, тут же Орловская и Брянская — уже Россия, к тому же большая железнодорожная станция, и хотя это было при царизме, который, как вам известно, угнетал все народы, а еврейский в особенности, люди у нас жили не одним воздухом, люди были с профессией, с положением: кожевники, возчики, грузчики, ремесленники, в том числе сапожники, как, например, Рахленко, мой дедушка со стороны матери.

Возле города сосновый лес, целебный для людей вообще, а для легочников особенно, для них наш лес и наш сухой, степной воздух — просто спасение. Тут же и речка с прекрасным песчаным пляжем. Райское место! Летом наезжали дачники из Чернигова, Киева, даже из Москвы и Петербурга. А дачника, сами понимаете, надо обслужить, вокруг дачника полно работы, особенно для сапожника: дачник гуляет, стирает подметку, сбивает каблук, надо починить быстро, срочно, моментально. Но уже тогда сапожное дело у нас развивалось не просто как починка обуви, к тому времени в городе уже был кожевенный завод. Уезд был богат скотом, скот забивали, а шкуры шли на кожевенный завод. Ну а там, где кожа, там, как говорится, надо тачать сапоги. Еще до революции многие сапожники у нас изготовляли обувь на продажу. После революции возникла артель, потом обувная фабрика. Конечно, наш город не Кимры, наша фабрика не «Скороход», но изготовляет совсем неплохую продукцию, говорю это как специалист-обувщик.

Итак, народ был работящий, сводил концы с концами, ни у кого не одалживался, каждый соблюдал свое достоинство. И хотя событие, о котором я рассказываю, было исключительным: что там ни говори, профессор, доктор медицины, из Швейцарии, свой, местный, уехал почти сорок лет назад с этой самой улицы, — и все же не землетрясение. В каком-нибудь шолом-алейхемском местечке это могло вызвать землетрясение, но у нас нет, не вызвало.

Именно поэтому никто, кроме моей матери Рахили, на улицу не вышел и никто, кроме настоящих родственников, им в родню не набивался. Ближайшей родственницей оказалась дедушкина племянница, дочь его родной сестры, пожилая женщина, жена кузнеца, между прочим, первоклассного, потомственного кузнеца, даже фамилия его была Кузнецов. Фамилии в свое время давали не только по месту жительства, но и по профессии. Чей он, мол, такой? Сын кузнеца — Кузнецов, сын кожевника — Кожевников, сапожника — Сапожников, столяра — Столяров, переплетчика — Переплетчиков, ну и так далее. К этому кузнецу наши швейцарцы и пришли в тот знаменательный день, когда мой будущий отец увидел мою будущую мать.

Конечно, они не сразу пошли к Кузнецовым. По приезде они остановились в гостинице. Гостиница довольно чистая, содержала ее вдова, полька, пани Янжвецкая. Лето, курортный сезон, но дедушке предоставили лучший номер. Не такие апартаменты, к каким он привык в Базеле, но терпимо. Дедушка поселился в гостинице, навел справки насчет своей родни и узнал, что жена кузнеца Кузнецова и есть его племянница. Но, как вы понимаете, в таком городке секретов быть не может; когда на следующий день дедушка с сыном Якобом явились к Кузнецовым, то их торжественно ждало все семейство, был накрыт стол, и на столе было все, что полагается в таких случаях. И уже за столом дедушка узнал о других своих родственниках и, как аккуратный и обстоятельный немец, о каждом подробно расспросил: что, мол, и как, с какой стороны тот ему родня, — все взвесил, решил, с кем ему следует повидаться, с кем нет, и тех, кого он отобрал, на следующий день пригласили к Кузнецовым, и дедушка Ивановский их одарил разными подарками, а кого и просто деньгами.

Единственный родственник, которого дедушке пришлось навестить самому, был некий Хаим Ягудин. Хаим Ягудин приходился дедушке зятем, был женат на его старшей сестре, к тому времени уже покойнице. И Хаим Ягудин сказал, что коль скоро Ивановский приехал, чтобы повидать своих близких, а близких у него было только две сестры-покойницы, то он должен был бы прийти в первую очередь в дом своей родной сестры, а не в дом племянницы, потому что, как понимает каждый, сестра — более близкая родня, чем племянница. И коль скоро Ивановский пересек Европу, чтобы повидать своих родственников, то ему нетрудно будет сделать еще пятьсот шагов до его, Ягудина, дома. И если Ивановский этих пятисот шагов не сделает, то нанесет ему, Хаиму Ягудину, смертельное оскорбление.

Из этой амбиции вы можете представить, что за человек был Хаим Ягудин. В смысле характера. Что же касается профессии, он был отставной унтер-офицер. В то время еврей — унтер-офицер была большая редкость. А Хаим Ягудин дослужился, даже имел медаль... Маленький, сухой, хромой после ранения, брил бороду, носил фельдфебельские усы, душился крепким одеколоном, курил табак, разговаривал только по-русски, не соблюдал субботы, ни в какого бога не верил и издевался над теми, кто верил. Ни один скандал в городе не обходился без него. Взъерошенный, сердитый, он ковылял к месту происшествия, размахивая палкой, врезался в толпу, начинал судить и рядить. Начинал спокойно, но быстро раздражался, таращил глаза, его выводила из себя «тупость этих скотов», и тогда избивал палкой и правого и виноватого. Он был хилый, тщедушный, но его боялись, не хотели с ним связываться, а он всех презирал, кричал, что не может жить с «этими идиотами», и даже объявил однажды, что скоро приедет мулла из Тифлиса и окрестит его, Хаима Ягудина, в магометанскую веру. Сами понимаете, в то время в маленьком городке это был вызов всем.

Жена его, старшая сестра дедушки Ивановского, умерла, оставив ему пятерых детей, на их средства Хаим Ягудин и жил. Между нами говоря, был большой лодырь, работать не хотел, считал себя человеком образованным. А у таких лодырей, как правило, и жена работящая и дети работящие. Таков закон природы. Жена торговала фруктами, кормила этим семью, вертелась как могла. И дети стали рано работать, чуть ли не с одиннадцати лет, тащили один другого и, когда мать умерла, содержали отца. Дети были хорошие работники, простые, скромные люди, и только одна дочь, Сарра, не захотела жить честным трудом. Сарра была красавица, точь-в-точь как Вера Холодная, у нас ее так и звали — Вера Холодная. Она, понимаете ли, стала заниматься, чем бы вы думали? Бриллиантами. Люди даже говорили, что у нее был бриллиант царя Николая. Ну а когда женщина занимается таким делом, то хоть она и красавица, хоть она и Вера Холодная, но кончает известно чем — тюрьмой.

Но вернемся к самому Хаиму Ягудину. Он был, надо сказать, большой жуир, знаток галантного обхождения, любил выпить, посидеть в интеллигентном обществе и побеседовать на интеллигентные темы и потому целые дни проводил в парикмахерской, в компании таких же бездельников и краснобаев. Наш парикмахер Бернард Семенович тоже был знаток галантного обхождения, любил, чтобы в парикмахерской собиралось «общество», и, пока он щелкает ножницами или мылит бороды, чтобы разговаривали на разные текущие темы. Не всегда эти разговоры кончались мирно. Однажды Хаим Ягудин поспорил с неким провизором, изображавшим из себя либерала. Не знаю, о чем они спорили, но Хаим вдруг встает и заявляет, что он присягал на верность царю и отечеству, никому не позволит их поносить и потому, если провизор в течение десяти дней не уберется из России, за которую он, Хаим Ягудин, проливал кровь и потерял ногу, то он его убьет и отвечать за это не будет.

Провизор только усмехнулся. Но на следующий день Хаим не явился в парикмахерскую — провизора это встревожило. Не пришел Хаим ни на третий, ни на четвертый день — это встревожило всех. Короче: Хаим дал клятву, что выйдет из дому только на одиннадцатый день, чтобы убедиться, что негодяй провизор убрался из России, а если не уберется, то он, Хаим, убьет его.

Провизор побежал к приставу. Пристав сказал, что пока он, провизор, жив, то есть пока Хаим не убил его, нет никаких оснований того преследовать... Вот если он его действительно убьет, тогда придется Хаима арестовать. Хорошее утешение для провизора!.. На одиннадцатый день у дома Хаима собрались люди, желающие посмотреть, как Хаим будет убивать провизора. Им не пришлось этого увидеть. Ночью провизор уехал в Одессу, а оттуда в Америку.

Все это я, конечно, рассказываю с чужих слов, может быть, в действительности это было не совсем так, а как-нибудь по-другому. Но этот случай достаточно характеризует Хаима Ягудина.

Ничего этого, конечно, дедушка Ивановский не знал. Но семья Кузнецовых отлично знала, что за тип Хаим Ягудин, хорошо понимала, что означает его заявление о смертельном оскорблении: от Хаима Ягудина можно ожидать любой хулиганской выходки, и потому лучше ему уступить. И они деликатно намекнули профессору Ивановскому, что его зять Хаим Ягудин — заслуженный унтер-офицер, инвалид, ходить ему трудно, и хорошо бы профессору его навестить, тем более муж его покойной сестры и до дома Хаима всего пятьсот шагов.

Пришлось нашим швейцарцам идти к Хаиму Ягудину. Я, естественно, при этой встрече не был. Но потом я бывал в доме Ягудина и ясно вижу всю сцену...

Представьте старый, запущенный дом вдовца, к тому же лодыря, который за свою жизнь повышибал много чужих зубов, но не вбил в стену ни одного гвоздя, представьте покосившееся крыльцо, сломанные перила, танцующие половицы, дырявую крышу, побитую штукатурку, темные сени, заваленные рухлядью. Представьте «зал»: грубый стол без клеенки и без скатерти, громадный рассохшийся буфет с разбитыми стеклами, треногие стулья с дырявыми сиденьями... И посреди этого великолепия стоит Хаим Ягудин, маленький, рыжеусый, с седым унтер-офицерским бобриком, и улыбается хотя и галантной, но высокомерной улыбкой: мол, мы не из Базеля, не доктора медицины, но тоже кое-что значим.

Между прочим, у них могла бы состояться беседа. Хаим был для своего времени — и для нашего городка — человеком довольно образованным, хотя и самоучка. Он даже знал немного по-английски. То есть в каком смысле знал? Мог написать на конверте адрес по-английски. У кого были родственники в Америке или в Австралии и надо было отправить письмо, те шли к Хаиму Ягудину.

Словом, с ним было о чем поговорить, и он любил поговорить. Но все началось с инцидента и на инциденте закончилось.

День был жаркий, дедушка и отец были одеты, как положено для визита: костюм-тройка, галстук, крахмальный воротничок. Они изнывали от жары, пот лил, особенно со старика, градом. И наш бравый унтер-офицер принимает решение: освежить гостей одеколоном. Ставит посреди комнаты дырявый стул, сажает профессора и обдает его физиономию тройным одеколоном из пульверизатора, один конец пульверизатора во флаконе, другой конец у Хаима во рту. Заметьте к тому же, что зубов у него нет. Хаим надувает щеки, дует изо всех сил, извергает на профессора вонючий одеколон и изрядное количество слюны. Но, как только он на секунду прервал процедуру, чтобы перевести дыхание, профессор встал, вынул из кармана платок, вытер лицо и отставил стул, показывая, что процедура окончена.

Однако упрямый Хаим ставит стул обратно и приглашает Якоба освежиться тем же способом. Но профессор запрещает, и сам Якоб этого не желает. А Хаим Ягудин, вместо того чтобы смириться и не навязывать гостям своей парфюмерии, наоборот, настаивает, требует, прицеливается в Якоба пульверизатором. Тогда дедушка надевает котелок, раскланивается и уходит с Якобом из дома, нажив себе в лице Хаима Ягудина смертельного врага.

Но на такого врага профессору Ивановскому, как вы понимаете, наплевать, он не хочет знать никакого Хаима Ягудина, он вообще никого здесь не хочет знать, кроме семьи Кузнецовых.

Семья Кузнецовых состояла из отца — кузнеца, матери — племянницы моего дедушки Ивановского и трех дочерей, трех девушек-красавиц. У этих девушек-красавиц были красавицы подруги, и как вы, наверно, догадались, среди подруг, безусловно, главной подругой была Рахиль Рахленко, моя будущая мать. И, конечно, Рахиль сделала так, что во время следующего визита Ивановских к Кузнецовым они там ее застали. В этом нет ничего удивительного! Сестры Кузнецовы пригласили к себе ближайшую подругу Рахиль Рахленко и познакомили ее с Якобом Ивановским, который хотя и приехал из Швейцарии, но приходился им родственником, троюродным братом или чем-то вроде этого. И что зазорного в том, что их подруге захотелось поближе рассмотреть эту заграничную штучку, этого фарфорового мальчика, потрогать, повертеть, посмотреть, из чего кроятся такие красивые куклы. Моя мать умела всего лишь кое-как читать,

писать, считать — не больше. В те времена, особенно в семье сапожника, девушкам редко давали высшее образование. Ничего,
кроме неба, соснового леса и реки, она не видела, и вот пожалуйста, маленький принц из Швейцарии...

Моя мать очень любила отца, любила всю жизнь и отдала ему
всю жизнь. Но, встреть ее отец на базельских улицах, он все равно полюбил бы Рахиль и только Рахиль, она была его судьбой. А
будь мой отец парнем с нашей улицы, еще неизвестно, как бы
повернулось дело... Красивый, конечно, но тихий, скромный, застенчивый, и могло случиться, что мать полюбила бы более
сильного, смелого, боевого парня. При всей своей дерзости и су-
масбродстве моя мать была женщина практичная, знала, чего
хотела, знала, что ей надо, и не хотела знать, чего ей не надо. И
учтите, что в девушках моя мать считалась первой красавицей
города и офицеры из полка специально ездили по нашей улице,
чтобы посмотреть на Рахиль Рахленко.

Но в данном случае действовала мать. Она захотела увидеть
иностранцев и без всяких церемоний вышла на улицу. Ей захотелось познакомиться с хорошеньким мальчиком, похожим на
сына генерал-губернатора, она пришла в дом к своим подругам
и познакомилась.

Что происходило дальше, как складывались их отношения, не
знаю, я при этом не был. Мама говорила потом: «Он мне проходу не давал, ухаживал с утра до вечера». Папа говорил: «С утра до
вечера она мне расставляла сети, ловушки и капканы». Так они
шутили. Но в этих шутках, я думаю, была доля истины. Отец был
влюблен, мать играла с диковинной игрушкой, но было ясно, что
эту игрушку она уже не отдаст.

Кому ясно? Прежде всего им самим. И только им самим. Однако в те времена, особенно в таких традиционных семьях, бра-
ки заключались не на самом высоком уровне, не на небесах, бра-
ки заключали родители.

Могли ли родители Рахили рассчитывать на такой брак? Конечно, мой дедушка Рахленко был не какой-нибудь холодный сапожник, он был мастер, имел свою сапожную мастерскую; бога-
чом, правда, не был, но и в бедняках не ходил. Кроме того, как вы
увидите из дальнейшего рассказа, это был человек во многих
отношениях замечательный, я бы даже сказал, выдающийся. Но
все же не профессор, не доктор медицины, не владелец лучшей
в Европе клиники. И разве в Швейцарии мало богатых невест
для парня из такой семьи?

Что же касается дедушки Ивановского, то он, разумеется, ни о каком браке не думал. Якобу надо сначала кончить университет, получить специальность, стать врачом, а уж потом думать о женитьбе. Старик вообще считал Якоба младенцем, у него и мысли не было, что его Якоб, его маленький, застенчивый Якоб, этот м и з и н и к л, вздумает жениться.

Конечно, если бы старик что-нибудь усек, как теперь говорят, он немедленно сел бы в поезд и смотался обратно в Швейцарию. Но он ничего не усек, и хотя смотался, но не в Швейцарию, а в город Нежин, повидать своих гимназических друзей, и поехал один, без Якоба. А так как Якобу не годилось жить одному в гостинице и столоваться в трактире, то он переселил его к Кузнецовым, где ему выделили з а л у, самую парадную комнату, и обеспечили домашним питанием.

Большей глупости старик совершить не мог: он оставил Якоба один на один с Рахилью.

Старик отсутствовал неделю, именно про эту неделю мать говорила, что отец не давал ей проходу, а отец — что она расставляла ему силки и капканы. Ничего конкретного я про эту неделю не знаю, но представить себе могу... Они ходили купаться. Тогда женщины купались отдельно от мужчин, про общие пляжи в те времена и не слышали. Но что значит отдельно? По одну сторону куста — Якоб, по другую — девушки, сестры Кузнецовы и Рахиль. И Якоб слышит их писк, визг и смех, он воспитанный мальчик, он не всматривается, но как-то само собой получается, что ему сквозь кусты видны их мелькающие тела, и хотя он отводит глаза, когда Рахиль входит в воду, но нутром видит ее, как прекрасную Афродиту в пене морской. И кругом степь, поля, стрекочет в траве кузнечик, и все обжигается нашим благословенным солнцем, какого Якоб в своей Швейцарии не видел и никогда не увидит...

Но главное представление разыгрывалось в лесу. Я уже говорил, что наш город стоял в замечательном сосновом сухом лесу, — такие леса бывают только на юге и только в степи. Такого чистого, сухого, смолистого воздуха, как в этом лесу, я думаю, вы нигде не найдете, недаром подышать этим воздухом приезжали дачники даже из Москвы и Петербурга. Брали гамаки, корзинки с едой, уходили с утра в лес и валялись там весь день в гамаках. К тому же наш предприимчивый аптекарь по фамилии Орел поставил в лесу веранду и продавал там свежий кефир как лекарство, как целебный напиток; к бутылке кефира можно было прикупить сдобную булочку, тут же продавалось сливочное мороженое в маленьких вазочках. Я этого аптекаря Орла с его целебным кефиром, сдобными булочками и сливочным мороженым отлично помню, он возобновил свою деятельность при нэпе, в двадцатые годы, я тогда уже был подросток; помню бидоны с мороженым, обложенные льдом, в широких деревянных бадьях. Между прочим, и в двадцатые годы в наш город приезжали дачники из Москвы и Ленинграда и ходили с гамаками в лес. И как было дело при отце и матери, я могу себе представить. А дело было так: они ходили в лес, конечно, не одни, а с сестрами Кузнецовыми, ходить одним, молодому человеку и барышне, считалось тогда неприличным. Не знаю, все ли три сестры их сопровождали, вряд ли, в наших местах девушки не бездельничали: сад, огород, у того корова, у этого коза, и надо помогать отцу в лавке, если он торгует, относить заказы, если он ремесленник, и есть младшие братья и сестры, сорванцы и сопляки, за которыми надо смотреть, и надо ходить с матерью на базар и помогать ей на кухне, — словом, работы в доме хватало, и прохлаждаться целый день в лесу Кузнецовы своим дочерям позволить не могли. Но ведь речь идет о Якобе, о дорогом госте из Швейцарии, гостя надо занимать, развлекать, а какое может быть лучше развлечение, чем наш лес, знаменитый, можно сказать, на всю Россию, и что может быть полезнее для такого деликатного блондинчика, чем смолистый воздух? И, конечно, Кузнецовы с охотой отпускали своих дочерей с Якобом в лес. Ну, а как и чем отговаривалась дома Рахиль, сказать не могу, при крутом характере ее отца, моего дедушки Рахленки, я даже не могу представить, как это ей удавалось. Но, представьте, удавалось.

В общем, они ходили в лес и, как вы догадываетесь, располагались не на виду у дачного общества, а в стороне. Сестры Кузнецовы качались в гамаке или делали вид, что собирают землянику, а отец с матерью сидели на пледе меж сосен и смотрели друг на друга.

Июль, безоблачное небо, неподвижный воздух пропитан терпким смоляным запахом сосны, земля, горячая от солнца и мягкая от желтых сосновых игл, на Рахили тонкое короткое платье, шея открыта, по плечам рассыпаны черные волосы, и достаточно протянуть руку, чтобы до них дотронуться. И ему девятнадцать лет, а ей шестнадцать.

На каком языке они говорили? Отец знал два языка, немецкий и французский, мать тоже два, даже три: еврейский, русский и украинский. У них, как говорится, было в обороте пять языков,

и ни на одном из них они не могли объясняться. Они объясня-
лись на шестом языке, самом для них понятном и прекрасном...
Мать была женщина в полном смысле слова, умела притягивать
к себе и в то же время держать на расстоянии — самое коварное
женское качество. Как пружина: она сжимается, ты вот-вот у
цели, но пружина разжимается, и ты отлетаешь на десять шагов.
Этим искусством мать владела в совершенстве, и это был тот самый капкан, о котором впоследствии говорил отец.

Когда профессор Ивановский вернулся из Нежина, Якоб
объявил ему, что женится на Рахили.

Не знаю, хватил ли дедушку удар, думаю, нет, принял успоко-
ительные капли, а может быть, ничего не принял — у хирургов
нервы крепкие. Дело было не столько в неожиданности этого
заявления: от молодого человека девятнадцати лет, когда он
врезался в девчонку, можно всего ожидать. Дело было в упор-
стве, такого упорства дед от него никак не ожидал. Впервые
Якоб проявил характер, и, может быть, это даже обрадовало
деда. Я даже думаю больше: в принципе дед был не слишком
против такого брака. Во-первых, он видел, что такое Рахиль, а
о том, что она была первая красавица, я уже вам докладывал.
Во-вторых, Рахиль, простая, работящая девушка, без манернос-
ти, изнеженности, будет хорошей женой и матерью. И, наконец,
в-третьих, дедушке не могло не импонировать, что его сын хочет взять жену с его, дедушки, родины, в этом, как ни говорите,
есть знак уважения к родителю. А что до материального нера-
венства, то у Якоба, слава богу, своего хватает. Университет? Где
написано, что учиться можно только холостому? Почему нельзя
учиться женатому, если этот женатый всем обеспечен, и у него
жив отец и не собирается умирать, и жива мать и тоже не собирается умирать, живы братья-хирурги и есть клиника, не последняя в Швейцарии?

Так, по всей видимости, рассуждал дед, отец Якоба. Но была
еще мать Якоба, и ее никак нельзя было обойти. В таком деле
вообще нельзя обойти мать, тем более речь идет о ее любимчи-
ке, о ее дорогом Якобе.

И дедушка Ивановский сказал сыну:

— Якоб, ничего против Рахили я не имею, славная девушка.
Но такое дело, Якоб, без материнского благословения не делается. Обойти мать мы никак не можем.

Якоб был разумным парнем и понимал, что нужно материнское согласие. К тому же он любил мать и не мог ее обидеть. И

он сказал Рахили, что поедет в Базель, получит материнское благословение, немедленно вернется, и они поженятся.

Через два дня отец и сын Ивановские укатили в Швейцарию. Перед отъездом Якоб попросил Рахиль сфотографироваться и, когда фотография будет готова, выслать ее в Базель: как только его мать увидит, какая Рахиль красавица, она тут же даст свое благословение.

С этим и уехали.

2

А Рахиль осталась. Теперь она была не просто Рахиль Рахленко, дочь сапожника Авраама Рахленко, она была невестой Якоба Ивановского из Базеля, сына известного профессора, владельца знаменитой клиники.

Положение, доложу вам, щекотливое. Улица рассматривала это положение со всех сторон, поворачивала и туда и сюда. Все сходились на том, что у Рахили один шанс против ста. Шанс этот — ее красота, а девяносто девять «против» вы и сами наберете: простая, необразованная, небогатая и так далее и тому подобное, а там — доктора, профессора, клиника, Швейцария, Европа... И, пожелай старик женить на ней своего сына, он предпринял бы кое-какие шаги, нанес бы Рахленкам визит, посмотрел, что за люди ее родители, что за семья, с которой предстоит породниться, узнал бы поближе саму невесту. Ничего этого профессор Ивановский не сделал, к Рахленкам не зашел, не представился, не познакомился, не обмолвился ни словом. Ясно: счел все мальчишеской блажью и поторопился увезти сына в Базель, согласие матери — не более как уловка.

К такому заключению пришла улица, а от такого заключения один шаг до насмешек: какая, мол, незадачливая невеста!

Но уже тогда, в шестнадцать лет, моя мать не была человеком, который может стать объектом насмешек. Вскоре аккуратно... Что значит «аккуратно»? Каждый день стали приходить письма из Швейцарии. Каждый, понимаете, день, в один и тот же час в дом к сапожнику Рахленко являлся почтальон, который до этого и дороги сюда не знал, и вручал конверт из Базеля. Скептики были вынуждены замолчать. В душе скептики, наверно, считали, что письма абсолютно ничего не значат: мало ли что карябает на бумаге влюбленный мальчишка! Но факт оставался фактом:

письма приходили, Рахиль на них отвечала, ходила на почту и опускала в ящик конверт. Значит, что-то делается, дело движется, куда, в какую сторону, — неизвестно, но движется. И люди решили: подождем — увидим, время покажет.

Письма не сохранились. Но, как я узнал потом от бабушки, именно тогда, в этот год, когда шла, так сказать, переписка между Россией и Швейцарией, мать и получила кое-какое образование, расширила, так сказать, свой кругозор, выучилась как следует русскому и даже чуточку немецкому. Конечно, ей помогали. На нашей улице были образованные барышни, я уже не говорю об образованных молодых людях, были и гимназисты, и реалисты, и студенты на каникулах. И кто откажет в помощи такой красавице, которая к тому же должна покорить Швейцарию!

Теперь перенесемся мысленно в Швейцарию, в город Базель. Главным действующим лицом в Базеле была моя бабушка Эльфрида, и бабушка Эльфрида — ни в какую, ни за что, ни в коем случае! Чтобы ее Якоб, такой Якоб, вдруг женился, да еще на дочери сапожника, об этом не может быть и речи. Ничего плохого о моей матери она, конечно, отцу не говорила, не было оснований говорить, люди интеллигентные, воспитанные, но надо сначала кончить университет, в девятнадцать лет не женятся, это моя смерть, конец моей жизни, я этого не переживу, и так далее, и тому подобное, что говорят матери, когда не хотят, чтобы их сыновья женились. Как я понимаю, было там много шума и гама, конечно, шума и гама на европейский манер, так сказать, по-базельски, как это положено в добропорядочных немецких семьях, но так, что ясно: жизнь или смерть.

Но и для Якоба вопрос тоже стоял именно так: жизнь или смерть. Он настаивал на своем, потом замолчал. Молчание это было хуже любого шума. Он замолчал и стал чахнуть на глазах. И все видят — о каком университете может идти речь, когда человек тает как свеча: не ест, не пьет, не выходит из комнаты, никого не желает видеть, не читает, ничем не занимается, сидит целыми днями в своей комнате и вдобавок ко всему курит папиросу за папиросой?!

Каково матери? Совсем недавно она гуляла со своим Якобом по знаменитым базельским бульварам, все им любовались, радовались и спрашивали, чей это такой красивый беленький мальчик, а теперь этот мальчик лежит один в комнате, в дыму, курит папиросу за папиросой, не ест, не пьет, ни с кем не разговаривает, похудел, пожелтел, того и гляди заболеет чахоткой и протянет ноги.

Так прошел год, и стало ясно: надо что-то делать. Если выбирать между жизнью и смертью, то лучше жизнь. И вот ровно через год в том же июле месяце в наш город направляется делегация: профессор Ивановский с женой Эльфридой, сыном Якобом и экономкой, женщиной, которая прислуживала бабушке Эльфриде, доверенное лицо, ей предстояло все выяснить, выявить, так сказать, подноготную, потому что такой даме, как бабушка, не пристало самой разузнавать и расспрашивать, а ехала она не затем, чтобы женить Якоба, а чтобы расстроить свадьбу.

Однако тем временем другая сторона тоже подготовилась. Под другой стороной я вовсе не имею в виду семью Рахили. Должен вам сказать, что дедушка мой Рахленко, отец Рахили, хотя и был сапожник, но был один из самых уважаемых горожан, а может быть, и самый уважаемый. И если в городе, где есть состоятельные люди, богатые торговцы, даже купцы второй гильдии, есть паровозные машинисты и люди интеллигентного труда, если, повторяю, в таком городе самый видный человек — простой сапожник, то это, несомненно, выдающаяся личность. Такой выдающейся личностью и был мой дедушка Рахленко, я уже об этом упоминал, и главная речь о нем впереди. Пока скажу только, что он был человек прямой и решительный, не признавал хитростей и интриганства: хочешь женить своего сына на моей дочери — жени, бери такой, какая она есть, а какая она есть — сам видишь; не хочешь — не жени, другой она не будет, и я сам и мой дом тоже другими не будут. Так что родители Рахили спокойно дожидались приезда Ивановских. Готовились не они, готовилась улица, готовился город, готовились студенты, приехавшие на каникулы, гимназисты и реалисты, учителя и дантисты — вся, в общем, интеллигенция, и простые люди сапожного цеха, и соседи. Все были на стороне Рахили и Якоба, все хотели им счастья и благополучия. Вы спросите, почему? Я вам отвечу: Рахиль и Якоб любили друг друга, а любовь покоряет мир.

И хотя ни сама Рахиль, ни ее родители не собирались устраивать потемкинские деревни, не хотели и п о к а з у х и, как теперь говорят, но город был взбудоражен, и как только стало известно, что летом Ивановские приедут, то само собой на Рахили появились модные туфли-лодочки на высоком каблуке, понятно, отец сапожник; появилось новое платье, появилась и шляпка от лучшей модистки, как полагалось в те времена, а в те времена модисткой называлась мастерица, которая изготовляла именно шляпки.

Итак, все горячо и бескорыстно готовились к предстоящим событиям. Злые языки, в их числе, само собой, Хаим Ягудин, утверждали, что благотворительность эта далеко не бескорыстна. Если Рахиль выйдет замуж за сына Ивановского, профессора, владельца лучшей в мире клиники, то все расходы и благодеяния окупятся с лихвой. Но злые языки найдутся всегда и всюду. Что касается Хаима Ягудина, то всем было ясно: обижен на старика Ивановского за то, что тот не захотел воспользоваться его парфюмерией. И рассудите сами: какая корысть студентам, гимназистам и гимназисткам заниматься с Рахилью русским и немецким, географией и историей и прививать ей светские манеры? Они знали, что ничего с этого не будут иметь, не хотели ничего иметь и не собирались ничего иметь.

И вот швейцарцы прибыли и остановились в гостинице, где их торжественно встретила пани Янжвецкая и объявила, что рада приветствовать столь высоких гостей в своем отеле; она отвела им под апартаменты верхний этаж и приставила к ним горничную Параську и официанта Тимофея, которого для такого случая обрядили в черный костюм с бабочкой, как в лучших отелях Варшавы, по выражению пани Янжвецкой. И так как дедушка Ивановский был знаменитый хирург и профессор, то ему нанесли визиты первые люди города: пристав, местный присяжный поверенный, казенный раввин и просто раввин, отставной полковник Порубайло с женой и дочерью и врач железнодорожной больницы Волынцев, очень хороший врач, социал-демократ. Словом, город встретил гостей по первому разряду, только что молебствия не было, но молебствие бывает только по случаю прибытия государя императора, а, как вы понимаете, прибыл все же не он.

Конечно, такую встречу можно объяснить знатностью гостей: нельзя не посмотреть на самого знаменитого в Европе, а то и во всем мире профессора. Но, поверьте, в основе лежал интерес к этой романтической истории, никого не могла оставить равнодушной трогательная любовь таких прекрасных молодых людей: красавицы Рахили, дочери сапожника, и нежного, деликатного юноши Якоба из далекого города Базеля.

Итак, визиты: Ивановские к Рахленкам, Рахленки — к Ивановским. Экономка шныряет по городу, узнает, выпытывает, а что она может узнать, что может выпытать? Ответ один: Рахиль достойнейшая из достойных, старик Рахленко наиуважаемый из уважаемых. И был, конечно, лес, были гамаки, и аптекарь Орел готовил такой кефир и такое мороженое, что бабушка Эльфрида была поражена и призналась, что такого кефира и такого мороженого она в своей жизни ни разу не пробовала, хотя объездила лучшие города Европы и живала на знаменитых курортах; и когда ей понадобилось поправить прическу, то явился Бернард Семенович, а, как я вам уже рассказывал, это был галантнейший парикмахер во всей губернии, и бабушка Эльфрида сказала, что таким парикмахером гордился бы не только Базель, но и Париж, а Париж, как вам известно, законодатель мод и дамских причесок. Город наш в грязь лицом не ударил, показал себя во всей красе и великолепии, а уж о красоте и великолепии Рахили и говорить нечего, только слепой мог этого не видеть, впрочем, и слепой понял бы это по ее голосу, такой у нее был прекрасный, исключительный, мелодичный голос. И отдавая дань уму моей матери, надо сказать, что вела она себя с Ивановскими идеально, в том смысле, что запрятала подальше свою дерзость и строптивость. Возможно, она оробела перед такими знатными господами, перед этим парадом; возможно, не знаю. Но факт тот, что перед бабушкой Эльфридой предстала тихая, скромная красавица Рахиль. А в том, что она не белоручка, а работящая девушка, сознающая свой долг и свои обязанности, — в этом, конечно, бабушка быстро разобралась.

Казалось, сопротивление бабушки сломлено и дело идет к венцу. Но тут вдруг неожиданно бабушка выдвинула тяжелую артиллерию. Оказывается, бабушка не еврейка, а швейцарка немецкого происхождения. И когда дедушка на ней женился, то перешел в протестантство, не то в лютеранство, не то в кальвинизм, и их сыновья тоже протестанты, лютеране и кальвинисты, и мой отец Якоб — наполовину немец и тоже лютеранин, и выходит, я, ваш покорный слуга, на одну четверть немец.

Так вот, поскольку Якоб протестант, лютеранин и кальвинист, то бабушка ставит условием, чтобы Рахиль тоже приняла протестантство, лютеранство и кальвинизм и чтобы они венчались в Базеле.

Гром среди белого дня! Протестант? Лютеранин? Кальвинист? Про такое здесь и не слыхивали. Православный, католик — это у нас знали, но кальвинист, протестант!

Ни в какого бога я не верил и не верю. Русский, еврей, белорус — для меня нет разницы, Советская власть воспитала меня интернационалистом. Моя супруга, Галина Николаевна, — русская, мы живем с ней тридцать лет, и у нас три сына, отличные парни, и хотя они записаны евреями, но они знают не еврейский язык, а русский, родились в России, женаты на русских, и мои внуки, значит, русские, и у всех у нас родина — Советская Россия. Но, с другой стороны, я скажу вам так: человек может верить в бога, может и не верить, можно обрести веру, и можно потерять ее. Но для истинно верующего бог один, тот, которого он носит в своем сердце, и уж если ты хочешь верить, то разделяй ту веру, в которой ты родился. Менять веру ради личного интереса некрасиво, вера не перчатка: стянул с руки одну, натянул другую... И вот моя мать Рахиль, которая, между прочим, тоже в бога не верила, должна была перейти в лютеранство ради своего интереса... Что? Любовь выше? Правильно, согласен. Так моя мать и поставила вопрос. Она сказала Якобу:

— Раз мы должны через это пройти и раз я еврейка на сто процентов, а ты на пятьдесят, то возвращайся в веру своих отцов и дедов.

Логично! Сто процентов больше, чем пятьдесят. И дедушка Рахленко и бабушка Рахленко сказали:

— Чтобы наша дочь перешла в какое-то там лютеранство и протестантство — ни за что! Такого позора на свою голову мы не примем.

Не забывайте, все это происходило до революции, в 1910 году, религиозные предрассудки были сильны, тем более в маленьком городке на Украине. И Рахленков можно понять. Им предстояло жить здесь, и вот, пожалуйста, дочь перешла в лютеранство, даже не просто в лютеранство, а в какую-то его швейцарскую разновидность.

Больше всего виню дедушку Ивановского. В свой первый приезд он скрыл свое лютеранство. И тогда многих удивило, что он не пошел в синагогу, где ему было отведено почетное место у восточной стены. Удивило, но как-то не зафиксировалось, тем более что старик через синагогу сделал богатое пожертвование на бедных. Но надо было говорить начистоту: так, мол, и так, мы протестанты, лютеране, кальвинисты, реформисты... Но ему было, наверно, стыдно сознаться, что он отрекся от своей веры, и он промолчал, и вот открылось через год, когда все шло к своему завершению, когда машина катилась на полной скорости к финишу. И протестантство и лютеранство как бревно на дороге. А когда машина на всем ходу налетает на бревно, то она опрокидывается, и пассажирам, знаете ли, не сладко.

И тут бабушка Эльфрида выпускает второй снаряд: после свадьбы молодые должны навсегда остаться в Швейцарии — там дом, гнездо, там университет, там клиника.

В общем, Рахиль должна навсегда порвать со своим корнем, перейти в немецкую веру, уехать со своей родины, расстаться с родителями, мало того — опозорить их.

Рахиль стояла как стена: ни в какую Швейцарию она не поедет, ей и здесь хорошо, а уж про лютеранство и говорить нечего, тем более она в бога не верила, и как, спрашивается, могла она верить в бога, если целый год ее опекали студенты, гимназисты и реалисты, вольнодумцы, марксисты, социал-демократы и бундовцы. И Якоб, мой будущий отец, тоже не был уж такой набожный протестант, ему на все было ровным счетом наплевать, ему нужна была Рахиль — вот кто ему был нужен, и будь она мусульманкой, буддисткой или огнепоклонницей, он с удовольствием стал бы мусульманином, буддистом и огнепоклонником, лишь бы Рахиль стала его женой.

Не знаю, как долго длилась эта баталия, но все закончилось соглашением: венчаются они здесь, а после свадьбы уезжают в Швейцарию. В этом Рахили пришлось уступить: жена должна следовать за мужем, а не наоборот.

Конечно, такая комбинация стоила денег, мой отец оказался, извините за выражение, необрезанным, и венчать его раввин не имел права. Но пошли в ход «липовые» медицинские справки и тому подобное, ибо, как говорится, «на земле весь род людской чтит один кумир священный»... Все сладилось, свадьба была на весь город, после венчания молодые шли из синагоги пешком, вокруг них люди пели, танцевали, веселились, оркестр играл марши и танцы, город ликовал... После свадьбы Рахиль и Якоб вместе со стариками Ивановскими и экономкой укатили в Швейцарию, а в нашем городе остались печали, восторги, толки и пересуды.

Вопрос этот обсуждался, конечно, и в парикмахерской, у Бернарда Семеновича. И, само собой разумеется, главное слово принадлежало Хаиму Ягудину.

И вот Хаим Ягудин объявляет, что вся возня вокруг этой истории не стоит выеденного яйца, не стоит ломаного гроша — буря в стакане воды. То есть сама по себе история вовсе не буря в стакане воды, но совсем не с той стороны, с какой ее видят, толкуют и обсуждают невежды, именующие себя учеными мудрецами, а на самом деле ничего, кроме Торы, в своей жизни не видавшие и на толковании Торы свихнувшие себе мозги.

«Что предосудительного в том, что мать Якоба немка и лютеранка?» — вопрошал Хаим Ягудин. Абсолютно ничего предосудительного в этом нет и быть не может, это утверждает он, Хаим

Ягудин, и тому, кто попробует ему возразить, он набьет морду, и его за это не накажут, а, наоборот, наградят, потому что супруга ныне благополучно царствующего государя императора, ее императорское величество Александра Федоровна, — тоже немка, из Гессена, и мать государя императора, то есть супруга почившего в бозе государя императора Александра Третьего, ныне вдовствующая императрица Мария Федоровна, родом из Дании, то есть фактически тоже немка, а Екатерина Вторая Великая была и вовсе чистокровной немкой. Но невежи талмудисты ничего этого не знают, и вообще о том, что произошло за последние две тысячи лет, понятия не имеют. И если они краем уха что-то и слыхали о Екатерине Второй, то только потому, что ее августейшее лицо изображено на сторублевых кредитных билетах. Но самих сторублевок они опять же не видели, жили, живут и будут жить на медные деньги, скоты, тупицы, хамы! Немцы ничуть не хуже евреев, а, наоборот, лучше. У него, у Хаима, командир полка был его высокоблагородие барон Танхегаузен, родом из немцев, герой, рубака! Короче, то, что у Якоба мать немка, говорит только в его пользу. И то, что она лютеранка, даже кальвинистка, еще лучше — неизвестно, чей бог главнее: лютеранский, который помог Бисмарку одолеть французов, или еврейский, которого никто, кроме самих евреев, не боится. В общем, все разговоры насчет матери Якоба следует немедленно прекратить — интеллигентная, воспитанная, деликатная дама, и тому, кто посмеет это отрицать, он, Хаим Ягудин, опять же разобьет морду в кровь, потому что офицерская честь диктует заступаться за даму, пусть она даже немка, лютеранка, в солидных годах и родом из Базеля.

Так что о матери Якоба разговора нет, вопрос о ней исчерпан окончательно и бесповоротно. Но...

Но... Тут Хаим Ягудин поднимал свою палку... Но совсем другой вопрос: кто отец Якоба? Кто, спрашивается, этот, извините за выражение, профессор, черт бы его побрал? Кто он такой? Еврей? А на каком основании вы это утверждаете? Ах, он отсюда, он местный... Вы присутствовали при его рождении? Вы ходили с ним в хедер? Кто его принимал? Кто его обрезал? Кто его записывал в книгу? Покажите мне эту акушерку, покажите мне этого раввина! Ах, он родился в Ивановке и приехал с матерью сюда. Очень хорошо! Но кто его отец, кто видел его отца? Я вас спрашиваю русским языком, черт побери! Ах, видели только мать... Разговор не про мать, его мать я тоже видел, она, покойница, между прочим, мне родная теща, родная мать моей родной жены, пусть земля им обеим будет пухом... И уж наверно я свою родную тещу знаю лучше какого-нибудь иного круглого дурака... Кого я имею в виду? Кого хотите! Хотя бы и вас! Пожалуйста! К чертовой матери! Закройте за этим болваном дверь!.. Так вот, про свою покойницу-тещу я сам могу порассказать много чего интересного. Но речь, повторяю, не о моей теще, не о матери этого профессора, черт бы его побрал, а об его отце, о моем, извините за выражение, тесте. Кто видел отца этого профессора? Я, например, не видел, хотя он мне тесть, а я ему зять. Что? Когда я женился на его дочери, его уже не было в живых? Еще один умник выискался, как вам это нравится? Так слушайте, вы, умник: моя жена, я думаю, видела своего отца, он умер, когда она была уже в девушках, и она рассказывала мне про него кое-что необыкновенное: это был не какой-то, извините за выражение, сапожник, это был умнейший и образованнейший человек и не талмудист, а светский человек, философ, вы слыхали про философа Спинозу? Так вот, они состояли в переписке: Ивановский писал Спинозе, Спиноза — Ивановскому. Моя жена видела все это собственными глазами и слышала собственными ушами. Неужели вам это не понятно, сколько я еще должен вбивать это в ваши дурацкие головы? Но вот то, что профессор Ивановский видел своего отца, этого никто не докажет! Никогда! Это говорю вам я, Хаим Ягудин, черт вас возьми! Потому что профессор родился, когда старый Ивановский отдал богу душу; профессор родился, когда его мать, то есть моя теща, уже три года была вдовой. Этот профессор — байстрюк, вот он кто! И отец его вовсе не Ивановский, а некий железнодорожный подрядчик, из тех, кто поставлял материалы на строительство Либаво-Роменской железной дороги, купец из староверов. Когда профессор родился, подрядчик подмазал кого надо, профессора записали на покойного Ивановского, а подрядчик тут же отправил вдову сюда, на строительство Либаво-Роменской железной дороги, с двумя, значит, дочерьми, действительно Ивановскими, и новорожденным профессором, который такой же Ивановский, как я император Вильгельм Второй. Теперь вам понятна механика, или я должен все это разжевать и положить вам в рот?

Подрядчик, хотя и старовер и мошенник, как все железнодорожные подрядчики, но в данном случае оказался человеком порядочным, снабжал вдову деньгами, следил за воспитанием сына, именно поэтому профессор окончил Нежинскую гимназию — вы мне много назовете евреев, которые кончили бы в Нежине гимназию? Но за такие деньги, какие были у подрядчика, он мог бы кончить и духовную академию, только кадетский корпус не мог бы кончить: в армии за взятку положен расстрел перед строем с лишением всех прав и состояния. Так вот, благодаря своему отцу-подрядчику профессор и окончил сначала гимназию, а потом университет в Швейцарии. Если это не так, то объясните — нет, не мне, мне не надо объяснять, я сам все знаю, — объясните публике: почему профессор родился на десять лет позже своих сестер? Почему вдова переехала из Ивановки сюда, где у нее ни кола ни двора, ни родственников, ни даже знакомых? Объясните, на какие дивиденды сын бедной вдовы кончил сначала гимназию, а потом университет в Швейцарии? Подрядчик, подрядчик и еще раз подрядчик! И хотя в судьбе своего сына он показал себя порядочным человеком, но во всем остальном был законченный негодяй, и, попадись он мне, я бы ему разбил харю так, что его не признал бы ни один старовер. За что? Вы сами не догадываетесь? Он должен заботиться о своем сыне, но вместе с тем, черт бы его драл, должен понимать, что там с е м ь я, что нельзя профессора держать в холе, неге и золоте, а его родных сестер в отрепьях и лохмотьях, нельзя, чтобы профессор ел булку с маслом, а его сестры одну картошку, — ведь он, сукин сын, не позволял вдове и копейки тратить на дочерей, все профессору, все только для профессора; его сестры выросли без всякого образования, бедные бесприданницы, и на одной из них он, Хаим Ягудин, и женился из чистого благородства, чтобы восстановить попранную справедливость. Что же касается приданого, то для него, Хаима Ягудина, деньги — тьфу! Для российской армии унтер-офицера деньги — тьфу! Унтер-офицер российской армии может за карточным столом оставить не только приданое своей жены, но и все свои родовые поместья и капиталы, потому что для офицера деньги — тьфу! В общем, он, Хаим Ягудин, искал для жизни не деньги, а человека, нашел его в лице своей покойной жены, которую уважал, как дай бог всем женам! Он увел ее из дома, где ею помыкали и где кумиром был только профессор: все профессору, все для профессора! А на самом деле профессор байстрюк, незаконнорожденный, сын подрядчика из старообрядцев, и, выходит, Якоб, жених Рахили Рахленко, — сын байстрюка. И если в нем есть еврейская кровь, то на двадцать пять процентов, остальное немецкое и русское...

Между прочим, ничего особенного он, Хаим Ягудин, в этом не видит, смотрит на это как человек просвещенный, но ему противно, что городские скоты строят из себя святош, а сами живут с кем попало, а уж за немок-колонисток хватаются обеими руками, потому что какие они ядреные девки и к тому же охочие до этого дела, все знают. И профессор не виноват, что его мать спала с железнодорожным подрядчиком, тем более в этом не виноват сам Якоб. Но каковы, спрашивается, наши раввины и старшины, если они по еврейскому обряду женили человека, у которого мать чистая немка, а отец наполовину русский, — словом, человека, который еврей всего на двадцать пять процентов?!

Такую, понимаете, версию выдвинул Хаим Ягудин. Выдвини ее кто-нибудь другой — в нее бы поверили. Почему не поверить в необычайный факт, который дополняет такую удивительную историю, как женитьба Якоба на Рахили? Если мать Якоба неожиданно оказалась немкой, а он сам лютеранином, то почему не допустить, что дедушка его — богатый железнодорожный подрядчик из старообрядцев? В такой ситуации объяви кто-нибудь отца Якоба кабардинцем или чеченцем, в это тоже поверили бы — слишком необычной была вся история. И некоторые старики и старухи подтверждали, что старый Ивановский из Ивановки был действительно человек ученый, а когда муж человек ученый, все время смотрит в книгу, то куда, спрашивается, смотреть его жене? Жене остается смотреть направо и смотреть налево. И мамаша профессора, еще живя в Ивановке, очень, между прочим, часто посматривала и направо и налево, а овдовев, и вовсе стала, что называется, в е с е л о й в д о в о й и носила на шее массивную золотую цепь с золотым медальоном. А что было в медальоне, никто не знает, медальона она никогда не открывала, может, там был чей-то портрет, и кто знает, возможно, портрет подрядчика!.. К тому же многие помнят, что здесь творилось, когда строились Либаво-Роменская и Киево-Воронежская железные дороги, они пересекались в Бахмаче... Народу понаехало — тьма! И просто мужики, и техники, и инженеры, и подрядчики, и купцы, и поставщики, и агенты, и кассиры, все с деньгами, рвутся до женщин, пьют, гуляют, и кругом трактиры, заезжие дома и кабаки, ну а там, где спрос, там и предложение...

Но все это с одной стороны...

С другой же стороны, все знали Хаима Ягудина как краснобая, хвастуна и враля, способного выдумать любую историю. И все знали, что он обижен на профессора Ивановского за свой одеколон, все знали, что он завидует старику Рахленко — отцу Рахили, почему завидует, вы узнаете позже. И что за человек Хаим Ягудин, тоже все знали, настоящий человек не позволит себе говорить такое про свою тещу и своего шурина. И все знали, что Хаим Ягудин взял жену вовсе не бесприданницей, а получил за ней дом, тот самый, о котором я вам рассказывал, и фруктовую лавку, которой кормилась семья, пока не умерла жена, и Хаим эту лавку продал, потому что не мог же он, унтер-офицер российской армии, продавать фрукты местным скотам и хамам! Были и другие несуразности в рассказе Хаима, и были старики, твердо стоявшие на том, что профессор не кто иной, как сын Ивановского из Изановки, который был не только ученым, но и деловым человеком, лесозаготовителем, поставлял, между прочим, лес на шпалопропиточный завод и, будучи связанным со строительством дороги, перебрался сюда, правда, вскоре умер, но переехали Ивановские уже с мальчиком-профессором, так что ни о каком старообрядце не может быть и речи. И старик Ивановский был человек состоятельный и сумел дать сыну образование, у него для этого были свои деньги, в деньгах подрядчика-старовера он не нуждался.

Что касается Спинозы, то действительно, говорили старики, какая-то история со Спинозой была. Некоего Баруха Спинозу отлучили от синагоги за вольнодумство, а старик Ивановский как человек образованный послал по этому поводу телеграмму с протестом. Куда? Известно куда — в Вильно... То, что Спиноза жил на двести лет раньше Ивановского, к тому же не в Вильно, а в Амстердаме, никого не смущало, в подобные тонкости наши старики не вдавались. Телеграмма так телеграмма... Но разве это доказывает, что профессор Ивановский байстрюк?

Словом, приводились всякие доводы против версии Хаима Ягудина, и все знали, что за человек Хаим Ягудин, и держали сторону Рахили и Якоба.

Но были, повторяю, завистники и недоброжелатели, которые использовали легенду Хаима для своих ябед, кляуз и доносов, которые они посылали в Чернигов и даже в Петербург, в сенат, по поводу незаконного венчания по иудейскому обряду лютеранина Якоба Ивановского с еврейкой Рахилью Рахленко.

Однако царская бюрократическая машина катилась медленно, и пока писались, отсылались, рассматривались эти ябеды, делались запросы, посылались ответы, а на эти ответы — новые запросы, пока все это крутилось и раскручивалось, шло время, а время, оно летит быстро, началась первая мировая война, потом революция, и перед лицом таких великих событий никто уже не интересовался: сделали обрезание Якобу Ивановскому или не сделали. Великая история заслонила маленькую историю. Хотя такие маленькие истории, миллионы таких маленьких историй, может быть, и составляют главную историю человечества.

3

О том, как жили мои родители в Швейцарии, я сужу по их рассказам, а рассказывали они мало и противоречиво. Отдельные слова, фразы, шутки. «В Базеле ты говорил по-другому». Или: «В Базеле ты хотела того, не хотела этого». Как из лоскутков шьют одеяло, так я из обрывков этих разговоров составил себе приблизительное представление о том, что произошло в Базеле и почему они вернулись.

Итак, мои родители живут в Базеле. Через год рождается их старший сын, мой брат Лева, а еще через полгода останавливается на нашей станции поезд, кондуктор выносит чемодан и баулы, выносит складную детскую коляску, и выходит из вагона молодая дама с младенцем на руках. Дама эта была моя мать Рахиль, а младенец — этот самый шестимесячный Лева, мой старший брат, с ним мать и явилась к своим родителям. Что случилось? А ничего, приехала навестить родных. Но никого не обманешь, все сразу догадались — дело неладно: явилась ни с того ни с сего, без мужа, с грудным ребенком на руках. В доме дедушки Рахленко от людей нет отбоя, всем интересно посмотреть на Рахиль, во что она превратилась в Швейцарии, но главное, всем хочется узнать, почему она вернулась. И это естественно: люди были искренне заинтересованы в ее судьбе, принимали в ней горячее участие, и вот что-то произошло и, может быть, все пошло прахом...

Конечно, мать вернулась не для того, чтобы повидать родственников и показать им внука. Моя мать вернулась из Базеля навсегда и окончательно. Не пожелала больше там жить. Почему? Якобы из-за кузин. Отец мой будто бы стал ухаживать за кузинами, были у него кузины с материнской стороны. Но это, конечно, отговорка. Не отрицаю, мама была ревнивая, но не потому, что отец изменял ей — у него этого и в мыслях не было, не такой он был человек, для него, кроме матери, никого не существовало. Мать была ревнива от своего характера, от своей властности, вспыльчивости, считала мужа своей собственностью. Но, повторяю, кузины — это отговорка, причины лежали гораздо глубже.

Безусловно, играла роль тоска по родине. В сущности, кроме Якоба, у нее там никого не было, ни родных, ни подруг, не было наших вишневых садов, нашего леса, базара, запаха нашей щедрой земли — всего того, среди чего она выросла, к чему привыкла и без чего жить ей было трудно.

И все же это можно преодолеть. Люди переселяются в другие страны, приживаются в новой среде, прижилась бы и мать. Но было другое, главное. В чопорном профессорском немецком доме, рядом со свекровью-аристократкой и золовками, женами братьев ее мужа, тоже аристократками, она, дочь сапожника с Украины, чувствовала себя не только не первой, не равной им, но последней. Может быть, мать вытерпела бы и это. В конце концов не век бы они жили в доме свекра, могли жить отдельно. Но была капля, и эта капля, как говорится, переполнила чашу ее терпения. Язык! Мама говорила по-русски, по-украински, овладела бы, может быть, и немецким, но мешал ее родной язык идиш. Зная идиш, она в общем понимала немцев, но те ее не понимали; когда она пыталась объясниться с ними, то у нее получался не немецкий, а идиш, а для немца идиш — смех, а смеха над собой мать перенести не могла, и этот смех был каплей, переполнившей чашу.

О действительных причинах возвращения матери знал только отец и знал я. Вернее, узнал потом. Но узнал точно.

Для других же мамино возвращение было загадкой, все думали, что она вернулась потому, что жизнь ее с Якобом не сладилась. И многих огорчало, что такая прекрасная романтическая история, такое, можно сказать, выдающееся событие в жизни нашего города кончилось ничем. Усилия, борьба — все оказалось напрасным, никому не нужным, не принесло счастья.

Но они ошибались. Не прошло и двух месяцев, как из Базеля является Якоб собственной персоной, и всем стало ясно: никакого разрыва нет, они муж и жена, любят друг друга, ну а где они любят друг друга, в России или в Швейцарии, имеет ли это значение?

Не знаю, какие прения происходили между отцом и матерью, но то, что именно тогда я был запрограммирован, — это точно, так выходит по времени.

В общем, туда-сюда, у Левы корь, у Левы свинка, потом мама снова в интересном положении, и мой отец, его называли уже не Якоб, а по-нашему, Яков, мотается с Черниговщины в Базель, из Базеля на Черниговщину, а мать остается сначала меня родить, потом меня выкормить, затем, уже в четырнадцатом году, чтобы родить и выкормить третьего — Ефима. Дотянули до августа четырнадцатого года, когда, как вам известно, началась первая мировая война, и ни о какой Швейцарии уже не могло быть и речи. И мой папа Яков застрял в России, и, слава богу, его не тронули как нежелательного иностранца: хотя и лютеранин, но не из Германии, а из нейтральной Швейцарии.

Но что ему делать? Красивый, воспитанный, вежливый, добрый человек, представительный мужчина, но совершенно не приспособленный к здешней жизни. Человек без специальности. Вы понимаете, что такое человек без специальности? Понимаете. Тогда вы должны понять, что такое интеллигент без специальности, интеллигент без высшего образования. Пустое место. К физической работе не привык, к письменной — не годился, плохо знал язык. Но работать надо, содержать семью надо, нельзя с женой и детьми сидеть на шее у дедушки Рахленко.

И дедушка Рахленко решил пустить его по торговой части. Я уже говорил вам, что мой дедушка Рахленко хотя и был сапожник, но был мудрейший и очень значительный человек. Больше того! Самый уважаемый и почтенный: габбе, староста в синагоге. Обычно на эту должность избирался человек состоятельный, чтобы мог и на синагогу дать, и бедным помочь, и с начальством поладить, а что для этого нужно? Нужны деньги. И габбе обычно выбирали человека достойного, но с деньгами. У нас же выбрали моего дедушку, сапожника Рахленко, — его достоинство и мудрость были дороже любых денег. О дедушке я расскажу вам потом. А пока замечу только, что, как мудрый и деловой человек, он придумал для моего отца торговое дело, и вот какое именно.

Был у нас сосед по фамилии Плоткин, по имени Кусиел. Кусиел Плоткин. Если охарактеризовать его одним словом, то слово это неудачник. Есть такие люди, и работящие, и трудолюбивые, но не везет, не идет, за что ни возьмутся — не получается. Имел Кусиел мясное дело, лавчонку, такие лавчонки у нас назывались ятками. Плоткин ездил по окрестным деревням, закупал скот, забивал его и торговал мясом в своей ятке. Но он был невезучий, маленький, кривобокий, некрасивый. Первая жена умерла, вторая завела любовника — мужниного приказчика, поселила в своем доме. Кусиел ездил по деревням, закупал скот, а она с этим любовником забавлялась. А когда приказчик — любовник хозяйской жены, то на хозяйские деньги он смотрит как на свои. Если хозяйская жена — его жена, то и хозяйская касса — его касса. Если же Кусиел посылал приказчика закупать скот, а сам оставался дома, то негодница жена устраивала несчастному Кусиелу такую жизнь, какую бы не вынесла ни одна скотина. И вот дедушка Рахленко предлагает Кусиелу прогнать мерзавца приказчика и вместо него взять моего отца. И пусть отец проработает у него год. Если за этот год они сойдутся, понравятся друг другу и дело у них пойдет, то Кусиел возьмет отца в компанию, отец будет тогда не приказчик, а компаньон, будет иметь в деле половинную долю. Через год, если все будет хорошо, отец внесет половину стоимости ятки, и будущие доходы они будут делить пополам. Откуда отец возьмет деньги? Ну, как вы понимаете, ятка Кусиела не такая уж крупная фирма, не «Дженерал моторс», деньги понадобятся не слишком большие. Кое-что отец привез из Швейцарии, кое-что даст он, Авраам Рахленко, и, кроме того, у него такая репутация, такое имя, что если потребуется заем, то в займе можно не сомневаться. Не знаю, как отнесся Кусиел к предложению через год взять отца в компанию, может быть, это ему не слишком понравилось, каждому хочется быть единоличным хозяином в своем деле. Но прогнать негодяя приказчика, мошенника, вора, любовника жены, а вместо него взять такого честного, порядочного человека, как мой отец, — это ему, бесспорно, пришлось по душе. И он знал, что ничего плохого, кроме хорошего, мой дедушка Рахленко предложить не может.

Все, однако, оказалось не так просто. Кусиел согласился, но он был не мужчина: если жена поселяет любовника в собственном доме, то муж ее не более чем тряпка.

В назначенный день дедушка и отец являются в ятку и видят, что Кусиел сам не свой, а негодяй приказчик стоит за прилавком и нахально усмехается.

Дедушка показывает на моего отца и спрашивает:

— Кусиел, кто этот человек?

— Это мой новый приказчик, — дрожа от страха, отвечает Кусиел.

Дедушка кивает в сторону нахала приказчика:

— А кто этот человек?

— Это мой бывший приказчик, — заикаясь, отвечает Кусиел.

— Ты с ним рассчитался?

— Рассчитался.

— Полностью и честь честью?

— Полностью и честь честью.

Тогда дедушка спрашивает у приказчика:

— Ты имеешь обиду на хозяина?

— Мне хозяйка запретила уходить из-за прилавка, — заявляет этот нахал.

— У тебя нет хозяйки, — говорит дедушка, — у тебя был хозяин. Но теперь он тебе не хозяин, а ты ему не работник.

С этими словами дедушка берет приказчика за грудки, вытаскивает из-за прилавка и выкидывает из магазина к чертовой матери, на мостовую.

А жене Кусиела дедушка сказал:

— Если ты будешь позорить своего мужа, то придется вас развести и выдать тебя за рябого Янкеля.

Рябой Янкель был дефективный парень с громадной головой и короткими парализованными ногами, сидел целый день на крылечке по-турецки, иначе сидеть не мог, блаженно всем улыбался и, если к нему обращались, мычал в ответ нечто невразумительное, как у нас говорили, «не хватало десять гривен до рубля», — ненормальный... Все привыкли к нему, никто его не обижал, ни дети, ни тем более взрослые...

И вот так, таким, как говорится, способом, мой отец стал приказчиком в ятке Кусиела Плоткина.

Надо сказать, что это дело совсем не простое. Что представлял собой в то время мясоторговец? Он и гуртовщик, и мясник, и продавец. Покупать скот нужен опыт, надо на глаз определить, как откормлена скотина, сколько в ней ценного мяса, сколько жира, нужно уметь ощупать животное, надо знать породу скота и место, где он откармливался. Скот в наших местах — это так называемый черкасский скот, по-научному, серая украинская порода. Хорошая, даже идеальная порода как в смысле работы, так и в смысле мяса. Вы когда-нибудь видели украинского быка? Красавец! Семьдесят пудов веса, больше тонны! И тащит полторы тонны. Восемь лет такой бык работает, работает, как вол, извините за каламбур, потом поступает в нагул на мясо. Короче говоря, в скоте надо разбираться, иначе всучат дрянь, даже больную скотину, тут нужен опыт и опыт. Опыта у моего отца не было никакого, а у Кусиела был: он всю жизнь занимался мясом. И потому по деревням ездил Кусиел, закупал скот, а отец находился в лавке. Но продавать мясо тоже не простое дело: каждому сорту своя цена, — одно дело, скажем, филей, край, другое — шея, бедро, кострец. Каждой хозяйке хочется получить кусочек получше и подешевле, понежнее и повкуснее, чтобы хватило и на суп, и на котлеты, и на жаркое, и на студень, она пробует его и на вид, и на запах, и на цвет. Ей подавай мясо блестящее, не слишком мягкое, но и не твердое, не особенно сухое, но чтобы не выделяло влаги, не бледное, но и не чересчур красное.

Постойте часок в магазине, у мясного прилавка, и посмотрите, как настоящая хозяйка выбирает мясо, помножьте это на то, что наш уезд скотоводческий и любая женщина разбиралась в мясе не меньше, чем нынешний инженер мясохолодильной промышленности, и вы поймете положение моего отца, который до этого видел мясо только за столом в вареном, жареном или тушеном виде, и учтите его деликатность: это был, знаете ли, не тот ловкий продавец, который на ваших глазах отрубает от красивой туши аппетитный кусочек, вертит его перед вашими глазами, как бриллиант, а дома вы вместо бриллианта находите одни кости. Отец этого делать не умел, и вы, наверно, решили, что ничего хорошего из этой затеи получиться не могло и отец потерпел фиаско.

Представьте, никакого фиаско не произошло, затея себя оправдала.

Не сразу. Были ошибки, были просчеты. Первый месяц Кусиел стоял рядом с отцом, вернее, отец рядом с Кусиелом, осваивал дело. И освоил. И дело пошло. Почему пошло? Я вам скажу. Во-первых, отец был способный и к тому же из семьи хирургов, а хирург, как там ни верти, до известной степени мясник... Во-вторых, главные клиенты у Кусиела были деповские, жены машинистов и других рабочих, его ятка была на Старом базаре, недалеко от станции. Была еще одна ятка на Новом базаре, но это на другом конце города. И все деповские покупали мясо у Кусиела. В кредит. Забирали мясо, Кусиел или его приказчик записывали на бумажке, а когда машинисты получали получку, их жены расплачивались. Так вот, негодяй приказчик, а возможно, и сам Кусиел приписывали. Хозяйки это видели, понимали, но доказать не могли, скандалили, но им в нос совали бумажку и говорили: «Видите, записано?!» Из-за этих приписок покупательницы уходили от Кусиела на Новый базар в другую ятку: человеку обидно, когда его делают дураком. И мой отец сказал: «Чтобы никаких приписок, это мое условие». Кусиелу пришлось согласиться, тем более он видел, что дело пошло и без припи-

сок. Все знали моего отца как честнейшего человека, знали, что
он не позволит взять себе лишнюю копейку, прекратились скандалы и споры, и те покупательницы, что ушли из-за приписок,
вернулись. В-третьих, мой отец навел в ятке неслыханную чистоту и порядок. Вы знаете, каковы немцы в этом отношении.
Может быть, отец вспомнил чистые немецкие мясные лавки,
где висят колбасы, и окорока, и гирлянды сосисок и все выглядит так красиво и аппетитно, что хочется все это съесть... И,
наконец, в-четвертых... Вот это, в-четвертых, самое главное...
Четвертое, понимаете ли, — красота моего отца. Он носил тонкие усики и бородку, это называлось «эспаньолка», и был похож
на француза. К тому же отец владел не только немецким языком, но и французским. Его в городе так и звали «француз»,
хотя он был блондин. Впрочем, большая ошибка считать, что
все французы брюнеты. Далеко не все. Среди французов много
блондинов. И женам машинистов и всех деповских было приятно, что их обслуживает такой галантный мужчина, похожий
на француза, и те, кто раньше приходил через день или два,
стали заглядывать чуть ли не каждый день. И пошла по городу
молва, что женщины влюблены в моего отца. И такое могло
случиться. Была у нас в городе некая Голубинская, жена деповского механика, и она действительно влюбилась в моего отца.
Говорила с ним по-французски, ходила каждый день в лавку и
втюрилась по самые уши. Много лет спустя мне об этом рассказывал сам отец. Голубинская предлагала ему бросить мою мать
и уехать с ней, Голубинской, к ее отцу, помещику.

Словом, разговоров, слухов, сплетен и пересудов оказалось
достаточно, тем более что их всячески раздувала жена Кусиела.
Могли ли эти слухи не дойти до матери и могла ли она оставить
их без внимания? Ни одной минуты! Она отправилась в ятку,
увидела там полно женщин, в их числе Голубинскую. В том, что
Голубинская покупала мясо, не было ничего особенного. Но моя
мать была женщиной в полном смысле слова, ей было достаточно того, к а к посмотрела на нее Голубинская, достаточно было
увидеть отца среди такого количества женщин. Всего этого вместе с толками, сплетнями и пересудами ей было совершенно достаточно, и она объявила, что ни одного дня отец больше не будет работать у Кусиела.

Как так? Отец устроился, вошел, можно сказать, в курс, приобрел специальность, через месяц-два станет компаньоном, и, пожалуйста, — бросай дело?! Бабские причуды! Даже дедушка Рахленко, который был крут с сыновьями, но Рахиль в жизни пальцем не тронул, и тот ударил кулаком по столу, да так, что посуда подскочила.

— Чтобы было тихо, — сказал дедушка, — никаких разговоров!

Он был прав. Трое детей не шутка, и нельзя благополучие семьи подчинять женским капризам и глупым ревностям. Отец это понимал, ценил свое место, но он не стучал кулаком по столу, только отшучивался и продолжал ходить в ятку.

Однако никакие уговоры, резоны, убеждения на мать не действовали. Она дулась, с отцом не разговаривала, являлась каждый день в ятку, стояла, смотрела на покупательниц как волчица, опасались даже, что она того и гляди изобьет Голубинскую.

Можно работать в такой обстановке?

Но ревность своим чередом, а дело своим. Мать была женщиной достаточно практичной, понимала, что семью надо кормить. Дома она скандалила, а вне дома подыскивала отцу место. Такое место, чтобы там женщинами и не пахло. И нашла. Нужен приказчик в магазине некоего Алешинского, торговца железо-скобяным товаром, москателью, красками, сельскохозяйственным инструментом. Кто покупатель в такой лавке? Пошлет мужик свою жену выбирать косу, или лемех для плуга, или шинное железо для колеса? За таким товаром он пойдет сам, он эту косу перевернет сто раз, проверит ее на ощупь и на слух, как она звенит, как вибрирует. Самое подходящее место для моего отца. Правда, надо осваивать дело заново. Но, как говорила мать, для настоящего торговца не важно, чем торговать, надо у м е т ь торговать, а торговать отец умеет.

Мать настояла на своем, отец перешел к Алешинскому и проработал у него довольно долго, года два или три; даже в моей памяти сохранился москательный запах этой лавки, до сих пор помню ящики и лотки с гвоздями, бочки с олифой, железо полосовое, шинное и всякое другое, помню мотки проволоки, косы, серпы, подковы, точильные камни, пилы, молотки, веревки, уздечки. Алешинский не взял отца в компанию, компаньон ему не требовался, человек богатый, но платил прилично: отец был хорошим работником, крестьяне его уважали, отец никого не обманывал, не объегоривал, не всучивал барахло, и простому человеку оказывал такое же внимание, как и помещику, для него все были равны. И, может быть, отец так и остался бы на всю жизнь москательщиком, но помешал, понимаете ли, пожар. Сгорела лавка? Нет! Сгорела не лавка, а папина москательная карьера.

В нашем городе была добровольная пожарная дружина, или команда, они назывались и так и так. Не знаю, есть ли такие добровольные дружины сейчас, думаю, есть: в маленьком городе невыгодно держать платную пожарную команду. Когда в небольшом городке пожар, то каждый его видит, каждый может ударить в колокол, в набат, и тогда члены пожарной команды, где бы они ни были, чем бы ни занимались, обязаны все бросить и немедленно явиться в пожарное депо, попросту говоря, в пожарный сарай, где стоят наготове бочки с водой, насосы висят, шланги, веревки, багры, — словом, все, что требуется для тушения пожара.

У нас была первоклассная пожарная команда. Даже сам господин губернатор говорил, что если бы в каждом городе, селе и местечке вверенной ему губернии была такая замечательная команда, то это было бы счастьем для всего населения и особенно для его имущества, потому что при пожаре сначала горит имущество, а потом горят те, кто это имущество спасает.

Участие в пожарной команде считалось большой честью. Принимали туда мужчин отборных, здоровых, сильных, выносливых, смелых и сообразительных. И потому слова «член добровольной пожарной дружины» уже сами по себе как бы служили аттестацией мужчине, особенно молодому. Во главе пожарной дружины стоял начальник, опытный, решительный и распорядительный, он избирался дружиной, и начальником нашей дружины избрали, конечно, дедушку Рахленко. Первым делом дедушка выгнал из команды Хаима Ягудина, который на пожаре суетился, орал, размахивал палкой и только мешал. Дедушка приказал близко не подпускать Хаима Ягудина к пожару. Дедушка был человек крутой и дисциплину держал на высоком уровне: каждый знал свое место и что ему надлежало делать. Конечно, все дедушкины сыновья, мои дяди, были членами дружины, ребята здоровые, удалые. И мой отец, как член семьи, тоже был в дружине и при пожаре немедленно являлся к назначенному месту.

И вот случился пожар: в базарный день загорелись лавчонки... Отец, естественно, спешит к месту пожара. А хозяин, Алешинский, не пускает, приказывает выносить товары на случай, если огонь доберется до его магазина. Но у отца на первом месте — общественный долг, он спешит на пожар, тушит его с дружиной, и так он увлекся, что не заметил, как загорелся магазин его хозяина, Алешинского. И хотя магазин не сгорел: был уже конец пожара, магазин каменный, и к тому же застрахованный, все добро приказчики успели вытащить, и, в общем, Алешинский ничего не потерял, но он не мог простить отцу, что тот общественный долг поставил выше интересов своего хозяина, стал придираться, и отцу пришлось от него уйти.

Тем временем, несмотря на войну, письма из Швейцарии продолжали поступать кружным путем, через нейтральную Швецию, тем более что Швейцария тоже была нейтральной страной. И, конечно, в этих письмах по-прежнему ставился вопрос о переезде в Швейцарию. Но о каком переезде могла идти речь во время войны? Смешно! В Швейцарии не представляли себе, что такое война.

Но вот революция, царя скинули, черту оседлости отменили, езжай куда хочешь, потом Октябрьская революция, мировая война кончилась, письма из Швейцарии шли уже прямым путем, требования переезда в Швейцарию стали настойчивее, а сам переезд более реальным. И, насколько я понимаю, даже дедушка Рахленко склонялся к тому, чтобы отец с семьей уехал в Швейцарию. Дедушка любил свою дочь Рахиль, и Якова любил, как сына родного, и внуков любил, особенно старшего, Леву. Но дедушка видел, что зять его Яков совершенно не приспособлен к здешней жизни: без специальности, приказчик — это не профессия для такого человека. И на подачки из Швейцарии не проживешь, и унизительно: взрослый человек, отец семейства.

Надо ехать в Швейцарию... И отец, наверно, об этом мечтал, я думаю...

Но мама ни в какую! «Если, — говорит, — я там могла идти за третий сорт, то не желаю, чтобы за третий сорт шли мои дети. И сидеть на шее у свекра и свекрови тоже не хочу. А Яков, если хочет, пусть едет в свой Базель, поступает в университет, и, когда станет доктором, тогда посмотрим: или он вернется сюда со специальностью, или женится на какой-нибудь своей прыщавой кузине, на какой-нибудь сухопарой швейцарской вобле, а мне пусть пришлет развод, я как-нибудь устрою свою жизнь и жизнь своих детей».

Такие речи в то время! Но, хотя у мамы нас было уже трое, она, как рассказывают люди, только вошла в самый расцвет своей красоты. И в семнадцатом году ей было всего двадцать четыре года, а что такое двадцать четыре года для красавицы? Конечно, произведя на свет троих детей, трудно сохранить талию. К тому же семья наша простая и пища простая, ели, что бог посылал, а посылал он нам не бог весть что, особенно в войну, и в мировую и в гражданскую. Если был кусок хлеба, картошка и селедка, то и замечательно. Так что девическую талию мама, конечно, не сохранила. Но что касается остального прочего, то, когда я с мамой приходил на базар, по тому, как мужики, глядя на нее, цокали языками и подмигивали друг другу, я уже тогда, хотя и был маленький, понимал, что моя мать женщина необыкновенная. Шла она по базару, высокая, стройная, как королева, и все перед ней расступались, давали дорогу.

Этим я хочу сказать, что как женщина мать моя была в себе уверена. Но думаю, что немного чересчур. Красавица, каких не сыщешь, хозяйка, каких не найдешь, деловая, умная, авторитетная, но трое детей — это такая премия, за которой не всякий прибежит. Сначала подумает. И если кто и возьмет женщину с тремя детьми, то какой-нибудь вдовец, который подкинет ей еще и своих четырех сирот. Мама это хорошо понимала и на новый брак, конечно, не рассчитывала, знала, что до этого дело никогда не дойдет, знала, что ее Яков никуда от нее не денется, потому что прикипел к ней сердцем и на всю жизнь. И думается мне иногда, что за вздорный и сумасбродный характер отец любил ее еще сильнее, жалел, понимал, что не со всяким она уживется, нужен ей именно такой муж, как он, — спокойный, деликатный и любящий.

Именно потому, что он был такой человек, такой муж, он и стал работать в сапожной мастерской тестя, то есть у моего дедушки Рахленко. Другого выхода не было.

Когда твои братья доктора медицины, а у твоего отца клиника в Базеле, то, знаете, сапожная мастерская не сахар. Ну а ятка Кусиела Плоткина? Москательная лавка Алешинского? Сахар?

Но все же, работая в ятке Кусиела, а потом в москательной лавке, отец на целый день уходил из дома, приносил получку и потому сохранял некую видимость самостоятельности. Я говорю: видимость, потому что все равно мы зависели от дедушки, жили в его доме, пользовались его хозяйством, и, как вы понимаете, на папино жалованье семья в пять человек не разгуляется: отец, хотя и стоял за прилавком, но он был служащий, ни одной копейки сверх жалованья не имел. И все же, повторяю, некоторая видимость самостоятельности была, хотя бы в том, что отец приходил домой вечером, когда все уже отужинали, ужинал один и ел как бы с в о й ужин. Теперь же, работая у дедушки, отец был в полном его подчинении, круглые сутки находился в дедушкином доме, ел вместе со всеми, полностью стал членом дедушкиной семьи, а это была сложная семья, и сам дедушка очень и очень сложный человек. С одной стороны, самый уважаемый член общины, с другой — без всяких разговоров выкинул на мостовую Кусиелова приказчика; с одной стороны, почтенный староста синагоги, с другой — начальник добровольной пожарной дружины, и если бы вы видели, как дедушка нахлестывает лошадей, когда мчится на пожар, гикает и свистит, как казак, и как на пожаре ругается, извините за выражение, матом и лезет в огонь, то вы бы поняли, что это был сложный и противоречивый характер, и моему отцу было не так просто к нему приладиться.

4

Дедушка мой Рахленко, широкоплечий, чернобородый, вырос на тучной украинской земле, на глухих сельских дорогах, где его отец, то есть мой прадедушка, держал нечто вроде корчмы, приторговывал спиртным и, может, еще чем-то недозволенным и якшался с людьми, с которыми порядочному человеку, вероятно, не следовало якшаться. Дедушка с малых лет был отважным, честным и справедливым. Корчма ему не нравилась, и он совсем мальчиком, четырнадцати или пятнадцати лет, ушел из дома на строительство Либаво-Роменской железной дороги, таскал шпалы, работа была по нему, поскольку физической силы он был необычайной. И правильно сделал, что ушел из дома: где корчма, там водка, где водка — там драка, где драка — там убийство. И вот мой прадедушка в драке ударил человека, через несколько дней тот умер. Возможно, он умер не оттого, что прадедушка его ударил, но в деревне его смерть связали именно с этой дракой, и пришлось прадедушке оттуда удрать, и потому его прозвище у нас в городе было «д р а л э», то есть удравший.

Но дедушка при этом не был, работал на строительстве Либаво-Роменской железной дороги, таскал шпалы и уже с четырнадцати лет жил самостоятельной жизнью.

Я несколько раз говорил вам, что мои родители, Яков и Рахиль, были очень красивые люди. Очень. Но их красота не шла ни в какое сравнение с красотой дедушки. Такие красавцы, я думаю, рождаются раз в сто лет. У него было поразительной белизны широкоскулое лицо, черная цыганская борода, высокий белый лоб, ровные белые зубы и прекрасные, чуть раскосые «японские» глаза. Перед войной мы с ним ездили в Ленинград, ему было уже далеко за семьдесят, но когда мы шли по Невскому, то люди оборачивались нам вслед. Моей матери Рахили было в кого стать красавицей.

Строительство дороги кончилось, и дедушка уехал в Одессу, поступил в обувное дело и стал хорошим специалистом в этой области. Он был деловой, работящий, человек слова, не любил трепаться и, наверно, преуспел бы в Одессе. Но Одесса! Вы, наверно, слыхали про одесские погромы?.. А дедушка был не такой человек, чтобы позволить себя бить и уродовать. Он сам мог изуродовать кого хотите. Но что он мог сделать? В конце концов ему эта музыка надоела и он уехал в Аргентину. Прожил год, но ему там не понравилось. Во-первых, он, как и дочь его Рахиль, скучал по родине, был привязан к своим местам, во-вторых, хотя он и славился деловой хваткой, но дельцом не был, доверял людям, привык, чтобы доверяли ему, не умел ловчить, был прямой, ясный и открытый человек, а что ему могло быть ясным в Аргентине: он не знал ни языка, ни людей, ни обычаев. Короче, он вернулся в родной город и стал заниматься сапожным делом, тем, чему выучился, живя в Одессе. И так как работу свою знал, и наша местность была богата скотом, и были кожевники, а со временем появился и кожевенный завод, то дедушка сразу понял конъюнктуру, и дело у него пошло. А потом подросли сыновья, стали помогать, и у него получилась хорошая сапожная мастерская.

Что такое обувное дело? Я вам скажу так: обувь, если хотите знать, самая ответственная часть человеческого туалета. А как к ней относятся? Что такое сапожник? Это: «Сапожник, рамку!» — вот что такое сапожник, последний человек. Портной — это звучит, хорошо пошить костюм — искусство, а сапожник? Туфли мы покупаем готовыми, а костюм стараемся сшить на заказ. А надо наоборот. Надо шить стандартные костюмы на разные комбинации роста и полноты, а еще лучше иметь готовый крой, полуфабрикат, — чтобы за час-другой подогнать его на покупателя. Так, между прочим, делается во многих странах. И в конце концов если костюм на вас чуть мешковат, то это недостаток чисто эстетический, вы не выглядите таким Аполлоном, каким себя воображаете, это наносит ущерб вашему самолюбию, но не здоровью. Другое дело — обувь. Как практик с многолетним опытом, я вам скажу: ни одна часть тела так не чувствительна к одежде, как нога к обуви. Кто служил в армии, знает: главное — это сапоги. Когда шинель пригнана по фигуре, солдат выглядит молодцом. Но если он выглядит и не таким бравым служакой, тоже ничего, воевать можно. Но когда жмет сапог, вы уже не солдат!

Все полководцы, начиная с Юлия Цезаря, обращали внимание прежде всего на обувь. Говорю вам как специалист: наши ноги настолько испорчены обувью, что нормальную, здоровую, правильную ногу можно найти только у новорожденных. Как только ребенок надел свой первый ботинок или первую туфельку — все! С этого момента он начинает уродовать ногу стандартной и модной обувью. На протяжении веков не обувь приспосабливалась к ноге, а нога к обуви. И к чему мы пришли? Какую ногу видит перед собой сапожник? Пальцы сжаты, искривлены, надвинуты друг на друга, большой палец вместо прямого стал косым, маленький палец совершенно изуродован, приплюснут к четвертому, нарушены и ось и свод стопы, она потеряла свою эластичность и, значит, боится дороги... Сапожник видит мозоли, воспаления, нарывы, язвы, врастание ногтей, воспаление надкостницы, потертые пятки, плоскостопие... Картина самая неприглядная, и все из-за плохой, неправильной, чересчур стандартной или чересчур модной обуви.

Извините, я долго задержался на этом, но у людей слабость говорить о своем деле. У кого что болит, тот о том и говорит, хотя, может быть, другого твои болячки не интересуют. Скажу только одно: обувь должна сохранить стопу такой, какой ее создала природа. В идеале каждый человек должен иметь свою колодку. Но против прогресса не попрешь, а прогресс — это массовое производство. Против моды тоже не попрешь — так устроен человек, всем подавай моду. И все же и при массовом производстве и в индивидуальном пошиве надо помнить о главном — о ноге.

В те времена, о которых я рассказываю, массовое производство еще не было так развито и многие предпочитали шить обувь на заказ, по моде, конечно, но мода менялась не так часто, как сейчас. Дедушка поставил дело обдуманно, любая кожа под боком, он шил и мужскую обувь и дамскую, от начала до конца, от мерки до готового ботинка. Сам был мастер, и подмастерья были хорошие, и сыновья, хотя и не все, тоже пошли по сапожной части, и внуки: я и старший мой брат Лева с тринадцати лет также стали работать у дедушки, — семья большая, а отец наш был, как вы знаете, человек без профессии. Тогда, это уже было при Советской власти, разрешали подросткам работать с четырнадцати лет, но дедушка был кустарь, и мой отец числился кустарем, и мы с братом Левой помогали как члены семьи.

Чувствуете ситуацию? Отец в мастерской на таком же положении, как и мы, на вторых ролях, делал второстепенную работу: прибивал каблуки, подошвы, пришивал пуговицы, записывал размеры, когда дедушка снимал мерку. В общем, не слишком солидное занятие и не слишком солидные коллеги — собственные малые дети. Но ничего не поделаешь, деваться некуда. И хотя мы жили с дедушкой под одной крышей, жили одной семьей, но крыша — крышей, семья — семьей, а дело — делом. И для дедушки дело было на первом плане, на его деле держалась семья, и семьи его детей, и семьи его подмастерьев; дедушка сам работал не разгибая спины и от других требовал того же, никому не делал скидки, не давал поблажки: ни сыновьям, ни внукам, ни подмастерьям, ни зятю, — и если зять плохо прибил каблук, то дедушка мог отшвырнуть ботинок, и отец его поднимал, и это было довольно унизительно, тем более что сапожник отец был никакой и его продукция то и дело летела в угол. Но он понимал, что дедушка делает это не со зла, а требует настоящую работу, и надо работать и терпеть. И он работал и терпел.

Сложнее обстояло дело во второй половине дома. Первая половина была мастерской, вторая — жилая. И вот в этой второй половине дело обстояло сложнее, тем более что там жили две семьи: дедушкина семья и наша семья. В дедушкиной семье дедушка был сам-восьмой, в нашей пока пятеро. Чертова дюжина! И все люди с характерами, часто неотесанными, это, знаете ли, не благопристойный немецкий докторский дом, это дом сапожника в маленьком городке на Украине, и этот дом был целый мир, и приспособиться к этому миру отцу было нелегко.

Жену себе дедушка взял из Гомеля. Он много ездил. Если добрался до Аргентины, о Гомеле и говорить нечего. В Гомеле бабушка работала в парикмахерской, делала парики. В то время набожные женщины носили парики, собственные волосы стригли, не совсем, конечно, не наголо, немного оставляли, чтобы не выглядеть лысой без парика; как вы понимаете, в постель к мужу они ложились без парика, а на людях снова надевали, привязывали косу. Откуда это взялось, не знаю, так предписывал религиозный обычай.

Итак, бабушка в девушках жила в Гомеле, работала в парикмахерской, где-то они с дедушкой встретились, влюбились друг в друга и решили пожениться. Для дедушки это было совсем не просто: красавец, много разъезжал, привык к холостой жизни, и понимаете, к какой холостой жизни, от женщин у него отбоя не было, и ему было нелегко поставить на этом крест, нелегко было завязать, как теперь говорят. Однако он решил поставить крест, завязать, жениться на бабушке. Но и для бабушки выйти замуж за него тоже была проблема, но совсем иная. Ее отец был ломовой извозчик, а в то время цеховые связи были очень крепкими, ремесленники часто жили на одной улице, женили своих сыновей на дочерях соседей, — таким образом объединялось и укреплялось их дело. К бабушке, как дочери ломового извозчика, сватался тоже сын ломового извозчика, сам ломовой извозчик. И этот ее жених уговорил своих собратьев по цеху отколотить дедушку, чтобы тому неповадно было отбивать чужих невест, тем более из другого города и из другого цеха.

Приехал как-то дедушка в Гомель, зашел к бабушке, посидели, потом бабушка пошла проводить его на вокзал. И вот тут, на вокзале, извозчики набросились на дедушку.

Вы видели когда-нибудь, как дерутся ломовые извозчики? Они бьются насмерть, бьются железными ломами, которыми закручивают веревки на телегах. Сами понимаете: одно дело, если вам звезданут по башке кулаком или даже бутылкой, совсем другое — если железным ломом. Но дедушка сумел выхватить у одного извозчика лом и, отбиваясь, вбежал в вокзал. За ним ворвались извозчики. Женщины кричали, дети ревели, станционное начальство попряталось; станционное начальство храброе, когда перед ним безбилетный пассажир, но когда перед ним разъяренная толпа ломовых извозчиков с железными ломами в руках, то у этого начальства душа уходит в пятки и оно прячется. А ни одно начальство в мире не умеет так прятаться, как железнодорожное. Когда в кассе нет билетов, а вам надо срочно ехать, попробуйте найти не то что начальника вокзала, а хотя бы дежурного — никогда не найдете. Дедушка был один на один с десятком рассвирепевших ломовых извозчиков, которые готовы были своими ломами сделать из него котлету. Но дедушка был не тот человек, из которого можно сделать котлету. С ломом в руках он пробился обратно на площадь, подхватил свою невесту, мою будущую бабушку, обежал с ней вокзал, вскочил в поезд и уехал в свой город. Там они и обвенчались.

Но, хотя дедушка добыл свою невесту, можно сказать, на поле боя, можно сказать, рискуя жизнью, вынес ее с поля боя на руках, дома он на руках ее не носил, и жизнь моей бабушки была вовсе не сладкой. Дедушка был человек крутой, требовательный, в быту очень аккуратный и хозяйственный. Бабушка же с молодых лет делала парики в парикмахерской, к домашней работе ее не приучили, она была, к сожалению, совсем не хозяйственная, и даже не слишком аккуратная, то есть не какая-нибудь неряха, но и не помешана на чистоте, как все Рахленки, в том числе, между прочим, и моя мать Рахиль. Мама тоже была помешана на чистоте, это она унаследовала от дедушки, а не от бабушки. И бабушка, тихая, молчаливая, очень набожная, выйдя замуж, совсем растерялась. Дедушка требовал, чтобы в доме было чисто и чтобы все было вовремя, по часам, а народу было много, и пошли дети... Постепенно бабушка, конечно, привыкла, но вначале были промашки и недоразумения, она не сумела сразу поставить себя, не сумела занять в доме настоящее положение, играть положенную роль: первым человеком был дедушка и для нее, и для детей, и для внуков, и для соседей, — словом, для всех. И хотя со временем бабушка освоилась с хозяйством и с семьей, но она так и осталась на вторых ролях. Первым был дедушка. Ну а вторым человеком стала моя мать, работяга, властная, хозяйственная, аккуратная; навязав дедушке свою семью, она считала себя обязанной работать за двоих, стряпала на всех, убирала за всеми, ходила за коровой, — в общем, управлялась со всем хозяйством. Но при ее характере делала это не как помощница своей матери, то есть бабушки, а, так сказать, оттеснив ее от руководства и еще больше снизив ее роль в доме. И дедушка с этим мирился, ему было важно прежде всего, чтобы в доме был порядок, чтобы домашняя обстановка не мешала, а наоборот, помогала его сапожному делу, и о всяких самолюбиях и, так сказать, расстановке сил в доме он думал меньше всего, единственной реальной силой в доме считал самого себя.

Ничего отец, естественно, не мог изменить, он вошел в дедушкин дом как примак и не вмешивался в чужую жизнь. Но с первого же дня стал оказывать бабушке внимание и уважение, к которому в доме не привыкли, и это внимание и уважение само по себе звучало неким протестом. Мало того, отец заставил и мою мать относиться с уважением к бабушке, и она, не выпуская из рук бразды правления, все же, следуя влиянию отца, чувствуя некоторую свою вину перед ним, не желая его огорчать, не смела помыкать бабушкой, оказывала ей, как могла, внимание и уж во всяком случае не ссорилась с ней и не пререкалась.

Будни были суетливые, хлопотные: заказчики, покупатели, поставщики, работа, беготня, — особенно шумно было в базарные дни, когда приезжали окрестные мужики. Тихо было в пятницу вечером и в субботу. На столе белоснежная скатерть, тускло мерцают свечи, пахнет фаршированной рыбой и свежей халой, дедушка, широкоплечий, красивый, расхаживает по комнате и бормочет вечернюю молитву. А в субботу, в новом сюртуке и картузе, заложив руки за спину, медленно и важно шествует в синагогу. Я нес за ним молитвенник и бархатную сумку с талесом, мне еще не было тринадцати лет — год совершеннолетия, — и я шел за дедушкой, расшвыривая ногами камешки и пританцовывая на шатающихся досках деревянного тротуара.

Как я вам уже говорил, дедушка был старостой в синагоге, самым, можно сказать, уважаемым человеком в общине. Но был ли он истинно и глубоко верующим, таким, например, как бабушка, не могу сказать. Во всем облике бабушки было нечто религиозное, не ханжески богомольное, не исступленное, а проникновенно-религиозное, спокойное, даже отрешенное. В темной блузке, темной юбке с широким поясом, в черной вязаной, ручной работы, косынке, тихая, но представительная, она ходила в синагогу без молитвенника: молитвенник ее всегда лежал в синагоге, в шкафчике под сиденьем; дома на ночном столике у нее был другой молитвенник. Дедушка не был таким богомольным, не такой уж верующий. Для него религия была скорее формой его национального существования, праздником, отдохновением от трудов и забот, основой порядка, которым он жил. Он был прежде всего человеком дела, человеком слова, человеком конкретного дела, человеком конкретного слова. Конечно, есть сапожники, которые, сидя на табурете, суча дратву или забивая гвозди, рассуждают о мировых проблемах. Дедушка никогда не рассуждал о мировых проблемах. Если хотите знать, вообще не рассуждал — в истинном значении этого слова. Молча выслушивал других, все обдумывал и потом коротко и ясно объявлял свое решение. И если дедушка советовал клиенту сделать так, а не этак, изготовить таким способом, а не другим, то клиент делал именно так, как советовал дедушка, знал, что Авраам Рахленко никогда свои личные интересы не поставит выше интересов клиента. Он был общественный человек не из честолюбия, а потому, что в общественных делах мог проявить свою справедливость.

Был у нас такой богач Фрейдкин, имел мучное дело. Жил широко, на свадьбе его сына впервые в нашем городе появился автомобиль, специально выписал его из Чернигова или из Гомеля, не знаю уж откуда, любил пустить пыль в глаза. Но, как всякий богач, был прижимист. Бедняки покупали у него муку, выпекали хлеб, халу, пирожки и продавали на базаре. Что они на этом зарабатывали? Гроши. Ну, а если прибыль гроши, то с чего такому коммерсанту составить оборотный капитал? А когда нет оборотного капитала, то приходится брать муку в кредит, в долг. И Фрейдкин, как всякий кулак, за этот кредит брал проценты. Беднякам деваться некуда, но иногда подпирало так, что долг отдавать нечем, а мука нужна, и тогда процент шел на процент, одним словом, кабала. На Старом рынке жила вдова по фамилии Городецкая, нищая, грязная, оборванная. Имела она то, что имеют все бедные вдовы, — кучу детей, таких же грязных и оборванных, как и она сама. Выпекала булки и продавала на базаре и, как я уже говорил, зарабатывала на этом гроши и на гроши должна была кормить, обувать и одевать своих детей. И она так задолжала Фрейдкину, что он перестал отпускать ей муку. Значит, помирай! И дети помирай! К кому она пошла? Конечно, к Рахленко.

Дедушка встает со своего табурета, снимает фартук, идет к Фрейдкину в лабаз и говорит:

— Проценты ты ей простишь, долг ее выплачу я, а два пуда муки ты ей выдашь бесплатно. Если же нет, то вот этой рукой я тебя держу, а вот этой вышибу все твои зубы вместе с коронками.

И Фрейдкин простил женщине проценты, выдал два пуда муки бесплатно, Городецкая снова начала торговать на Старом базаре пирогами и булками и, конечно, на весь базар прославляла дедушку; как все такие несчастные вдовы, она была женщина голосистая.

Отчетливо помню такой случай, хотя я был тогда совсем ребенком.

Рядом с нами жил шорник Сташенок Афанасий Прокопьевич, белорус, изготовлял то, что положено шорнику: сбрую упряжную, верховую, хомуты, постромки, шлеи, вожжи, седла, даже отделывал экипажи кожей и обивкой. Шорник — профессия родственная сапожной, разница только в игле: шов сапожника должен быть плотный, не пропускать пыли и воды, нитка должна полностью заполнять прокол, а шорник этим не связан и употребляет шило. Но материал у них один — кожа, и потому у дедушки с этим шорником Сташенком была некая кооперация: что не нужно одному, отдавалось другому, тем более — соседи. У дедушки был большой двор и большие сараи, и Сташенок этими сараями пользовался, у него было много кожевенного товара, и он полностью доверял дедушке. Они прожили рядом тридцать лет и за эти тридцать лет не сказали друг другу и тридцати плохих слов.

И вот однажды приезжают два цыгана, один дедушкин знакомый, по имени Никифор, другой незнакомый. Заехали во двор, поставили телегу, Никифор заказал у дедушки сапоги, взял какой-то товар у Сташенка, погрузил в телегу и выехал со двора. Но тут прибегают сыновья Сташенка и говорят, что цыгане что-то у них украли. Дедушка выходит на улицу, останавливает телегу и под сеном находит ворованное. Собирается толпа, хотят бежать за полицией, но дедушка запрещает — никакой полиции. Он приказывает отнести ворованное на место, потом спрашивает у знакомого цыгана:

— Как рассчитываться будем, Ничипор?

Тот молчит, что ему говорить?

Тогда дедушка ударяет его так, что Никифор летит на землю и изо рта и из носа у него идет кровь.

Второго цыгана, незнакомого, дедушка не тронул. Он бил не за воровство, а за предательство.

Вот такой человек был дедушка Рахленко.

Именно его усилиями в городе была построена новая синагога, когда старая пришла в ветхость и стала мала и тесна, поэтому его и избрали габбе — старостой в первый же праздник пурим. Вы знаете, что такое пурим? Это самый веселый праздник из всех праздников. По библейскому преданию, у персидского царя Ахашверона, или, по-нынешнему, Ксеркса, был министр Амман, который добился у царя согласия на поголовное истребление всех евреев. Но жена царя, красавица Эсфирь, уговорила царя отменить указ и, наоборот, казнить мерзавца Аммана. В честь этого события и празднуют веселый праздник пурим, поют, танцуют, бьют в колотушки. И вот в первый же после постройки синагоги праздник пурим принесли в синагогу кресло, посадили дедушку и на руках несли его до самого дома: впереди шли люди, пели, танцевали, били в колотушки — такую честь оказали дедушке.

Население нашего города было смешанное, но дружное; жили в мире русские, украинцы, белорусы, евреи; тут же, неподалеку, шесть немецких сел, предки этих немцев, родом из Франкфурта-на-Майне, были поселены здесь Екатериной Второй. До этого, в семнадцатом веке, в здешние леса переселились раскольники-беспоповцы. А на железной дороге, в депо, работали поляки, высланные сюда после восстания 1863 года. В общем, население пестрое, но вражды, национальной розни — никакой! Достаточно сказать, что у нас ни разу не было погрома. После революции 1905 года, когда началась реакция, к нам приехали погромщики. Но на улицу вышел мой дедушка Рахленко с сыновьями, а каков он был, дедушка, и какие у него были сыновья, вы можете судить по этой фотографии — это не сапожники, а Ильи Муромцы! Вышли кожевники, мясники, столяры, ломовые извозчики, грузчики со станции, народ отборный, здоровенный, у кого палка, у кого топор, у кого дубина или оглобля; на помощь пришли деповские рабочие, тоже не с пустыми руками, и погромщики едва унесли ноги.

Но в нашем городе не было церкви. Представьте себе! Возникни наш город из какого-нибудь села, церковь была бы обязательно, в каждом селе есть церковь. Но город наш был сначала местечком, затем, когда провели железную дорогу и построили депо, стал железнодорожным поселком, из железнодорожного поселка превратился в город, и церкви не было. Молиться ходили в соседнюю деревню Носовку. Собирали, конечно, пожертвования на храм Божий, их собирали бы еще лет двадцать. Что делает дедушка? Он заставляет Циммермана, богатого торговца строительным материалом, Алешинского, владельца скобяного магазина, и других купцов отпустить материал на строительство церкви как бы в кредит, а потом деньги не брать. И церковь была построена. Когда был молебен ее освящения, то батюшка в своей проповеди упомянул про мещанина Рахленко, который хотя и иудей, но старания его угодны богу.

5

Повторяю, характер дедушки был сложный, противоречивый, и вот пример — его отношение к собственным детям.

У моей матери, Рахили, был замечательный голос. Надо вам сказать, что все Рахленки прекрасно пели, но когда пела моя мать, возле дома собиралась толпа, все слушали, один раз даже палисадник сломали. Как-то, еще девушкой, мама гуляла со своей компанией по лесу и запела. А в лесу, как я рассказывал, было полно дачников, и в их числе оказался профессор консерватории из Петербурга. Профессор слышит, как кто-то поет на весь лес, выводит трели, каких он не слышал даже в консерватории. Он встает со своего гамака, идет на этот голос и видит компанию молодых людей. Но при чужом человеке мама замолчала.

— Кто у вас пел? — спрашивает профессор.

Все молчат, потому что мама молчит. А раз она молчит, значит, не хочет признаться. А поскольку она не хочет признаться, то и другие ее не выдают.

Тогда профессор начинает разговаривать с каждым в отдельности, доходит до мамы и по ее голосу узнает, что пела именно она, на то он и профессор, чтобы догадаться.

— У вас исключительный голос, — говорит профессор, — таких голосов, как ваш, очень мало, а может быть, и вовсе нет. Вам надо ехать в Петербург, учиться в консерватории. Я сделаю для вас все.

Словом, обещает ей золотые горы, подводит к своей жене и дочери, те тоже восхищаются ее голосом, тоже уговаривают ехать в Петербург, тоже сулят золотые горы, жить она будет у них, ни в чем не будет нуждаться, станет знаменитой певицей.

Не знаю, собиралась ли мама в действительности в Петербург, но дедушке она сказала, что хочет поехать.

И дедушка ответил:

— Ехать ты можешь. Но если ты вернешься, то... Видишь этот топор? Этим топором я снесу тебе голову.

Сыновей дедушка иногда избивал до полусмерти, но единственную дочь свою, Рахиль, как я уже говорил, ни разу пальцем не тронул. И вот такая угроза. И как только он ее произнес, мама тут же решила ехать, хотя, как вы убедились, была не слишком большой любительницей ездить с места на место, даже Швейцария ей не понравилась. Но уступить? Это тоже было не в ее характере. Вероятно, она бы уехала. Но вскоре после этого случая в городе появился другой профессор, профессор Ивановский с сыном Якобом, и что произошло дальше, вы знаете. С того часа, как мама увидела моего будущего отца, никакой консерватории больше не существовало.

Свой голос мама сохранила и в зрелом возрасте, конечно, голос не поставленный, не обработанный, как говорили специалисты, но выдающийся. Уже на моей памяти в наш город приезжала одна профессорша, на этот раз из Московской консерватории. Она услышала маму, явилась к нам домой и сказала:

— Я из вас сделаю певицу лучше Катульской. Не вы будете слушать Катульскую, а Катульская будет слушать вас.

Мама только посмеялась... О Катульской она вообще понятия не имела, и о каком пении может идти речь — уже дети взрослые.

Но как в свое время обошелся дедушка с ее талантом, вы убедились.

Старшего сына дедушки звали Иосиф. Он был первенец, и дедушка его очень любил. Но должен вам сказать, что никого из своих сыновей дедушка так не бил, как Иосифа. Бил смертным боем. И за дело. Во-первых, Иосиф не пожелал учиться. В дом ходил учитель, некто Курас, очень хороший педагог по всем предметам, занимался с Иосифом, и сам дедушка занимался с ним, как простой школьник...

Да, да... Когда приходил Курас, дедушка подсаживался как бы из любопытства, решал задачки, писал сочинения, изложения, и таким образом научился читать и писать по-русски, получил кое-какие начатки образования. Согласитесь, для взрослого, делового, занятого человека это довольно, я бы сказал, самоотверженный поступок.

Итак, в дом ходит учитель Курас, у Иосифа есть способности, он все схватывает на лету, значит, учись на здоровье? Нет! Он, видите ли, увлекся голубями. Ничего, кроме голубей, не хотел знать, гонял их целыми днями; мальчишка, но у него лучшая в городе голубиная охота, и не просто охота, а предприятие, он с малых лет делал дела, и первым делом были голуби: менял, продавал, брал выкуп за пойманных голубей, — в общем, делал свой гешефт, и вся его жизнь была гешефт. Он вырос форменным бандитом, творил черт знает что, уму непостижимо: воровал у дедушки кожу и готовый товар, и у нашего соседа, шорника Сташенка Афанасия Прокопьевича, тоже воровал кожу, всех обманывал, играл в карты, в общем — разбойник.

Внешне он был похож на дедушку. Но у дедушки на лице было написано благородство, а у Иосифа из глаз торчала финка. На дедушку было приятно смотреть, на Иосифа — неприятно. Дедушка был умный, Иосиф — хитрый и вероломный, одним хамил, перед другими подхалимничал, лозунг его был такой: «Ласковое теля двух маток сосет». Умел улыбаться, и когда улыбался, то это был ангел, втирался в доверие к людям и потом их обманывал. Был у него дружок по имени Хонька Брук, такой же бандит, работал на дровяном складе, при складе была сторожка с чугунной печуркой, там собиралась их компания, играли ночами в карты, водили девок, пили водку. Со временем, я думаю, из них бы составилась профессиональная банда. Но тут началась первая мировая война. Иосифа забрали в армию, но и в армии он сумел устроиться: влюбил в себя жену капельмейстера, и она заставила мужа взять Иосифа в оркестр, выучить играть на флейте. Так, играя на флейте, он и провоевал всю войну.

Женщины его любили, липли к нему, он был красивый, удалой, умел одеваться, но с женщинами обращался по-свински. На этой почве возникали разные истории и конфликты.

Со своим соседом, шорником Сташенком Афанасием Прокопьевичем, мой дедушка очень дружил, хотя тот был моложе его на десять лет. Сташенки были хорошие, порядочные люди, и об этой семье речь впереди. Пока скажу только, что старшего сына Сташенка, Андрея, в августе четырнадцатого призвали в армию, и жена его, Ксана, осталась с грудным ребенком на руках, была, значит, солдаткой и довольно долго: Андрей вернулся из немецкого плена в восемнадцатом году. А Иосиф вернулся из армии в семнадцатом, и вот рядом красивая молодая солдатка без мужа, Иосиф, естественно, положил на нее глаз, заходил к Сташенкам за тем, за другим, останавливал Ксану на улице и через забор с ней переговаривался, — в общем, всем стало ясно, чего он домогается. Ксана на приставания Иосифа не отвечала, но городок маленький, южный, все на виду, все видят, как Иосиф вяжется к Ксане, и этот факт ее компрометирует, дает пищу судам и пересудам, как это бывает в провинции, где женщины любят почесать языки.

Между мамой и дядей Иосифом произошел разговор при мне: мама думала, что я ничего не понимаю, мне было лет пять или шесть. Но дети в этом возрасте очень понятливы, чутки и многое запоминают. Помню Иосифа перед зеркалом, он щеткой приглаживал блестящие волосы, смазанные бриллиантином.

— Ты стал чересчур лепиться к сташенковскому забору, — сказала мама.

— Не суйся нè в свое дело, — ответил Иосиф, не оборачиваясь.

— Позоришь замужнюю женщину!

— Что еще скажешь?

— Ты мерзавец и негодяй!

— Договоришься! — пригрозил Иосиф.

В тот же или на другой день стоит Иосиф у забора, разделяющего наши сады, и разговаривает с Ксаной. Подходит мать.

— Ксана! У тебя есть глаза? Возьми коромысло и огрей этого скота как следует, чтобы не привязывался.

В саду у Сташенков работали и другие женщины из их семьи, они это слышат и тоже подходят к плетню.

Я думаю, в эту минуту Иосиф был способен убить мою мать, но кругом женщины и дети, и у него хватило ума не затевать скандала. Обругал маму «дурой» и ушел.

И я отчетливо помню, как Ксана сказала:

— Спасибо вам, Рахиль Абрамовна!

После этого Иосиф перестал вязаться к Ксане, к Сташенкам не заходил, но эта история, к сожалению, ничему его не научила.

Была у нас беженка из Бессарабии, несчастная одинокая девушка, Иосиф стал с ней жить и, когда она забеременела, отослал ее в Гомель, наобещал, наговорил, она поверила и уехала. А Иосиф вслед за ней посылает в Гомель своего дружка Хоньку Брука с деньгами и говорит:

— Передай этой идиотке деньги и скажи, что я на ней никогда не женюсь, она у меня не первая и не последняя.

И Хонька, бандит, с удовольствием передал ей это слово в слово. Вы представляете себе, в те годы женщина незамужняя, беременная, к тому же одинокая; беженка в чужом городе, среди чужих людей! Чего греха таить, мы, мужчины, не святые, особенно когда мы молоды и нам везет на женщин. Но все же есть какие-то пределы, черта, через которую нельзя переступать. Увлекся, сошелся, погулял, но обещать... Обещать и обмануть — не по-мужски. Не обещай! Если она тебя любит, она твоя без всяких обещаний. Мало того! Воспользоваться тем, что девушка одинокая, беззащитная, одним словом, беженка, и потом бросить на произвол судьбы, согласитесь, может только негодяй. А Иосиф был негодяй, думал только о себе, о своих удовольствиях, о своей выгоде.

Эту историю с беженкой я отчетливо помню, следовательно, она произошла уже после революции, может быть, году в восемнадцатом или девятнадцатом, я знаю ее не с чужих слов, сам был очевидцем события и всего, что произошло вокруг него. Произошел конфликт между моим отцом и семейством Рахленков, единственный конфликт, первый и последний, и после него, как мне думается, мы и переехали на другую квартиру.

Иосиф и мой отец были ровесники, однолетки, и, следовательно, в описываемый момент им было лет по двадцать семь, двадцать восемь, во всяком случае, не более тридцати. Но отец к тому времени уже имел четырех детей: после Левы, меня и Ефима на свет божий появилась Люба. А Иосиф был холостой, был делец, сапожное дело бросил, пошел по торговой части, я думаю, спекулировал, делал всякий шахер-махер, особенно при нэпе, вел разгульную жизнь и был большой ходок по женщинам. И, конечно, никаких точек соприкосновения между ним и моим отцом не было. Они презирали друг друга, но отец, человек деликатный, этого не показывал, а Иосиф, как хам, своего презрения не скрывал. Но оскорблять отца не смел, потому что была еще мать, она в любую минуту была готова встать на защиту отца, как наседка за птенца. Только мама была не курица, а ястреб, в семье ее все боялись, и дядя Иосиф боялся. Таким образом, между Иосифом и отцом стояла мать, готовая подавить любую размолвку, потушить любую искру. Но в то же время она не хотела и дружбы между ними, опасалась, что Иосиф вовлечет отца в свои амурные похождения; для Иосифа не существовало ничего святого, он с удовольствием насолил бы родной сестре, взяв ее мужа в напарники. И матери приходилось смотреть в оба, чтобы, с одной стороны, отец и Иосиф не враждовали, с другой, — чтобы не сдружились. О последнем она беспокоилась напрасно. Иосиф был глубоко антипатичен моему отцу, тем более не могло быть речи о женщинах, отцу надо кормить детей, специальности нет, сами понимаете, какие тут женщины! Но от конфликта мать его уберечь не смогла. Конфликт произошел именно из-за беженки.

Никто, конечно, не одобрял поступка Иосифа. Но в том, как осуждал Иосифа мой отец и как осуждали Рахленки, была разница. Отец считал, что Иосиф обязан жениться на этой девушке. Как можно бросить на произвол судьбы собственного ребенка? Для отца долг был на первом месте, ради долга он мог пожертвовать собой, и он требовал того же и от Иосифа. Может быть, в нем говорила и солидарность: девушка была здесь такая же чужая, как и он сам, одинокая, без родных, без знакомых, и он жалел ее. Рахленки тоже осуждали Иосифа, но не за то, что он бросил девушку в таком положении, а за то, что сошелся с ней. Я слышал разговор по этому поводу между отцом и матерью, они думали, что я сплю, но я не спал и все слышал.

Мать рассуждала примерно так:

— Мало барышень из хороших семей, на которых можно жениться? Где были его глаза и где, спрашивается, был его рассудок? Не мальчик, слава богу, почти тридцать лет! Нет, ему понадобилась именно эта несчастная беженка. И она хороша! Думала, наверно, подцепить завидного жениха, только не знала, с кем имеет дело, вот и влопалась, дура! Конечно, жалко будущего младенца, но что теперь можно сделать? Жениться? Какая у них будет жизнь? Разве т а к у ю Иосиф будет уважать? Она ему пара? Днем он будет ее колотить, а ночью спать с другими бабами. Это жизнь? Нет, женитьбой подлость не исправишь.

Так рассуждала моя мать, и так же думали Рахленки, может быть, с некоторыми вариациями: конечно, Иосиф негодяй, но жениться? Женитьба не выход из положения.

В этом разногласии, я думаю, вам видна разница между моим отцом и Рахленками. Он был человек долга, но романтик, витал в облаках, а они твердо стояли на земле и рассуждали реально, тем более ясно: что бы они ни думали, как бы ни рассуждали, Иосиф поступит по-своему и только по-своему, никакая сила не заставит его сделать так, как он не хочет. И дедушка тоже понимал, что ничьему решению, кроме собственного, Иосиф не подчинится, и потому молчал. Каким был дедушка в молодые годы, вы знаете. Я думаю, в окрестных деревнях немало гуляло парней и девок с раскосыми дедушкиными глазами. А о том, что в соседней Петровке от него у одной крестьянки был сын, которого он признал своим, об этом говорили как о безусловном факте. И думаю, что это было так. В своем далеком детстве я помню смутные разговоры на эту тему, помню поездки дедушки в Петровку, и ночевки там, и волнения бабушки, и потом какие-то денежные дела: дедушка помогал своей деревенской любовнице и своему побочному сыну. Так что к подобного рода делам дедушка относился довольно свободно и хладнокровно. Он жалел несчастную беженку, но понимал, что нельзя заставить Иосифа на ней жениться и не надо: ничего хорошего ни для нее, ни для Иосифа из этой женитьбы не выйдет.

Может быть, я не запомнил бы этой истории: был тогда совсем маленький, и таких историй у дяди Иосифа был вагон, — но историю с беженкой я запомнил потому, что был очевидцем скандала между дядей Иосифом и моим отцом, и этот скандал врезался мне в память.

Не знаю, что сказал отец Иосифу, не знаю, с чего началось, если отец что и сказал Иосифу, то, безусловно, в деликатной форме, но, повторяю, не помню, что именно. Но отчетливо помню разъяренное лицо Иосифа, в ярости он был ужасен, не помнил себя, мог убить человека.

Он кричал отцу:

— Швабский ублюдок! Ты смеешь меня учить? Кто ты такой? Паразит, дармоед, сидишь на нашей шее со своей оравой, бездельник, ничего, кроме детей, не умеешь делать, подбашмачник, немчура проклятая! Есть наш хлеб тебе не стыдно, а мне ты смеешь колоть глаза какой-то шлюхой, учить нас приехал, убирайся в свою Швейцарию, швабский ублюдок!

И кидается на отца, а на него, как кошка, кидается моя мать, потому что Иосиф совершенно свободно мог убить отца, он был драчун, как все Рахленки, а отец не то чтобы драться, он в жизни никого пальцем не тронул, и мы, дети, ревем и тоже загораживаем отца, и на шум из мастерской являются дедушка и другие мои дяди, и, услышав слова «швабский ублюдок», дедушка отвешивает Иосифу хорошую оплеуху. Но Иосиф, негодяй, кидается на родного отца, на старика, но тут вступают другие дяди, выкручивают Иосифу руки, и дедушка отвешивает ему еще несколько оплеух, уже не за моего отца, а за самого себя.

В общем, произошла безобразная сцена, она врезалась мне в память, это был единственный случай, когда в дедушкином доме обидели моего отца. После этой истории наша семья переехала в другой дом. Может быть, не сразу переехали и, может, не из-за этой истории, а потому, что, согласитесь, если у тебя на голове, я имею в виду дедушку, сидят еще семь человек, то это чересчур, и надо обзаводиться собственным домом. Но тогда я был ребенком, это было давно, и мне запомнились только самые главные события, они спрессовались во времени, и поэтому история с беженкой, скандал с дядей Иосифом и переезд на новую квартиру соединились в моей памяти в одно событие или в события, которые следовали одно за другим, хотя на самом деле они могли быть отдалены друг от друга.

Мы купили небольшой домишко на соседней улице. Тогда, в гражданскую войну, все пришло в движение: люди разъезжались, съезжались, разбегались, перемещались, — и домик мы купили сравнительно дешево, небольшой домик: зала, две комнаты, кухня, кладовая, — купили удачно в том смысле, что наш двор почти примыкал к дедушкиному двору, я говорю почти, потому что рядом с нами стоял двухэтажный особнячок, в нем жил инженер железнодорожного депо Иван Карлович, из немцев, важный и строгий господин. У Ивана Карловича был большой фруктовый сад, мы перелезали через забор, пробегали по саду, опять через забор — и мы на дедушкином дворе. Иван Карлович был этим недоволен, выговаривал моим родителям, мама нам раздавала подзатыльники, на это она была мастер, а отец, как я уже говорил, никогда не тронул нас и пальцем. Иван Карлович очень сердился на нас, на детей, мы шумели, галдели, доставляли ему много беспокойства, он даже подозревал, что мы таскаем у него яблоки, — эти подозрения были небезосновательными. Однако моим родителям он оказывал большое уважение. Их все уважали, а отец, кроме того, оказался для него интересным собеседником, к тому же свой, фактически немец, они разговаривали только по-немецки, для Ивана Карловича это была хорошая практика, другого человека с таким чистым немецким произношением ему, естественно, было не найти. Иван Карлович снабжал отца книгами из своей библиотеки, тот много читал, через него и мы с братом Левой тоже пристрастились к чтению.

Но, извините, я отвлекся. В последнее время со мной это случается: старые воспоминания перемежаются с новыми мыслями. И чем больше старых воспоминаний, тем больше новых мыслей. Тебе кажется, что ты так думал тогда, а на самом деле так ты думаешь сегодня.

Итак, о чем я? О дяде Иосифе...

Бабушка говорила: «Будет несчастной та женщина, на которой Иосиф женится». Но, представьте, он женился очень удачно, отхватил жену по себе и даже больше, чем по себе. Жена его была зубной врач. А что такое Иосиф? Ничего, бабник, но женщины его любили. Однако врачиха была с характером, живо прибрала Иосифа к рукам и заставила обучиться зубопротезному делу. Как у всех Рахленков, руки у Иосифа были золотые, дело он освоил, изготовлял коронки, мосты, протезы и все, что требовалось для пациентов его жены. Дело золотое в прямом и переносном смысле. В городе были еще два дантиста, но жена Иосифа была лучшим врачом, а Иосиф не только хорошим техником, но и ловким, хитрым, отчаянным и, хотя имел дело с золотом, ничего не боялся, тем более нэп, поставил дело широко, их зубоврачебный кабинет процветал. А когда нэп кончился, они свою лавочку прикрыли, работали в поликлинике, но дома кресло сохранили как бы для друзей и родственников. Но в таком городишке каждый друг или родственник. И у районного начальства тоже есть зубы. И когда зубы болят, то кое на что приходится смотреть сквозь пальцы. Тем более все для тебя делается быстро, хорошо, на высшем уровне. В поликлинике очередь, и, если приходит председатель райисполкома или начальник милиции, она его сажает в кресло, лечит и потом говорит:

— Приходите завтра вечером ко мне домой.

Продолжает его лечить дома, но денег не берет, упаси боже, он ее официальный пациент из поликлиники, никакой частной практики у нее нет, просто делает любезность, оказывает уважение, освобождает от необходимости сидеть в очереди или проходить без очереди, что, согласитесь, тоже не совсем удобно. Ну, а если такое же уважение она оказывает их женам, — это тоже естественно, жены — ее приятельницы: одна врач, другая — учительница, третья — заведующая библиотекой, — словом, районная интеллигенция, ее коллеги и друзья, их она тоже пользует дома и денег не берет. И если они ей делают подарки, приносят торт или коробку шоколадных конфет или привезут из Киева какую-нибудь тряпку, в этом ничего предосудительного нет. В общем, ее домашний кабинет был как бы филиалом поликлиники, по-семейному, по-простому, без формальностей, бюрократизма и волокиты. Но за этим фасадом скрывалась фирма, частным лицам все делалось за деньги, и если у них не было золота для коронок, мостов и протезов, то золото находилось у Иосифа.

Все догадывались, какие деньги загребают Иосиф с супругой, но Иосиф поставил дело ловко, придраться не к чему, и никто придираться не хотел. И хотя Иосиф был отчаянный, бесшабашный, жадный до денег, жена его была женщина осторожная, большая дипломатка и его приучила к осторожности. Иосиф ездил за золотом в Харьков, Киев, Москву, даже в Среднюю Азию, но никогда не попадался, все шито-крыто; у них были золото и драгоценности, все хорошо запрятано, и прекрасный собственный дом, и хорошая обстановка. Каждое лето они отправлялись в Крым или на Кавказ, Иосиф любил красивую жизнь, по-прежнему любил красиво одеваться, и жена чтобы была красиво одета, вкус у него был, не отнимешь, деловой, энергичный — тоже не отнимешь, и семьянин стал примерный. Но никому в жизни хорошего не сделал, все только для себя.

Что касается беженки, то, как я узнал много позже, дедушка разыскал ее в Гомеле, помог ей деньгами, и она вышла замуж, — в общем, дедушка устроил ее судьбу.

Второй сын у дедушки был Лазарь, полная противоположность Иосифу. Фантазер, человек непрактичный, философ, единственный среди Рахленков близорукий, наверно, оттого, что с детства много читал, даже ночью. Залезет на печку, зажжет керосиновую лампу и читает всю ночь. В итоге носил пенсне и слыл человеком образованным, хотя был скорее не образованным, а начитанным и начитанным бессистемно, читал все, что под руку попадется. Видя такую страсть к чтению, дедушка отдал его в Гомель, в гимназию Ратнера, была такая частная гимназия с казенными правами. Но оказалось, что настоящих способностей у Лазаря нет, а есть порок, совершенно необычный в семье Рахленков. Этот порок — лень. Родная мать колет дрова, а он сидит и читает газету, как будто так и надо. Добрый, не эгоист, но лень, понимаете, его одолела, фантазер, мечтатель и неудачник. Сапожник средний, дедушка палкой его выучил, но любил поговорить с заказчиками, поболтать, потрепаться на разные темы, потом работал в артели, на фабрике, сначала в цехе, потом в ОТК. Пригнула его к земле смерть жены. Жена его

Тэма, нежная, кроткая, любила Лазаря, прощала ему непрактичность, ничего не требовала, жила на то, что есть. С такой женой Лазарю было хорошо, мог мало работать и много философствовать. Но при рождении ребенка Тэма умерла. Как Лазарь не покончил с собой — не знаю. На сына он не мог смотреть, маленького Даниила выхолил дедушка, отдал в деревню кормилице, между прочим, в деревню Петровку, ту самую, где у него был побочный сын, к тому времени уже взрослый человек, отец семейства. В эту деревню Петровку дедушка чуть ли не каждый день ездил смотреть на внука, как он и что, чтобы все, значит, было в порядке. И вынянчил и вырастил его. Но у Лазаря совсем опустились руки, он стал попивать, и даже дедушка, не терпевший пьяниц, на Лазарево пьянство посматривал сквозь пальцы, понимал — жизнь не удалась.

Третий сын у дедушки был Гриша. Ничего особенного про него рассказать не могу, ничего выдающегося в нем не было. Здоровый, как все Рахленки, первый драчун и забияка на улице, но справедливый: защищал слабых. А что значит защитить слабого? Это значит подраться с сильным. И он навешивал синяки, будь здоров! А когда мальчик приходит домой с синяками, у него спрашивают: кто? И мальчик отвечает: Гриша Рахленко. Кому жалуются родители? Дедушке. А дедушка в таких случаях не разбирался, кто прав, кто виноват. Раз на тебя пожаловались, значит, ты виноват. Ведь чужого сына он наказать не может, а своего может. И разговор короткий — ремень. И Иосифу ремень, и Лазарю, но те прятались, иногда на несколько дней удирали из дома. Гриша не удирал, дедушкиного ремня отведал предостаточно, но никогда не плакал, не просил прощения. Впрочем, он быстро остепенился и стал хорошо работать, к сапожному делу, вообще ко всякому ремеслу у него были способности.

Помню, дяди мои построили во дворе гигантские шаги, такое было тогда увлечение. Гигантские шаги получились настоящие, как в парках и садах, ребята сбегались со всего города. Что делает дядя Иосиф? Делает свой гешефт: берет с каждого по копейке. Дядя Гриша стоит в это время рядом, молча смотрит, как Иосиф собирает копейки, потом спокойно говорит:

— Покажи, сколько ты насобирал.

Берет у Иосифа монеты, пересчитывает и отдает мне:

— Пойди купи на эти деньги конфет и принеси сюда.

Я принес конфеты, и Гриша роздал их ребятам. Иосиф не посмел ему слова сказать, Гриша был хоть и младше, но сильнее его, а с сильными, как вы знаете, Иосиф не связывался.

В пятнадцатом году дядю Гришу мобилизовали в армию, и всю первую мировую войну он пробыл на фронте, и не как Иосиф, не в музыкантской команде, а в пехоте, в окопах, настоящий солдат, был ранен, контужен; после войны вернулся и опять стал работать по сапожному делу. Со временем из него выработался мастер высокой квалификации, спокойный, трудолюбивый, немногословный и по части техники, очень, знаете, одаренный. В артели, потом на фабрике всегда числился в первых ударниках, в первых стахановцах, но не делал из этого карьеры, от всего отказывался, любил только работу. Когда фабрика расширялась и механизировалась, он внес много ценных рационализаторских предложений. К ним, как бывает, примазывались ловкачи, но дядя Гриша не обращал на это внимания, простодушный, не честолюбивый, интересы производства были у него на первом плане, истинный мастер своего дела, передовик в подлинном значении этого слова. Я лично ему многим обязан. Когда я и мой брат Лева стали работать с отцом и дедушкой, то именно дядя Гриша нас учил. И моего отца тоже терпеливо учил. И если я сказал о дяде Грише, что он был простой, ничем не выдающийся человек, то, может быть, как раз в этом и была его значительность. Он был человек труда и трудового долга, а на таких людях держится мир.

Все дедушкины дети при всех своих недостатках, иногда довольно крупных, все же что-то унаследовали от дедушки: Иосиф — деловитость, Лазарь — доброту, Гриша — трудолюбие, моя мать Рахиль — властность, волю, целеустремленность. Но ни в ком из них характер дедушки не повторился целиком и полностью. И только один сын поднялся до высоты дедушкиного характера, а может быть, и превзошел его, потому что попал в гущу великих исторических событий и был их участником. Этим сыном был дядя Миша, младший из дедушкиных сыновей и младший из моих дядей.

Мне уже за шестьдесят, и дяди Миши давно нет на свете, он погиб, когда я был мальчишкой, но он озарил мое детство незабываемым светом, дал мне нечто, что я пронес через жизнь. И он стоит перед моими глазами как живой: широкоплечий, бесстрашный, с чеканным загорелым монгольским лицом и добрыми, чуть раскосыми глазами.

Во всех Рахленках было что-то монгольское, а в дяде Мише особенно. Откуда это взялось? Честно говоря, понятия не имею.

Увлечением дяди Иосифа были голуби, Лазаря — книги, увлечением дяди Миши были лошади. Проскакать на коне в казацком седле, в кавалерийском седле, без седла — за то он готов был душу отдать: война, через город проходили кавалерийские части, становились на постой, дядя Миша дружил с кавалеристами и научился не хуже их самих управляться с лошадьми.

Именно с лошадей началась военная карьера дяди Миши. В восемнадцатом году с кавалерийским эскадроном он ушел на фронт. Записался добровольцем, дали ему коня, и он провоевал всю гражданскую войну. Фронт проходил по всей России, и дядя Миша исчез из нашего поля зрения и превратился в легенду. Приходили от него редкие и короткие письма — представляете почту того времени. Письма не сохранились, из них мне запомнилась только одна фраза: «Домой не ждите, пока не возьмем Варшаву». Он служил в конном корпусе Гая. Корпус Гая наступал на Варшаву... У нас дядя Миша появился неожиданно, в кавалерийской шинели, папахе, шпорах, перетянутый ремнями, с шашкой на боку, герой гражданской войны, кавалер ордена Красного Знамени, тогда это много значило.

Разукрашен он был как картинка; может быть, мне это тогда казалось, а может, так оно и было в самом деле. Шашка, папаха, ремни, шпоры, его кони, выезды — все это мне, прошедшему суровую Отечественную войну, теперь кажется несколько наивным. Но тогда это было в моде, было нормой: любили пощеголять, особенно у нас, на юге, и особенно такие рубаки и партизаны, как дядя Миша.

Надо ли говорить, как мы все, начиная с дедушки и кончая нами, внуками, гордились дядей Мишей, я уже не говорю о бабушке: она в нем души не чаяла. Сын сапожника Рахленко из маленького города на Черниговщине — и вот, пожалуйста, такой герой, не какой-нибудь унтер-офицер, вроде Хаима Ягудина, а, можно сказать, красный генерал; в доме полно оружия, в конюшне стоят кони, каких не видел мир, и наш сосед, шорник Сташенок, готовит для них особенную сбрую. Мы ходили за дядей Мишей: куда он, туда и мы. Из нашего города вышли довольно крупные политические деятели, но мы о них ничего не знали, они были далеко — в Москве, в Петрограде, а дядя Миша был здесь, перед нашими глазами.

Он продолжал служить в армии, хотя жил в Чернигове. Кем он там был, мне не совсем понятно: то ли командовал какой-то воинской частью, то ли был членом Военного трибунала, не то тем и другим вместе. В общем, видный человек в Чернигове. И вот как-то он приезжает к нам в город на денек-другой повидать родных. Бедняга, зачем он приехал? Он за смертью своей приехал...

Разруха, не было твердой валюты, деньги считались на миллионы, а кому они нужны, эти миллионы? Бумажки! Крестьянин их знать не хотел. Район наш, как я уже рассказывал, скотоводческий, а как покупать скот, если крестьянин этих миллионов не берет? Мясники покупали скот на старые царские золотые монеты, а в то время это преследовалось как спекуляция золотом, три человека попались, сидели в тюрьме в Чернигове, и им грозил расстрел. К кому кинулись их родные? Конечно, к бабушке Рахленко. Ведь ее сын — главный начальник в Чернигове, неужели он не выручит своих, можно сказать, земляков, отцов семейств, допустит, чтобы их дети остались сиротами? И тут, как на грех, как нарочно, приезжает дядя Миша.

Бабушка ему говорит:

— Освободи этих людей.

Он отвечает:

— Я не могу этого сделать.

Но она умоляет, просит, требует, добрая женщина, но не понимает, на что толкает сына, не понимает, что ему грозит.

— Если их расстреляют, — говорит бабушка, — то нам здесь оставаться нельзя, мы должны отсюда уехать, должны бросить родное гнездо и скитаться не знаю где. Здесь я не смогу смотреть людям в глаза.

Тогда дядя Миша говорит:

— Если я это сделаю, то мне самому будет расстрел.

Но она ему не верит, думает, отговаривается, плачет, настаивает; ее разжалобили жены осужденных, она им обещала, и ей, стоящей в семье на втором плане, хотелось показать землякам, что ее слово тоже что-то значит, что ее любимый сын Миша все для нее сделает.

Если бы об этих разговорах знали дедушка, дяди, моя мать Рахиль, мой отец Яков, они, конечно, доказали бы бабушке, что она требует от Миши невозможного. Но, к несчастью, эти разговоры были с глазу на глаз, бабушка взяла с дяди Миши слово ничего не говорить родным.

Дядя Миша уступил, не смог отказать родной матери, освободил этих людей, пожалел, знал их, знал их семьи, знал, что у них дети, и, может быть, их преступление не казалось ему заслуживающим смерти. Не забывайте, ему было тогда двадцать два года. Мальчишка! Он видел смерть, но видел ее на поле боя. Он был солдат, а не судья, рубака, щедрый, бесшабашный, отважный, но добрый, справедливый, бескорыстный. В какой-то степени он был искатель приключений, но в хорошем значении этого слова; это был авантюризм доброго, храброго и отзывчивого сердца. Он мог стрелять, но не расстреливать. Свою доброту он поставил выше железных законов революции и должен был за это ответить.

Безусловно, он не был такой дурак, чтобы просто выпустить этих людей на свободу. Они подали на помилование, а дядя Миша — до решения ВУЦИК — как член трибунала отпустил их на поруки, чего единолично не имел права делать. И эти люди, выйдя из тюрьмы, моментально исчезли; подлость, конечно, но каждый спасает свою жизнь как может. Факт тот, что дядя Миша незаконно освободил трех человек из тюрьмы и позволил им уйти от наказания. За это его самого отдали под суд и приговорили к расстрелу.

Я думаю, с тяжелым сердцем приговорили. Все свои, друзья-товарищи, все его любили, а председатель трибунала Пиксон, латыш, души в нем не чаял, за такого, как Миша Рахленко, он мог отдать десятерых. Но это были железные люди, революционный долг для них был выше всего, и они приговорили дядю Мишу к расстрелу.

После вынесения приговора Пиксон пошел к дяде Мише в камеру. В тюрьме дядя Миша вел себя прекрасно: шутил, пел, голос у него был хороший, как у всех Рахленков. И вот латыш Пиксон, председатель трибунала, приходит к нему и спрашивает:

— Скажи, Рахленко, чего ты хочешь?

— У меня есть кое-какие долги, — отвечает дядя Миша, — сапожнику, портному, другим, хотел бы с ними рассчитаться.

Это была правда, дядя Миша был щеголь, шил у лучших портных и сапожников и лошадей своих содержал, как никто.

— Три дня тебе хватит? — спрашивает Пиксон.

— Мне одного дня хватит.

— Хорошо, я дам тебе лошадь, поезжай расплатись, не хватит дня — вернешься через три.

И вот Миша едет к себе на квартиру, там его ждет дедушка, они вместе едут по Чернигову, объезжают всех, кому дядя Миша должен, со всеми он расплатился, и дедушка ему говорит:

— Тут у одного моего знакомого стоят наготове лошади. Я дам тебе денег — уезжай. Раз Пиксон тебя выпустил, то именно это он и имел в виду.

— Нет, — отвечает дядя Миша, — этого я не сделаю. Я поверил людям, а они меня подвели. Но я никого подводить не буду.

Попрощался с дедушкой и вернулся в тюрьму.

Через два дня пришла телеграмма от Петровского, председателя ВУЦИК: отменить расстрел. Дядю Мишу помиловали, но разжаловали в рядовые, и он погиб при ликвидации какой-то банды.

Многие не поверили в это — смерть такого человека должна быть слишком очевидной, чтобы в нее поверили, он так часто рискует своей жизнью, что людям кажется: смерть его не берет. Ходили слухи, будто видели его в Крыму, во Владивостоке, говорили, что его отправили в Китай, советником в революционную армию Гоминьдана.

В эти слухи я не верю. Дядя Миша, конечно, погиб. Он не был ловким человеком, он был простодушен, как и то время, в которое жил.

6

Во время гражданской войны дом для меня отошел на второй план, я жил не домом, а улицей, околачивался на станции, у воинских эшелонов, возле солдат и матросов, и это заслоняло то малое, что происходило в нашей семье. И мне тогда, может, неосознанно, было обидно, что мой отец не находит себе места в этом мире, среди людей, обвешанных пулеметными лентами, скачущих на конях и размахивающих шашками. Даже Хаим Ягудин, взбалмошный старик, и тот являлся на занятие отрядов самообороны и, точно какой-нибудь генерал, делал с м о т р , командовал: «На-пра-во!», «Нале-во!», «Кр-ру-гом!» — и его команды выполняли, как там ни говори, старый солдат, заслуженный унтер-офицер, с рыжими фельдфебельскими усами, седым бобриком и бритой красной физиономией. Но когда он попытался ударить парня палкой за то, что тот не так быстро выполнил его команду, ему этого не позволили: не царское время, солдат бить не положено. Это я к тому говорю, что все, даже никчемный старик Хаим Ягудин, находили свое место в новом мире, а мой отец оставался тем, кем был: домашний человек, неустроенный, без профессии, без настоящего дела, обремененный пятью детьми. Да, да, пять человек! В сравнительно тихое для нас время первой мировой войны мама не родила ни одного ребенка, все думали, на нас трех, на Леве, мне и Ефиме, все кончено; и вот в семнадцатом — Люба, ровесница Октября, в девятнадцатом —

Генрих, еще двое, а с нами тремя — пятеро. И с такой капеллой отцу уже никуда не подняться, да и капелла никуда не собирается: началась новая жизнь, со старым режимом покончено, все равны, все советские люди, и о какой Швейцарии может идти речь, мы у себя на родине.

Но, что бы ни писал отец в Швейцарию, там понимали, что дела его швах, и по-прежнему звали приехать, тем более что отец сохранил швейцарский паспорт, выехать можно было, но опять же мать об этом слышать не хотела. За кого там ее будут держать?! Будут из милости кормить ее и ее детей! Такого унижения она не допустит! Одно дело — бедствовать у себя на родине, другое — быть нищей рядом с богатыми родственниками. Не знаю, был ли согласен с этим отец, но он примирился со своей участью, где-то служил, толку от этого было мало, паек ничтожный выдавался нерегулярно, а иногда и вовсе не выдавался. К тому времени отец хорошо говорил по-русски, читал, писал, много читал, грамотно писал. Он был не без способностей, порядочный человек, но в своем учреждении, как вы понимаете, был не на самой высокой должности, переписывал бумаги, что-то приносил домой; хорошо, если паек, хуже, когда дензнаки, на которые ничего не купишь.

Но вот наступил нэп, и началась жестокая конкуренция между частником и государством, как тогда говорили: кто кого? Государство одолеет частника или частник государство? И если государство хочет одолеть частника, его товар должен быть дешевле и лучше. А что значит дешевле? Это значит сократить аппарат, убрать лишних людей, ведь у частника лишних людей не бывает, он из себя, из своей семьи, из рабочих выжимает все. И вместе с нэпом провели грандиозное сокращение штатов, ликвидировали ненужные учреждения, не побоялись даже безработицы, хотя многие и очутились не у дел и говорили: «За что боролись?»

Мой отец тоже остался без работы. И стала проблема — чем заняться? Как заработать на хлеб насущный? Правда, как раз к тому времени я, вслед за Левой, уже работал, и все равно — отец, мужчина, как говорится, в самом соку, не может прокормить семью, а в семье он сам-седьмой.

Кончилось тем, что отец выправил патент и снова стал кустарем-сапожником. Не сладко, но он не унывал, его выручал юмор, довольно редкое качество в немце. Может быть, он приобрел его, живя с моей матерью; ужиться с ней можно было, только обладая большим чувством юмора, в юморе была защита, было спасение.

Если, так сказать, физически мы всем были обязаны матери, она нас вынянчила, то духовно нас формировал отец, привил нам вкус к чтению, заботился о нашем образовании, рассказывал сказки, которые сам слышал в детстве, — братьев Гримм, Андерсена, сюжеты кинокартин — насмотрелся их еще в Швейцарии, и у нас тогда появилось кино под названием «Корсо».

Спокойный голос, ласковая рука, находил с нами общий язык... Достаточно вам сказать, что не мать укладывала нас спать, а отец. Конечно, когда наработаешься, наломаешься или набегаешься за день, то, чтобы заснуть, достаточно прислонить голову к подушке. И с нашей мамой не накапризничаешься, скажет: «Чтобы было тихо!» — и будет тихо. Но дети есть дети, и когда пятеро спят в одной комнате на двух кроватях, и один задел другого, другой толкнул третьего, четвертый стащил с пятого одеяло, а пятый запустил в четвертого подушкой, то порядок наведешь не скоро, иногда бывало такое, что мать оказывалась бессильной и подзатыльники ее не действовали. Только отец мог нас утихомирить... И когда мы, маленькие, болели, то за нами ухаживал тоже отец, следил, чтобы мы принимали лекарства, вставал к нам ночью. Мама не вставала, она ничем никогда не болела и не слишком верила в чужие болезни. Помню, как-то у Ефима болели зубы, он не мог уснуть, отец подходил к нему, давал полосканье, а мама говорила:

— Что ты его слушаешь? Как это у него может болеть зуб? Ведь зуб — это кость!

Однако, надо сказать, судьба вскоре улыбнулась отцу.

У нас организовалась сапожная артель, инициатором был мой старший брат Лева, хотя ему было тогда всего четырнадцать или пятнадцать лет. И, представьте себе, сапожники, потомственные кустари и ремесленники, пожилые люди, хозяева, пошли за ним, за мальчишкой, комсомольцем, такая была в нем сила убеждения. Не будем скрывать, сыграло свою роль и то, что кустаря стали прижимать налогами, намечался курс на коллективизацию и ликвидацию частника, но наша артель была создана одной из первых, и она явилась спасением для моего отца. В артели отец исполнял четыре должности: приемщик заказов, кассир, бухгалтер и завскладом. И со всем справлялся. Сейчас на четырех должностях сидят четыре человека, а тогда был один, потому что во главе угла стояла рентабельность.

К середине двадцатых годов семья окрепла, жили прилично, и наступила пора моим родителям пожинать плоды трудов и забот своих, жизнь их была в том, чтобы вырастить детей, воспитать, сделать людьми. Простые труженики, мировых проблем не решали, жили ради друг друга, дети были плодом их любви, и они были счастливы. Но, как вы знаете, счастье понятие относительное. Нет, нет, ничего страшного не произошло, все были живы-здоровы, но мы росли, у каждого вырабатывался свой характер, свои взгляды, и некоторые конфликты были неизбежны.

Гордостью нашей семьи был, конечно, Лева, секретарь укома комсомола, начитанный, грамотный, прекрасный оратор, министерская голова, принципиальный и бескорыстный, ничего, кроме кожаной куртки, косоворотки и латаных штанов, ему было не нужно. Был ли он похож на дядю Мишу? Внешне нет. Тоже высокий, черный, но худощавый, и монгольского в нем было мало... А по характеру? Затрудняюсь сказать. Скорее так: дядя Миша сам по себе, Лева сам по себе. Дядя Миша был бесшабашный, удалой, простодушный. Лева тоже был не робкий, но человек другого времени, другой формации, уже не стихия, а железная организованность. Дядя Миша мог совершить самый неожиданный, даже необдуманный поступок. Лева необдуманных поступков не совершал, свои решения тщательно обдумывал и проводил их железно, спокойный, рассудительный, с несокрушимой логикой. Дядя Миша был несколько анархист, партизан, разукрашивал себя, как картинка, — эти его ремни, шашки, папахи, кони, выезды, а Леве, как я уже сказал, ничего, кроме кожаной куртки, косоворотки и штанов, не надо было. Но дядя Миша, не задумываясь, ради момента, даже ради минутного эффекта мог оставить на поле боя свою шикарную папаху вместе с головой, а Лева ради минутного эффекта голову бы не сложил, знал ей цену, мог отдать жизнь, но так, чтобы с толком, с пользой для революции... Я не психолог и не берусь их сравнивать. Каждый был значителен по-своему. Во всяком случае, Лева имел большое влияние на нас на всех, все мы были заядлые комсомольцы, и я смотрел на Леву снизу вверх, слушал его с открытым ртом.

Так же смотрела на Леву и Олеся Сташенок...

Вы помните, конечно, дедушкиного соседа шорника Афанасия Прокопьевича Сташенка. Я уже говорил, что это были хорошие, порядочные люди: старик Сташенок, его жена, сыновья Андрей и Петрусь, дочь Олеся, светлокожие, светловолосые, серо-глазые, среднего роста, на вид хрупкие, на самом деле физически сильные. Жены молодых Сташенков Ксана и Ирина были такие же белолицые, светловолосые, и дети их, внуки Афанасия

Прокопьевича, тоже беленькие, бегали по улице в белых рубахах и белых портках.

Другие белорусы у нас говорили по-русски, одевались по-городскому. Сташенки говорили по-белорусски: г а л а в а вместо «голова», с я л о — село, м ы л ы д а я — молодая, д о м о ў — домой, д з е д — дед, п о й д з е м — пойдем, д з в е р ы — двери, д з я ў ч ы н а — девушка, ну и так далее; мы их отлично понимали: когда с детства общаешься с людьми, привыкаешь к их речи. И одевались они с некоторой примесью белорусской одежды: под пиджаком рубаха навыпуск с косым вырезом и узким воротником, вышитым красной тесьмой, на женщинах — короткая кофточка со шнуровкой, плотно облегающая грудь, синяя или красная юбка, фартук, на голове платок. Женщины в доме Сташенка были очень красивые, и сам дом был особенный: вышитые рушнички, берестяные кружки-лукошки, деревянные ложки, за иконой пучок травы или вереска, — и уклад их жизни очень отличался от дедушкиного: шумного, деятельного, иногда скандального. Сташенки жили тихо, спокойно, разговаривали сдержанно, с большим достоинством.

Во время обеда старик Сташенок сидел в углу, рядом — сыновья, по старшинству, на другой стороне женщины, с краю — хозяйка. Крошить хлеб считалось большим грехом, упавшую крошку поднимали — уважали хлеб. Оплеух, которые дедушка Рахленко щедро раздавал своим сыновьям, в доме Сташенков и в помине не было. Сташенки были хорошие мастера, но жили скудно, работали медленно, не торопились, любили добротно и со вкусом сделанную работу. Как я уже рассказывал, до революции Сташенок отделывал экипажи кожей и обивкой. После революции никто в экипажах не ездил. Сташенки изготовляли и починяли упряжную сбрую: хомуты, постромки, шлеи, — а такое мужик и сам починит. Так что доходы, сами понимаете... Дело угасло, старший сын, Андрей, пошел в депо, ремонтировал приводные ремни к станкам, чинил сиденья в вагонах, второй сын, Петрусь, работал на кожзаводе, а старик продолжал кустарничать со своими хомутами. Но жили по-прежнему вместе, семья была дружная, радушная и гостеприимная. Встречали вас словами: «К а л и л а с к а», не знаю, как это перевести по-русски: «Милости просим!», «Будьте как дома!», «Осчастливьте нас своим присутствием»... Обязательно посадят за стол. И хотя главной их пищей была бульба — картофель, но из картофеля они готовили вкуснейшие блюда: бульба со шкварками, бульба с грибами, бульба с кислым молоком... А драники — картофельные оладьи с медом, сметаной или грибами — пальчики оближешь!

Ребенком я приходил в их мастерскую. Пахло сыромятной кожей, скипидаром, купоросом, лаком, уксусом, столярным и рыбным клеем. Сташенки сидели верхом на скамейках, где были укреплены деревянные тиски с зажатой в них очередной поделкой. Когда я приходил, Андрей и Петрусь лукаво переглядывались, и кто-нибудь из них начинал рассказывать о злых духах, обитающих в лесах, реках и болотах, добродушно пугал меня... Л е с а в и к — отвратительное существо с громовым голосом и страшными, пышущими огнем глазами, сам к а ш л а т ы й, то есть косматый, н я ч и с ь ц я к и — черти, живущие в болоте, охотники до всяких проказ... Сказки, конечно, но Сташенки рассказывали их очень достоверно, с подробностями, а я был маленький, на меня это производило сильное впечатление и связывалось в моем воображении с волшебным, таинственным и фантастическим миром. Дом Сташенков — одно из самых трогательных и поэтических воспоминаний моего детства.

И еще они любили петь. Ни у кого из них, правда, не было такого голоса, как у моей матери Рахили, но пели Сташенки хорошо, особенно, когда пели вместе. Мелодия белорусской песни, если вы ее слышали, несколько однообразна, даже, может быть, заунывна, но в ней есть своя особенная грустная прелесть, человечность и доброта.

Песен их я слышал много, не только грустных, но и веселых, даже озорных, но особенно запомнилась мне одна, может быть, потому, что ее пела маленькая Олеся, и мне было странно, что такую песню поет девочка. Вот эта песня:

Ой, хацела ж мяне маць
Ды за першага аддаць,
А той перши
За мяне старэйшы,
Ой, не аддай мяне, маць!

Ой, хацела ж мяне маць
Ды за другага аддаць,
А той другі
Ходзиць да подругі ,
Ой, не аддай мяне, маць!

Ой, хацела ж мяне маць
Да за трэцяга аддаць,
А той трэці
Як у полі вецер,
Ой, не аддай мяне, маць!

Ой, хацела ж мяне маць
За чацвёртага аддаць,
А той чацвёрты
Не жывы, не мертвы,
Ой, не аддай мяне, маць!

Ой, хацела ж мяне маць
Ды за пятага аддаць,
А той пяты
П'яница пракляты,
Ой, не аддай мяне, маць!

Ой, хацела ж мяне маць
Ды за шостага аддаць,
А той шосты
Хворы, недарослы,
Ой, не аддай мяне, маць!

Ой, хацела ж мяне маць
Ды за сёмага аддаць,
А той сёмы
Добры ды вясёлы,
Ён не схацеў мяне ўзяць...

Олеся была в семье Сташенков поздним ребенком, на десять
лет моложе Петруся, в общем ровесница моему брату Леве, значит, на год старше меня, нежная, прозрачная, гибкая, как веточ-
ка, русалочка с льняными волосами. Знаете, когда в соседнем
доме, соседнем дворе, рядом с тобой растет такая девочка и ты
через низкий забор видишь, как она в саду, под яблоней, плетет
венок и детским голосом напевает жалобную белорусскую песню, то, пока ты мальчик, ты не обращаешь на это внимания. Но
когда подходит твой возраст и ты вдруг обнаруживаешь, что она
уже не девочка, а девушка с сильными, стройными ногами и молодой грудью, то это переворот в твоей жизни. Но ты для нее
всего лишь соседский мальчик, и она относится к тебе, как к
мальчику, ласково, но снисходительно называет тебя «мілы хлапчук», хотя сам для себя ты уже не мальчик и тебе по ночам видится
всякое, и то, что тебе видится, связано с этой девушкой... Все остается только при тебе, сначала тайной, потом воспоминанием.

Ну ладно... Олеся была комсомолкой, ей были поручены курсы ликбеза в деревне Тереховка, это от нас в двенадцати километрах, шагать туда и обратно надо пешим порядком. Хотя мы
тогда недоедали, но были поразительно выносливы, вышагивали

и по двадцать и по тридцать километров и не летом, летом крестьянин в поле, ходили осенью — в грязь, зимой — в снег и мороз. Отправлялись мы в Тереховку вместе, я и Олеся, она, как я уже говорил, на курсы ликбеза, я — для оформления стенгазеты, а вернее, чтобы охранять Олесю, все же девушка, а я, как ни говори, парень, хотя и младше ее, но, надо сказать, крепкий, здоровый; и, сознавая свою ответственность за Олесю, я чувствовал себя богатырем, был готов дать отпор кому угодно. Давать отпор было некому, банды были уже ликвидированы, и мы шлепали с Олесей проселочной дорогой, по осенней грязи, босиком, перекинув через плечо сапоги, связанные за ушки; у Олеси их всего одна пара, и у меня, хотя я и сын сапожника, и внук сапожника, и сам сапожник, тоже одна пара, и мне случалось давать свои сапоги ребятам, у которых их вовсе не было. Перед деревней мы сапоги надевали: босоногий горожанин не имеет авторитета в деревне.

Тем же путем возвращались обратно. Иногда нам давали лошадь, мы ехали в подводе — осенью, а зимой — в санях, в деревенских розвальнях, набитых сеном... Вечер, опушка леса, луна освещает темноватый снег на полях и белый снег на деревьях, освещает милое Олесино лицо, голова ее и грудь крест-накрест перевязаны платком, блестят прекрасные, добрые и веселые глаза... Сено таинственно шуршит, нам тепло в этом сене, но мне кажется, что я чувствую ее, Олесино, тепло... Чего не вообразишь в пятнадцать лет, когда рядом с тобой такая девушка!

Я был тогда влюблен в Олесю, влюблен по-мальчишески, когда тебя будоражит молодая кровь, возраст и возраст же заставляет стыдиться этого чувства. Мне казалось, что все в нее влюблены. Может быть, так оно и было, но все мы знали, все мы видели: Олесе нравится мой старший брат Лева.

Нашим домом был тогда клуб. Помещался он, между прочим, в доме, реквизированном у богатого торговца Алешинского, того самого, у кого в москательной лавке служил когда-то мой отец. В клубе мы проводили все вечера, иногда и ночи, готовили спектакли, рисовали декорации, писали тексты для стенной газеты, для «живой газеты», реагировали на любые события, будь то введение метрической системы мер или признание нас Англией, Италией и Грецией, собирали пожертвования на постройку истребительной эскадрильи «Ультиматум» — ходили с кружками по домам, пробегали по вагонам во время остановок поезда на нашей станции. Мы думали не об устройстве своей судьбы, мы думали об устройстве мира, мы разрушали вековой уклад жизни, а новый создавали в соответствии с нашим опытом. А каков он был, наш опыт? Моему брату Леве, нашему руководителю, было тогда шестнадцать или семнадцать лет.

Помню Левин доклад о «есенинщине», это было уже после самоубийства Есенина.

Знаете, я тогда очень любил Есенина, люблю и сейчас, хотя читать стихи, как вы понимаете, уже некогда, но, когда слышу их, у меня щемит сердце так же, как щемило тогда. Так иногда бывает в юности — попадешь на хорошую книгу, влюбишься в нее, и она западает в твое сердце на всю жизнь. Стихи Есенина дала мне Олеся, и счастье мое, что это был Есенин, я был в том возрасте, когда можно увлечься и плохим поэтом. И хотя с точки зрения текущего момента доклад Левы был, наверно, правильный, но знаете... Лева сказал, что Есенин потерял связь с деревней, не понял революцию и чужд нашему великому делу. Неуважительно! Грубо! О мертвом поэте... О Есенине!.. «О Русь — малиновое поле и синь, упавшая в реку, — люблю до радости и боли твою озерную тоску»... Ведь за это мы воевали в Отечественную войну, за это отдавали свои жизни.

Дома я сказал Леве, что его доклад был необъективным. Есенин — великий поэт, молодежь его любит, и нельзя его так просто и так грубо зачеркивать.

Ну и выдал он мне тогда! Не повышал голоса, он вообще не повышал голоса, сел против меня и сказал, что поэзия хороша тогда, когда она полезна делу пролетариата, если же она не полезна, значит, это вредная поэзия. Молодежь любит Есенина? Неправда! Им увлекается только часть молодежи, шаткая, неустойчивая, не закаленная в классовой борьбе, не понявшая новой экономической политики и утерявшая революционную перспективу. Видимо, к такой части молодежи принадлежу и я. Более того! Я вел себя нечестно. Я должен был искренне рассказать на собрании о своих колебаниях, а я утаил, и если остаюсь при своих взглядах, то моим товарищам следует меня обсудить.

Стыдно теперь вспоминать, но в ту минуту я смалодушничал. Мне было страшно стоять перед собранием, лепетать что-то невразумительное — что я понимаю в поэзии? И я побоялся показаться смешным, подчинился Левиному авторитету, не посмел защитить свои взгляды и вспоминаю об этом со стыдом. С годами мы со многим примиряемся, ничего не поделаешь — жизнь... Но в пятнадцать лет!

Олеся во время доклада тоже промолчала, хотя любила Есенина, зачитывалась им, помнила много его стихов. Олеся смотрела на Леву, как и я, снизу вверх. Она выросла в простой семье, мать ее была домашней хозяйкой, и бабушки ее и золовки тоже были при доме, и Олеся тянулась за Левой, хотела, так сказать, соответствовать ему, хотела учиться, хотела работать, быть самостоятельной...

Но где у нас работать, куда пойти: двадцатые годы, нэп, в стране еще безработица, а о нашем городке и говорить нечего. Как и всюду, у нас была, конечно, бронь подростков на предприятиях, но какие это предприятия? Депо, кожевенный завод, сапожная артель... И все же Олесе удалось устроиться уборщицей в райисполкоме. Тогда райисполком, райком партии и райком комсомола, вообще все районные учреждения помещались в одном доме, некогда реквизированном у бывшего мучного торговца Фрейдкина. И вот Олеся в синем рабочем халатике и красной косынке стала украшением районной власти.

Нравилась ли она Леве? У такого человека, как Лева, этого не узнаешь, не давал волю чувствам. И все же я убежден: Олеся ему нравилась. Она всем нравилась, все ее любили: и моя мать, и мой отец, и дедушка, и бабушка. И когда они, Лева и Олеся, стояли рядом, от них нельзя было глаз оторвать: Лева высокий, стройный, черный, как цыган, Олеся ему по плечо, белолицая русалочка с льняными волосами...

Но ничего у них не получилось...

Был у нас один парень, Зяма Городецкий, младший сын вдовы Городецкой со Старого базара, — помните, я вам рассказывал, дедушка заставил мучника Фрейдкина простить ей долг и отпустить в кредит муку? Надо вам сказать, что хотя она была фактически нищая, но ее дети при Советской власти вышли в люди, сыновья работали в депо, кто слесарь, кто электрик, хорошие мастера, и дочери повыходили замуж за приятелей своих братьев, тоже, значит, за деповских. Своими успехами они были обязаны собственному трудолюбию, но старуха Городецкая утверждала, что, не спаси их тогда дедушка Рахленко, их бы и на свете не было, такая, знаете, экзальтированная особа. Но разговор не о ней, а о ее младшем сыне Зяме.

В отличие от старших братьев Зяма в депо не работал, куда-то уезжал и вернулся к нам комсомольцем, чоновцем. Что такое ЧОН, вы знаете? Части особого назначения, ликвидировали банды на селе. И Зяма, следовательно, был парень обстрелянный, боевой, не то что мы, явился в брюках клеш, кепке, старой шинели, носил ее внакидку, — типичный «братишка» времен гражданской войны, хотя гражданская война, как вы знаете, давно окончилась и сам Зяма был никак не похож ни на матроса, ни на бесшабашного рубаху-парня: тощий, сутулый, в очках, болел болезнью бедняков — чахоткой, от чахотки впоследствии и умер. Однако своей болезнью никогда не прикрывался, ни от чего не отлынивал. Но он был безграмотен, не хотел учиться и, хотя своей сутулостью и близорукостью смахивал на человека образованного, на самом деле был невежда. Если при нем заходила речь о литературе или вообще о том, чего он не знал, лицо его делалось обиженным, и он презрительно говорил: «Брось губами шлепать!» — или обзывал нас «гнилыми интеллигентами».

Но самым главным врагом комсомола и Советской власти он объявил мещанство. Когда мы дрались с. бандами, говорил он, у нас плевательниц не было, и плевал куда попало и растыкивал по углам окурки. Мы не дворяне, чтобы «выкать», у нас равноправие, все — товарищи, а товарищи называют друг друга на «ты». В общем, все мещанство: приличная одежда, галстук, занавески на окнах, туфли. Разговаривая с девушкой, прохаживаясь с ней, Зяма клал ей руку на плечо или обнимал за талию — равенство! Некоторые девушки с этим мирились, боялись обвинения в мещанстве, но далеко не всем это нравилось. Когда Зяма «по-товарищески» обнял Олесю, она отбросила его руку; Зяма ей сказал: «Не строй из себя барышню», — и тогда Олеся влепила ему оплеуху, да так звонко, на весь клуб. Зяме, дурачку, это бы проглотить, девчонка все-таки, а он полез в бутылку, поставил вопрос в райкоме: мол, Сташенок ведет себя как аристократка из института благородных девиц.

Что бы сделал я на месте Левы, будь я секретарь райкома? Я бы сказал Зяме: лапать девушек нельзя, прекращай это дело и не будешь получать по морде. Но Лева давно собирался осадить Зяму, и вот случай представился.

Дело разбиралось в клубе, на собрании городской комсомольской ячейки. Я отлично помню Леву на трибуне — разделал несчастного Зяму под орех. Если Лева наваливался, то до конца, живого места не оставлял.

Городецкий, сказал Лева, топчет достоинство людей, опошляет высокое чувство любви. Борьбой с якобы мещанством он прикрывает собственную распущенность, неряшливость, невежество, возводит в культ то, что было тяжелой необходимостью в годы гражданской войны, когда наша молодежь в труднейших условиях героически дралась на фронтах. Но война кончилась, наступил восстановительный период, перед комсомолом стоят другие задачи, надо учиться, надо работать, а Городецкий не желает учиться, не желает по-настоящему работать, его цветистые фразы — пустозвонство невежды. И есть решение райкома направить Городецкого на село, продавцом в сельпо, пусть покажет, что стоит на уровне текущего момента. Продавец — проводник партийной линии, он на переднем крае соревнования с частником, лавка частника рядом с сельпо.

В ту минуту нам это решение показалось правильным, все мы в этом возрасте суровы и категоричны: надо — значит, надо.

Теперь, оглядываясь назад, я думаю, что Лева поступил с Городецким несколько круто. Да, работа в сельпо почетна. Но годится ли для нее Городецкий? У его конкурента, частника, вековой опыт, он знает нужды крестьянина, сам из крестьян, а у Зямы опыта никакого, ни торгового, ни крестьянского, частник его обведет вокруг пальца. Это работа для здорового, смекалистого парня, и таких у нас полно, можно выбрать. Но для Левы Городецкий был я в л е н и е м, с которым надо было кончать решительно, сурово и безжалостно.

Но, с другой стороны, Лева не одобрил и поступка Олеси: рукоприкладство не способ разрешения конфликта.

Если бы Лева ограничился этим замечанием в адрес Олеси, с ним можно было бы не спорить...

Но Лева этим не ограничился, сказал, что некомсомольское поведение Олеси не случайно, оно объясняется воздействием среды, в которой она живет, а среда эта мелкобуржуазная.

Дело, понимаете, в том, что отец Олеси, Афанасий Прокопьевич Сташенок, остался кустарем. Все кустари объединились в артели, а он нет. Можно его понять: единственный в городе шорник, куда, спрашивается, ему идти? В какую артель? Сунули его в сапожную, но шорное дело все же не сапожное. У нас вообще было много волынки с кустарями-одиночками, с тем же парикмахером Бернардом Семеновичем, с часовщиком, шапочником, кузнецом... Позже все образовалось, организовали Разнопром, но первое время были недоразумения. Афанасий Прокопьевич заупрямился и вышел из сапожной артели. Сейчас это выглядит полной ерундой и чепухой, но тогда этому придавали значение, и Сташенок прослыл частником. Итак, заядлым частником и закоренелым индивидуалистом Лева и назвал старика Сташенка, сказал, что Олеся никак не воздействует на отца, наоборот, индивидуалистическая стихия семьи захлестывает и ее.

Знаете, это было тяжелое собрание. Да, Сташенок вышел из артели, но при чем здесь Олеся? Живет на собственный заработок, комсомолка, хорошо выполняет поручения, стремится к новой жизни, подала заявление на рабфак, нам как раз прислали путевку. А то, что она врезала Зяме, правильно сделала, не лапай, черт возьми! Ведь Лева сам осудил Городецкого, зачем же придираться к Олесе, да еще из-за таких пустяков!

Но для Левы не существовало пустяков. И так как не было секретом, что ему нравится Олеся, а Олесе нравится он, то Лева счел себя обязанным все ей предъявить, чтобы не подумали, что он проработал Городецкого за то, что тот обнял именно Олесю. В заключение Лева объявил, что, все обдумав, райком решил послать на рабфак не Олесю, а деповского парня Ковалева: сын рабочего, сам рабочий; а Олеся пусть подождет, пусть покажет себя на работе.

Зяма и Олеся сидели в первом ряду, так сказать, виновники торжества. Мы все сзади. И когда Лева произнес последние слова, Олеся встала и начала пробираться к выходу.

— Сташенок! — окликнул ее Лева. — Собрание еще не кончено.

— Мне в деревню, уже поздно, — ответила Олеся.

Я поднялся и пошел вслед за ней.

Лева окликнул и меня:

— Ивановский, а ты куда?

— Туда же, — ответил я.

Все знали, что в Тереховку мы ходим вместе.

В деревню нам надо было идти только через два дня, но я хотел подтвердить Олесины слова, чувствовал себя обязанным выйти вслед за ней, хотя это и было нарушением комсомольской дисциплины.

На улице я сказал Олесе:

— Леву часто заносит, ты не огорчайся.

Я думал, она заплачет. Нет, она не заплакала, она засмеялась... Да, да... Засмеялась. У нее оказался сильный характер. Сташенки вообще оказались людьми с характером, в этом вы еще убедитесь.

Она посмотрела на меня, улыбнулась и тихонько пропела:

> Ой, хацела ж мяне маць
> Ды за сёмага аддаць,
> А той сёмы
> Добры да вясёлы,
> Ён не схацеў мяне ўзяць...

Опять засмеялась, потрепала меня по плечу:

— Мілы ты хлапчук, Боря!

И ушла.

А недельки через две-три уехала в город Томск.

Мои родители в Левины дела не вмешивались. Лева был в мать и внешностью и характером, решительный, властный, и если на свете был человек, с которым мама считалась, то этим человеком был именно Лева, гордилась им — выдающийся человек, олицетворение нового строя, давшего нам достойную жизнь, без черты оседлости и всяких позорных ограничений.

Но мама была справедливой. Она сказала Леве:

— Об этой девушке ты еще пожалеешь, попомни мое слово! Но чего ты привязался к старику? Твоя ли голова должна болеть о том, вступил Сташенок в артель или не вступил? Своих дел не хватает? Афанасий Прокопьевич за свою жизнь наработал, я думаю, в сто раз больше, чем ты своими речами.

Лева спокойно ответил:

— Пусть это тебя не волнует. Мы со Сташенками сами уладим свои дела.

Но Лева и не думал ничего улаживать, ему нечего было улаживать, он подвел черту, закончил дело.

Отношения со Сташенками уладил дедушка, пошел к ним и объяснился напрямую. Сташенки понимали, что ни дедушка, ни бабушка, ни мои родители ни в чем перед ними не виноваты.

Вскоре Леву забрали в окружком комсомола, тогда были округа, а потом направили на учебу в Москву, в Свердловский коммунистический университет.

А Олеся поступила в Томский университет, стала инженером-химиком, работала в нефтяной промышленности в Башкирии, на Волге, теперь в Тюмени, доктор наук, дети, внуки... Я ее встречал, она, естественно, приезжала к нам и до войны и после войны. Но все равно в моей памяти она остается такой, какой была тогда, в нашей далекой юности, когда мы ехали в розвальнях, луна освещала ее милое лицо в пуховом платке, мы лежали в сене, и мне казалось, что я чувствую ее тепло.

7

В двадцать шестом году, а может быть, несколько позже из Швейцарии приехали бабушка и дедушка Ивановские.

В СССР приезжало много иностранцев, много специалистов — наступала первая пятилетка. Кроме того, страна нуждалась в валюте и поощряла иностранный туризм. Именно в качестве туристов и явились дедушка и бабушка Ивановские.

Дедушка Ивановский — плотный старик, гладко выбритый, с сигарой в зубах. У нас сигара редкость, до войны курили папиросы, после войны перешли на сигареты, впрочем, не все, я, как видите, продолжаю курить «Беломор». Но сигары у нас не привились, и если попадется такой чудак и я слышу запах сигары, то вспоминаю дедушку Ивановского. А бабушку вспоминаю, когда вижу старушек, перебирающих по части косметики, она тоже этим грешила.

Их приезд не произвел на этот раз такого фурора. Время другое, город другой, люди другие, никакими швейцарцами не удивишь. Даже родственники не слишком интересовались их приездом, понимали, что Ивановские приехали повидать сына.

И моя мама не пожелала устраивать показуху. В доме было, как всегда, чисто, все блестело, ради гостей постаралась насчет пищи, а готовить она умела.

Привезли они подарки, и все же чужие люди, что там ни говорите, два мира, они не понимали нашей жизни, мы не знали их жизни. Бабушка даже не могла толком понять, чем папа занимается, мелкий служащий при сапожном деле... И хотя открыто претензий не высказывала, но винила во всем мою мать — увезла его из Базеля, винила нас, детей, — камнем висим на его ногах. Я иногда ловил ее взгляд, она смотрела на нас с удивлением: что, мол, это за дети, кто они ей и кто она им? Она ни разу не прикоснулась к нам, я уже не говорю, поцеловала, об этом и речи быть не могло. Даже имен наших не могла запомнить, девочек еще различала, их было всего две, но мальчиков путала; раздавая подарки, вынимала их из баульчика, на взгляд прикидывала, кому что, судила по росту, и на этом наше с ней общение кончилось.

Безусловно, маму не могло не задеть бабушкино отношение к внукам, и какую мать это может не задеть! Особенно ее оскорбляло бабушкино равнодушие к маленькой Дине. Забыл вам сказать, что незадолго до приезда стариков Ивановских, за год или за полтора, родилась наша младшая сестра Дина. Пять лет не было детей, думали — все, и вот пожалуйста! В двадцать пятом году родилась Дина. Значит, я сказал вам неправильно: Ивановские приезжали не в двадцать шестом, а в двадцать седьмом, наверно.

У вас есть дети? Знаете, что такое новорожденный? Комочек жизни, крошечный, сморщенный... Дина родилась с густыми черными волосами и с глазами синими, как синее небо. Представляете себе? Большая семья, взрослые дети, и тут такая девочка, такое маленькое чудо, бегает, падает, поднимается, лепечет всякие детские слова; все в ней души не чают, дедушка Рахленко не спускает ее с колен, она теребит его за бороду, все говорят: «Копия — мать, копия — Рахиль в детстве». И дедушка Ивановский от нее в восторге. Но бабушка Ивановская даже не посмотрела на Дину.

Моя мать была вспыльчива, но, когда надо, умела держать себя в руках и вела себя достойно; приехали родственники ее мужа, она и оказывает им внимание, но не больше.

Вы скажете, тактика. Да, до известной степени. Но тактика разумная. Она показывала свекру и свекрови, что их сын Якоб, хотя и не профессор, не доктор медицины, но он не пропал, уважаемый в городе человек, мужчина, глава дома, глава семьи, и какой семьи! Пусть поищут в Швейцарии таких здоровых детей!.. Хозяин, его почитают, его слово — закон, и захоти он ехать в Швейцарию, было бы так, как он решит. Но он сам этого не хочет.

Надо признать, мама действительно оказывала отцу все большее уважение и внушала его нам. Молоденькой мама была своенравной, выражений не выбирала, могла сказать резкость. Но со временем, войдя в более зрелые годы, поняла, что если у отца нет авторитета, то он уже не глава семьи, а без главы семьи нет дома. Анализируя теперь их характеры, я нахожу отца и мать похожими друг на друга. С первого взгляда казалось: небо и земля, огонь и вода, — но любовь, понимаете ли, все сгладила. Сильной личностью считалась мать, командовала парадом она, властная, категоричная, неуступчивая, однако их общий характер — это был не ее характер, а характер отца. Казалось, он уступает ей во всем, а на самом деле с каждым годом она становилась все более похожей на него. Отец не менялся, а мать менялась. Мама заполняла собой дом, она была, надо сказать, довольно шумная женщина, но духовная атмосфера определялась отцом.

И во время приезда дедушки и бабушки Ивановских единственный человек, который оказался на высоте, сумел подняться над всякими обидами и претензиями, был именно отец. С родителями он разговаривал по-немецки, но если при этом был кто-нибудь из нас, детей, или из Рахленков, или даже просто посторонний, я уже не говорю о матери, он обязательно переводил на русский каждое слово, даже если они говорили такое, что не предназначалось для чужих ушей. И наоборот, каждое слово, произнесенное по-русски, украински или еврейски, он тут же переводил своим родителям по-немецки. Этим он всех объединял, показывал, что в доме ни у кого ни от кого нет секретов. Мелочь, но ею он сглаживал отчуждение.

Между прочим, на этой почве произошел один смешной эпизод.

Бабушка о чем-то спросила отца, и он, правда, несколько замявшись, перевел:

— Спрашивает, есть ли у нас сбережения?

Маме, как вы знаете, за словом в карман лезть не надо.

— Есть, — отвечает, — два будильника.

Отец, вероятно, смягчил бы мамин ответ, но, понимаете, когда мама сказала насчет будильников, дедушка Ивановский расхохотался — он не забыл русский язык.

И в ответ на недоуменный взгляд бабушки дедушка сказал, что сейчас у Якоба и Рахили все, мол, сосредоточено на воспитании детей, надо дать им образование, но в будущем они приведут свои финансовые дела в порядок.

Этот ответ отец перевел на русский уже без всякой заминки.

Вообще, я вам скажу, дедушка держался совсем не так, как бабушка. Вначале он, правда, был несколько растерян, дымил своей сигарой, бабушка, наверно, пилила его с утра до ночи: завез Якоба в этот проклятый городишко, недосмотрел, проморгал, и вот результат — потеряли любимого сына. Но потом, осмотревшись, освоившись, дедушка, я думаю, начал понимать, что сына они вовсе не потеряли; если сын живет в другой стране и живет по-своему, то это вовсе не значит его потерять. Дедушка родился в этих местах, помнил старую Россию, ему было с чем сравнивать, и он с интересом приглядывался к тому, что происходит сейчас. И он, я думаю, понимал, что если его внук Лева, совсем еще юный и уже политический деятель, а другие внуки готовятся получить высшее образование, то, возможно, его сын Якоб имеет какой-то свой н а с т о я щ и й счет, хотя и не в швейцарском банке. И вспоминая дедушку Ивановского, старого, грузного человека, профессора, с сигарой и, кстати, с одышкой, вспоминая его внимательный взгляд, любопытство, даже оживление, я теперь думаю, что он совсем по-другому понял судьбу сына, совсем по-другому оценил то, что там, в Базеле, считалось безрассудством и катастрофой. Если совершить величайшее безрассудство во имя любви можно в молодые годы, то понять его и, быть может, пожалеть, что в твоей жизни такого не было, можно лишь в зрелые. Я думаю, дедушка не только одобрял своего сына Якоба, но, может, и завидовал ему.

Через неделю старики Ивановские уехали. Отец проводил их до Бахмача, там была пересадка на московский поезд. Хотя они и иностранные туристы и билеты на руках, остается только закомпостировать, но в чужой стране, на незнакомой станции может запутаться даже доктор медицины. Отец сделал все честь честью и распрощался со своими родителями теперь уже навсегда. Я думаю, это было грустное расставание. О чем они говорили, никто, кроме них, не знает; наверно, было сказано много слов и еще больше пролито слез. Но, когда отец вернулся, по его лицу ничего нельзя было узнать; и о том, что было в Бахмаче, он не сказал ни слова даже матери, я видел это по ее молчанию. Когда была недовольна нами, детьми, она не молчала, дом ходуном ходил. Но когда была недовольна отцом, то молчала. На первых порах это, наверно, мучило отца, но со временем он привык, знал: мать помолчит день-два, не больше.

Так было и на этот раз. Два дня она дулась, потом заговорила: жизнь шла своим чередом, ставила свои вопросы, с закрытым ртом на них не ответишь. Приезд дедушки и бабушки Ивановских отошел на второй план, его заслонили другие проблемы. Износились подаренные вещи, сломались безделушки, и сам приезд, запах дедушкиной сигары и бабушкиной пудры — все это отодвинулось в глубь времени, потонуло, как говорится, в океане забвения, тем более что вскоре после их отъезда, не сразу, а так через полгода, мама чуть не умерла...

Я уже говорил вам, что у моей матери перед Диной пять лет не было детей, и когда мама родила Дину, то все решили: теперь-то уж наверняка все! И сколько, в самом деле, можно?! Но оказалось — можно. В двадцать восьмом году мама родила моего младшего братика Сашу, своего седьмого и на этот раз действительно последнего ребенка, родила преждевременно, на седьмом месяце.

Как и почему это случилось, я вам объяснить не могу, я не доктор, и тогда, в двадцать восьмом году, мне было всего шестнадцать лет, что я понимал... Я запомнил только весь ужас того времени, весь страх события, помнил, как маму увезли в железнодорожную больницу, и мы все, отец и дети, остались в вестибюле; маму тут же положили на операционный стол, и доктор Волынцев, я его, кажется, упоминал, сделал ей кесарево сечение, и потом, через час, а может, через два, вышел к нам и сказал, что мать и ребенок живы и будут жить... Саша родился недоношенный, два килограмма двести граммов... Мамина жизнь висела на волоске, мы думали только о ней, а уж какой родится младенец, живой или мертвый, об этом мы, честно говоря, не думали, но доктор Волынцев спас обоих, и мать и Сашу, моего младшего брата.

Мама пролежала в больнице дней, наверно, десять, а может быть, и двадцать, потом мы ее вместе с Сашей забрали домой. Когда она была в больнице, мы думали только о ней, теперь, когда она вернулась домой, все сосредоточилось на Саше. Сами понимаете, два килограмма двести граммов! Слабый, в чем душа держится, не кричит, пищит едва-едва, то его перегрели, то переохладили, нельзя туго пеленать, кормить надо каждые три часа и днем и ночью, а он плохо сосет, плохо глотает, и чем только не переболел этот несчастный ребенок: грипп, воспаление легких, поносы, фурункулы — от каждой из этих болезней он должен был, обязан был умереть, а вот не умер, остался жив. Бог послал ему здоровую мать и заботливого отца. Через год-два это был уже нормальный ребенок. Не такой здоровяк, как остальные, слабенький, но ребенок как ребенок, мальчик как мальчик! Более того! В два года это был форменный ангел, копия — отец, такой же беленький, голубоглазый, такой же хрупкий и изящный. К сожалению, у нас не было фотографий отца в детстве, они остались в Базеле, но я уверен, что они были бы точными фотографиями Саши.

Сколько было в него вложено забот и хлопот! Только бы выжил, только бы выжил! И он выжил, маленький ангелок, херувим, тихий, мечтательный, беленький мальчик, копия — отец, такой же, как и он, м и з и н и к л — младшенький. Мама держала его при себе, как в свое время держала при себе отца моя бабушка Эльфрида, и в отличие от нас, выросших на улице, Саша вырос домашним ребенком, мало играл с другими детьми, много читал, потом стал писать стихи, маленький поэт, мечтатель... Мы, старшие, были технари, деловые люди, не стань Лева политработником, он тоже был бы технарь, у нас у всех были способности к технике, а вот младшие, Дина и Саша, не были техниками, их способности лежали совсем в другой области: у Дины — музыкальность, голос, у Саши — его мечтательность, поэтичность, душевная возвышенность, так бы я определил его натуру. Но об этом потом... А пока, в тридцатом году, ему было всего два года, он выжил, был здоров, копия — отец, мамин любимчик и наш общий любимчик.

В тридцатые годы на базе нашей артели создалась государственная обувная фабрика, и отца как надежного человека наш директор Иван Антонович Сидоров назначил заведующим складом сырья и фурнитуры, и отец с этим справлялся, все у него было в идеальном порядке.

Скажу вам как специалист: на обувной фабрике склад готовой продукции и склад сырья — это небо и земля. Если завскладом готовой продукции — вор, то он может украсть пару ботинок, ящик ботинок, но обязательно попадется: ящик ботинок никуда не спишешь. Другое дело — склад сырья. Сырье — это кожа: шевро, хром, лайка, юфть, опоек, шагрень. Одна кожа не похожа на другую: дырка, подрезы, язвы, разный процент выхода; из одного и того же куска один мастер скроит две пары, а другой только одну — словом, на коже можно комбинировать. Жулик будет кормиться с кожи сам и мастера будет кормить, и инженера, и директора, если, конечно, они жулики. Но директор фабрики Сидоров был честный человек, рабочий выдвиженец, как их тогда называли, лично для себя ему ничего не нужно было, даже отдельного кабинета. «У нас, — говорит, — жилищный кризис, я не могу занимать под кабинет комнату, в которой может разместиться целая семья». И сидел, представьте, в общей канцелярии, и это не мешало ему разговаривать с людьми и руководить фабрикой. И получал меньше своих заместителей, тогда был партмаксимум, сто семьдесят пять или двести двадцать пять рублей, не помню. Сидоров сказал: «Кожа должна быть в надежных руках» — и поставил на склад сырья и фурнитуры моего отца.

В таком деле, где материальная ответственность, мало быть честным человеком. Я знал много честных людей, которые на материально ответственной работе горели как свечи. И знал жуликов, которые строили себе дачи, покупали автомобили и не горели. Жулик никому не доверяет, никому не позволяет себя надуть, а сам надувает всех, все у него в ажуре, никакой ОБХСС не придерется; а у честного лопуха — недостача, он горит, и бухгалтер горит, и директор горит, хотя все они честнейшие люди и не залезали в государственный карман.

Что касается моего отца, то он был не только честный и порядочный человек, у него была голова на плечах, а в смысле аккуратности, пунктуальности и точности — истинный немец. Сидоров не мог на него нарадоваться. И хотя некоторые подбирали ключи под моего отца, кололи Сидорову глаза, что отец из Швейцарии, но Сидоров не обращал на это внимания, держался за отца, и все у них было в порядке.

В чем беда нашей обувной промышленности? Это же факт, что потребитель предпочитает заграничную обувь. Наша кожа хуже? Наша кожа лучше! С красителями мы еще отстаем, но кожа — дай бог всем иметь такую кожу! А вот обувь отстает от моды. У нас очень трудно перестраивать производство на новый вид продукции. Разработай новую модель, утверди ее в десятках инстанций. Никакая голова с этим не справится. На новые модели нужно новое колодочное хозяйство, новый инструмент, штампы, фурнитура, а это в разных руках, на разных фабриках — что им до новой обуви, им выгоднее работать на старом ассортименте. Итог: пока мы наладим производство новой модели, проходит несколько лет, и она появляется на рынке как уже устаревшая... Наши фабрики должны иметь больше прав, быстрее перестраиваться и удовлетворять потребителя.

Сидоров был настоящий хозяин, знал производство, чувствовал рынок, не боялся ответственности; увидел хорошую обувь, почуял новую моду — тут же перестраивается, не ждет утверждений и согласований, но закон соблюдал как зеницу ока, всякие махинации пресекал в корне. При нем фабрика процветала, на ее продукцию был спрос, на полках ее продукция не лежала, все были довольны — и потребители и производители: когда фабрика работает хорошо, то и заработок у людей хороший и настроение у рабочего человека тоже хорошее.

На фабрике отец получал я не скажу министерский оклад: завскладом — не академик. Но на жизнь хватало, тем более Лева и я работали. Лева весь в своих делах, а какие дела, вы знаете: коллективизация, раскулачивание. В начале тридцатых годов на Украине был голод, похуже, чем в двадцатые годы в Поволжье. О голоде в Поволжье писали все газеты, и народ поднялся на помощь голодающим, а в начале тридцатых годов о голоде не писали... В городах выдавали кое-что по карточкам, а в деревне карточек не было, народ повалил в города, а в города не пускают... Тяжелое было время.

Но, с другой стороны, индустриализация. Строились новые заводы, фабрики, электростанции, страна превращалась в мощную державу, это вызывало энтузиазм у народа, молодежь стремилась на стройки первой пятилетки, на Магнитку, в Кузнецк, Челябинск, Сталинград и другие города. И мой брат Ефим, он

был на два года младше меня, уехал в Харьков на строительство
ХТЗ, Харьковского тракторного завода, уехал простым каменщиком, получил там производственную специальность, там же учился в институте, стал инженером, и, надо сказать, хорошим инженером. В войну он был директором крупного завода, создал этот
завод в голой степи из эвакуированного оборудования, производил танки и другое вооружение, его награждали орденами и
очень ценили.

Когда Ефим уехал на ХТЗ, меня призвали в армию, попал я
в артиллерию. Такая была поговорка, с царских еще времен:
«Красивого в кавалерию, здорового в артиллерию...» Отслужил
срочную службу и вернулся домой. Все учились, появились новые вузы, втузы, техникумы, и это понятно: без инженера нет
индустриализации. И если хочешь учиться, то, пожалуйста,
сделай одолжение, учись на здоровье, была бы охота. Ребята
из нашего депо с пяти-шестиклассным образованием через ускоренные курсы поступали в вузы, и передо мной тоже были
открыты все дороги: рабочий с малых лет, к тому же демобилизованный красноармеец, мог поступить сначала на курсы,
потом в вуз, уехать в Харьков, Харьков был тогда столицей
Украины. Но, понимаете, в семье я оказался старшим. Хотя по
возрасту старший был Лева, но Лева — заместитель начальника политотдела железной дороги по комсомольской работе,
человек государственного ума, семейные заботы для него обуза, и родители старались ничем не обременять его, и он уже
давно жил отдельно от нас. Так что старшим считался я, и на
меня легла обязанность помогать семье и тащить младших,
родители хотели дать им образование, прежде всего Любе, она
заканчивала школу, и никаких других отметок, кроме «отлично», не знала. В нашей семье Лева и Люба считались выдающимися, а я и другие братья — обыкновенными, даже Ефим считался обыкновенным, работал каменщиком на строительстве
ХТЗ, и никто, конечно, не мог предполагать, что он так выдвинется во время войны. И вот мне, с отцом и матерью, предстояло тянуть остальных, главное, Любу — в вузе она получит стипендию, останутся тогда на наших руках Генрих, Дина и Саша,
а так как от Генриха много не ожидали, он кончит семилетку
и пойдет работать, ну а маленькую Дину — она только собиралась в первый класс — и маленького Сашу прокормят родители, тогда я, значит, буду свободен и смогу наконец устраивать
свою жизнь.

8

Я вошел в положение родителей, остался при доме, работал на обувной фабрике мастером, прилично зарабатывал, мог по моде одеться. Парень молодой, из себя ничего, к тому же из армии, не сопляк какой-нибудь, довольно начитан, мог поговорить с девушкой, танцевал какие хотите танцы, и западные и бальные, свой, можно сказать, человек на танцплощадке, о женитьбе не думал, мне и без женитьбы было неплохо, и мама твердила: «Успеешь!» А городок наш не был таким уж захолустьем. Летом, как вы знаете, приезжали дачники, среди них интересные, даже видные люди.

Между прочим, у нас была своя знаменитость, известный дирижер, — народный артист СССР. Иногда он навещал своих родителей, отдыхал у нас неделю-другую.

Однажды с ним приехал художник, армянин по национальности, звали его Гайк, теперь — тоже знаменитость, а тогда писал портрет нашего дирижера. Писал он его утром, а в остальное время сидел с мольбертом на берегу реки, в лесу на поляне, в поле, ходил по городу с большим блокнотом, рисовал прохожих на улице, домишки, колхозников на базаре. Хотя и в годах, ему было лет, наверно, под пятьдесят, но мужчина, надо сказать, красавец. Волосы седые, густые, вьющиеся, усы черные, орлиный нос, из-под густых бровей — пронзительный взгляд. Когда появляется человек с такой внешностью и таким необычным занятием: ходит целый день с блокнотом и рисует, то через два дня его знает весь город, тем более что, несмотря на суровую внешность, он был общительный, говорил с приятным кавказским акцентом, угощал детей конфетами и, когда люди стояли возле его мольберта, никого не прогонял.

И вот как-то на базаре Гайк увидел нашу мать. Про эту встречу мне рассказала Люба, она была тогда с мамой.

Гайк увидел мать, остановился и стал пристально на нее смотреть.

— Чего этот кавказец на нас уставился? — удивилась мать.

— Он на тебя уставился, — ответила Люба.

— Вот еще новости! — сказала мама.

Когда они уходили с базара, Люба оглянулась и увидела, что Гайк смотрит им вслед, и сказала об этом матери.

Мать ничего не ответила.

В этот же вечер Гайк и наш земляк, знаменитый дирижер, пришли к нам домой.

Такие почетные гости! Усаживаем их, конечно, за стол, предлагаем чай... Но мать очень сдержанна, и это странно: закон гостеприимства соблюдался у нас свято.

И вот дирижер объявляет, что его друг, художник, хочет написать мамин портрет в красках, и для этого маме надо позировать несколько дней, часа по два.

Мама делает удивленное лицо:

— Два часа? А моя семья будет сидеть голодная?!

— Уважаемая Рахиль Абрамовна, — говорит дирижер, — должен вам сказать, что во все времена самые выдающиеся личности находили время позировать художникам, чтобы оставить потомкам свое изображение.

— Я не народный комиссар, — отвечает мать, — обойдутся и без моего портрета.

Гайк, со своим кавказским акцентом, заявляет:

— Красивая женщина — тоже выдающаяся личность.

Такие комплименты у нас не приняты, тем более замужней женщине, в глаза, при муже и детях. Но у Гайка прозвучало прилично. Может быть, из-за его кавказского акцента, знаете, восточная галантность. К тому же художник, имеет право на такого рода оценки.

Однако мать не смутилась, не покраснела, а с достоинством ответила:

— Есть женщины покрасивее и помоложе меня.

На это дирижер возразил, что дело не в красоте и не в возрасте, а в н а т у р е. Есть люди, облик которых просто необходимо запечатлеть на полотне. Позировать Гайку — мамин долг перед искусством.

Дирижер был не только нашей гордостью, он был нашей славой. Кто знал наш город? Никто, кроме его обитателей, окрестных жителей, дачников и областного начальства. А нашего дирижера знал весь Советский Союз. Чуть ли не каждый день по радио передавали концерты симфонического оркестра под управлением такого-то... И называли имя и фамилию нашего земляка — дирижера. Выполнить его любую просьбу каждый почитал у нас за великое счастье.

Но мама не пожелала такого счастья.

— Мои наследники обойдутся без моего портрета, — улыбнулась она, — с них будет достаточно моей фотографии.

Наш знаменитый дирижер возразил, что фотография переда-
ет только внешность человека, а живописный портрет отражает
его внутренний мир. И если мать хочет, чтобы ее дети, внуки,
правнуки и праправнуки видели ее как бы всегда живой, то она
должна согласиться.

Мать опять хотела что-то возразить, но отец со свойственной
ему деликатностью сказал:

— Ваше предложение для нас большая честь. Позвольте моей
жене подумать, может быть, она и выкроит время.

Художник и дирижер ушли. Мы остались за столом. Мать
спрашивает отца:

— Зачем ты их обнадежил?

— Видишь ли, — ответил отец, — может быть, этот Гайк в тво-
ем портрете предчувствует свою удачу, а от одной удачи часто зависит судьба художника. Ведь ты у нас действительно красавица.

На эти слова мама не обратила внимания. Она пристально посмотрела на отца, я до сих пор помню этот взгляд, и спросила:

— Ты этого хочешь?

— Почему не пойти навстречу человеку? И почему нам не
иметь твоего портрета?

Мама снова посмотрела на отца.

— Хорошо, пусть будет по-твоему.

На следующий день Гайк явился с мольбертом, подрамником,
этюдником, точно знал, что мама согласится.

Позировать, как вы знаете, — это не просто присесть на пару
часов и смотреть туда, куда прикажет художник. Прежде всего
надо решить, в чем позировать. Гайк был человек обходитель-
ный, но когда дошло до работы, стал требователен: это платье не
годится, то не подходит, попробуем с шалью, без шали... И надо
выходить в другую комнату и переодеваться, потом возвращаться, и он тебя рассматривает, и снова иди в другую комнату, и
опять переодевайся, снова возвращайся, и возьми в руки букетик,
нет, положи букетик...

У мамы не бог весть какой гардероб, но кое-какие платья имелись, например, голубое крепдешиновое, очень красивое, однако Гайк заставил ее надеть темное шерстяное, с небольшим вырезом, белым кружевным воротником, строгим обтягивающим
лифом и длинным рукавом. Мы, откровенно говоря, удивились
такому выбору, нам казалось, что в голубом мама выглядит моложе и ярче, но Гайк выбрал именно темное шерстяное. Согласитесь, сидеть в июле, в жару, в шерстяном платье довольно изну-

рительно. Единственное, чего Гайк не тронул, — это мамину прическу: волосы гладко зачесаны и собраны на затылке в большой пучок.

Но дело не в том, в чем позировала мать.

Вы, конечно, догадываетесь, что я не случайно описываю это происшествие, а это было больше чем просто происшествие в маминой жизни. Что-то я видел сам, кое-что мне рассказывала Люба, она тогда помогала маме переодеваться. Любе было семнадцать лет, и она была самым тонким и, может быть, самым умным человеком в нашей семье. Рассказываю то, что потом, в минуту откровенности, мама мне сама рассказала.

Итак, прежде всего маме пришлось заняться тем, чем она давно не занималась, — своей внешностью. Она была красивая, статная, подтянутая, но сидеть перед зеркалом у нее не было ни времени, ни надобности, и без зеркала была в себе уверена. И вот, в сорок лет, ей надо п о к а з ы в а т ь себя постороннему мужчине, раздеваться, пусть не перед ним, в соседней комнате, но для н е г о, снова одеваться и являться перед его оценивающим взглядом. Это было нечто новое, совершенно неожиданное в ее жизни. Она привыкла к тому, что мужчины на нее заглядываются, но не обращала на это внимания, ничьи взгляды для нее не существовали, двадцать четыре года у нее был только один мужчина — ее муж. И вдруг является седой красавец с орлиным взглядом, и она должна для него раздеваться, одеваться, переодеваться, примерять разные платья, чтобы этот мужчина ее одобрил. Будь мама столичная женщина, вращайся она, так сказать, в мире искусства, она, вероятно, сумела бы отделить мужчину от художника, как отделяют женщины мужчину от врача. Но мама не была столичной женщиной, художников в своей жизни не видела, а к помощи врача прибегала один раз, когда рожала Сашу.

Впервые мама растерялась, а растерянность не была ей свойственна. Она была решительной, категоричной, всеми управляла и командовала, и вот впервые растерялась перед мужчиной видным, необычным, не она командовала им, а он ею, не он подчинялся ей, а она ему.

В этом состоянии мама позирует Гайку, находится с ним один на один, с глазу на глаз, два часа в день. Это только так говорится — два часа. Гайк разрешает ей вставать, пройтись, размяться, выйти на кухню, и в доме дети: Люба, Генрих, Дина, Саша, — требуют того, другого, должны прийти с работы отец и я. Помогала, конечно, Люба, но и она была занята, готовилась к экзаменам. Мама отвлекалась, и Гайк растягивал сеанс на три, а то и на четыре часа, у него своя норма, не мог оборвать свою работу, должен довести ее до какой-то точки, в своем деле был человек одержимый.

Во время сеанса они разговаривали. Гайк рассказывал о себе, расспрашивал маму, она отвечала, ему нужно было ж и в о е лицо, и мама за много лет, прошедших в трудах и заботах, отвлеклась наконец от своей однообразной жизни, нашла внимательного слушателя и интересного собеседника.

Гайк рассказывал про Турцию, где жил в детстве со своими родителями и откуда они бежали в Баку во время армяно-турецкой резни, рассказывал про Париж, где учился рисованию, про Вену, Берлин и Швейцарию, куда ездил из Парижа; эти рассказы вернули мать к годам ее юности, когда она жила в Базеле, всколыхнули в ней какие-то воспоминания. Но самым значительным было его молчание, когда он смотрел на нее и рисовал, — знаете, как внимательно и испытующе смотрит художник на свою натуру! Слов не было произнесено никаких, об этом потом говорила мать, но было более важное и значительное — то, что витает в воздухе, когда мужчина и женщина начинают испытывать интерес, а может быть, и влечение друг к другу.

Догадывался ли о чем-либо отец? Безусловно. Он знал мать, как самого себя, да и у матери все было на виду, не умела хитрить и притворяться, стала молчалива и рассеянна. Она продолжала любить своего мужа, он всегда был единственным, и вот вдруг появился другой, чужой, ненужный, а все же занимающий ее мысли. Такое потрясение не могло пройти незамеченным. Но отец был, как всегда, ровным, спокойным, шутил, смеялся, будто ничего не происходило. О Гайке, о том, как идет работа, как пишется портрет, не расспрашивал, об этом разговоров не было. Гайк приходил в двенадцать часов, уходил часа в три, четыре, до нашего прихода с работы, ни разу не остался обедать, оттоваривался тем, что его ждут у дирижера, на самом же деле не хотел неловкости, которая возникла бы в его присутствии. О нем напоминал только мольберт, стоявший в углу столовой, с перевернутым холстом, прикрытый куском парусины.

Молчаливый роман...

Развязка его наступила неожиданно.

Прихожу как-то с работы и вижу мать прежней, не рассеянной, не задумчивой, а такой, какой была она раньше, решительной, деятельной. Убрала со стола, перемыла посуду, потом показала на стоящий в углу мольберт и сказала мне:

— Возьми это и отнеси.

Ничего мне не надо было объяснять, я сразу все понял. Портрет был закрыт парусиной, мне хотелось посмотреть, но я не поднял парусины, завернул портрет в чистую мешковину, перевязал шпагатом, собрал мольберт — он складывался, как тренога, — и отправился к Гайку.

Из дома дирижера доносились звуки рояля, по-видимому, играл дирижер, прерывать его неудобно, но не бросать же это имущество у дверей, тем более не возвращаться же с ним обратно!

Я вошел. На рояле играл дирижер. Гайк сидел в кресле с блокнотом в руках и, как всегда, рисовал. Увидев меня, он поднялся, сразу все понял, на его суровом лице было не удивление, а тревога.

Мы вышли на крыльцо. Я прислонил мольберт и портрет к перилам.

— Мама просила вам это передать.

Он молчал. Знаете, мне стало его жаль... И я не уходил, понимал, что он должен что-то сказать.

Он сказал только одно слово:

— Печально...

Повернулся и ушел в дом.

Много позже я узнал, что произошло в тот день.

Во время сеанса мама вышла на кухню, вернулась, села, но не смогла принять прежнюю позу. Гайк подошел к матери, взял ее голову в руки и повернул так, как требовалось. Это первое и единственное прикосновение решило все.

Первое прикосновение многое решает, но решает в ту или другую сторону. Для мамы оно решило в другую сторону: прикосновение Гайка оказалось чужим прикосновением. В эту минуту мама поняла: у нее есть Яков, только Яков, и никого, кроме Якова, нет, не будет и быть не может. Дело было не в долге: полюби мать Гайка, она ушла бы за ним на край света, несмотря ни на что и вопреки всему... Так нельзя? Возможно. Но мать была именно такова, и будем ее судить ее же мерой. Однако когда Гайк прикоснулся к ней и его любовь надвинулась на нее вплотную, она ясно осознала: у нее нет к нему любви, а есть только замешательство — в ее жизнь неожиданно вторгся необыкновенный человек. И это замешательство надо преодолеть немедленно, не откладывая, и она отослала ему незаконченный портрет. Все встало на свои места. И Гайк не сделал попытки продолжить знакомство, понимал, что это бесполезно.

Вспоминала ли мать потом Гайка, влюбленного в нее седого красавца? Вспоминала. И хорошо вспоминала. Много позже она рассказывала мне об этом с улыбкой, но чувство, которое она пережила тогда, испытание, которому подверглась ее любовь к отцу, были глубже и значительнее того, о чем она рассказывала потом улыбаясь. Ну что ж... Дело не в том, в какую ситуацию попадает человек, — это часто от него не зависит. Дело в том, как человек выходит из этой ситуации, — это всегда зависит только от него. Я думаю, что из этого потрясения моя мать, отец и Гайк вышли достойно.

Жизнь снова вошла в свою колею. Дирижер и Гайк уехали, а мы остались на своих, так сказать, местах, при своих занятиях.

Я работаю на фабрике, хожу иногда на танцплощадку, встречаюсь с девушками, сами понимаете, не без этого. Готовлюсь потихоньку в институт, не теряю надежды продолжить образование, почитываю, чтобы не забыть все окончательно, и к тому времени у меня появилось еще одно увлечение.

На нашей фабрике был литературный кружок. Многие тогда увлекались литературой и многие имели нахальную мечту стать писателями. Перед нами стоял пример Максима Горького: из босяков он стал знаменитым писателем, мы зачитывались «Челкашом», «Старухой Изергиль», «Макаром Чудрой» и другими его выдающимися произведениями. После Октябрьской революции пошла сплошная грамотность, а когда человек в зрелом возрасте овладевает грамотой, то ему самому хочется писать, ему это кажется довольно простым делом. Одним словом, возник у нас на фабрике литературный кружок, я туда захаживал, приносил кое-какие наблюдения из жизни. Был у нас руководитель, заметьте, платный, в фабкоме имелись деньги на культурную работу, и этому руководителю, кстати, писателю, платили за то, что он вел наш литературный кружок. Платили немного, но писателя радовали и эти деньги: фамилия его была Рогожин, работал он в областной газете и приезжал к нам два раза в месяц на литкружок, подрабатывал. Впрочем, большого писателя из Рогожина не получилось, имя его кануло в Лету. И из меня и из других наших ребят тоже писателей не получилось, таланта, наверно, не хватало, походил зиму или две, потом бросил. Но вспоминаю я о литкружке с удовольствием, он как-то возвышал нас. Когда перед тобой весь день подметки, каблуки и союзки, то хочется чего-то для души, одной танцплощадки мало.

В тридцать четвертом году Люба уехала в Ленинград и поступила в медицинский. Была она в отца: стройная, хрупкая, изящная блондинка. Внешность ее не была такой броской, как у моей матери или сестры Дины, тех за километр видно, что красавицы. К Любе надо было присмотреться, но когда присмотришься, приглядишься, то уж глаз не оторвешь и из сердца не выкинешь, ну а насчет образованности — круглая пятерочница, утешение для педагогов и спасение для двоечников: давала им списывать. В школе все мальчики были в нее влюблены, но она ни разу не пришла домой после девяти часов вечера. И хотя жила в Ленинграде одна, за Любу мы были спокойны, с ней ничего не может случиться, она себе ничего такого не позволит.

Но, представьте, случилось, представьте, позволила. Не подумайте, что она принесла ребенка неизвестно от кого. Все было честь честью, она со своим Володей Антоновым расписалась, хороший парень, чудесный, уже на последнем курсе того же, медицинского, но Любе всего восемнадцать лет, и вот, пожалуйста, ребенок. Куда его девать, на что воспитывать, оба студенты, живут на стипендию, живут в общежитии, и ей еще четыре года учиться... И вот в нашем доме появляется маленький Игорек, первый внук у моих родителей, первый мой племянник. Конечно, каждые каникулы, и летние и зимние, Люба с Володей у нас, цацкаются с сыном, потом уезжают, и воспитание Игорька ложится, как вы понимаете, на моих родителей — ничего не поделаешь, как ни говори, своя кровь. От кого-то я слышал: наша задача довести внуков до пенсии, а там можно и отдохнуть. Словом, если считать отца и мать за первое поколение, меня с братьями и сестрами за второе, то с Игоря началось третье...

Но о третьем поколении речь впереди, вернемся ко второму. Вернемся к тридцать пятому году. Мне двадцать три, хорошо зарабатываю, голод, слава богу, кончился, карточки отменили, отец при деле, на фабрике, директор Сидоров за ним как за каменной стеной, дома только Генрих, Дина, Саша и маленький Игорек. К тому же Генрих уже в ФЗУ, кое-что уже зарабатывает и мечтает о летном училище. Надо вам сказать, что вся наша семейка, как и прежде семейка Рахленко, не отличалась особенной благовоспитанностью: здоровые, отчаянные, первые драчуны и забияки. Но вот Генрих уже из рук вон, дальше ехать некуда... Знаете, как это бывает на улице, когда пятеро братьев и все друг за друга, все их боятся, и чем больше их боятся, тем они нахальнее и задиристее. Но я и Лева с ранних лет работали, нам было не до уличных драк и шалостей, Фима был спокойный и уравновешенный, а вот Генрих, чувствуя за собой силу старших братьев, вырос, извините за выражение, таким бандитом, что я до сих пор не понимаю, как ему не оторвали голову. Задирался и с деповскими, и с заречными, и с окрестными деревенскими, лазил по чужим садам и бахчам, вся школа, все учителя и преподаватели от него стоном стонали, не было дня без драки, без разбитого носа, без подбитого глаза. И хитрый, шельма! Дома тише воды, ниже травы, боялся матери, у нее была тяжелая рука, боялся меня: я бью хотя и редко, но крепко. Однако в школе и на улице — форменная чума, его исключали, снова принимали, и не было другого выхода, как после шестого класса отправить его на производство, и все вздохнули с облегчением, в школе был просто праздник. На его счастье, при депо открылось ФЗУ, и Генрих стал учиться на слесаря-ремонтника, тем более что не хотел сапожничать.

Вообще на мне наша потомственная (со стороны Рахленков) сапожная профессия кончилась, я, можно сказать, последний сапожник из рода Рахленков и из рода Ивановских.

И я вполне понимаю Генриха.

Сапожник тарифицируется по второму, от силы по третьему разряду, — может он жить на эти деньги? И он комбинирует: одному выписывает квитанцию, другому — нет, право-лево, лево-право! Зачем это нужно молодому человеку, если рядом завод и на конвейере он зарабатывает сто пятьдесят — сто шестьдесят, имеет в придачу культурное, спортивное и всякое другое обслуживание и через год-два получает квартиру в новом доме со всеми удобствами? Ну а тогда, в тридцатые годы, все тем более стремились в тяжелую промышленность и на транспорт. Металлист, машинист, забойщик — это звучит, сапожник — не звучит. И вот мой младший брат Генрих пошел в ФЗУ, стал слесарем в деповских мастерских и мечтал о летном училище.

Итак, к тридцать пятому году все были пристроены к делу, оставались только Дина, ходила в третий класс, и Саша — пошел в первый. Дина пятерками нас не баловала, но она унаследовала от матери музыкальность, я вам уже говорил, что у мамы был чудный голос. Так вот, Дина обещала стать знаменитой певицей, у нее был абсолютный слух. Пела она русские песни, еврейские, белорусские и украинские. Если вы знаете украинскую песню, то согласитесь, она очень мелодичная и задушевная. У каждого народа свои песни, и каждый народ их любит, в них его душа. Но украинский язык приспособлен для песни, как никакой другой, ну, может быть, еще итальянский. В этом суждении, я думаю, ничего ни для кого обидного нет. Например, я большой поклонник цыганской и белорусской песни, об этом я уже говорил, но украинские песни в детстве мне пела моя мама, а песни, которые поет тебе мама в детстве, — это навсегда. Но маме было не до песен, а жизнь Дины складывалась по-другому. В школе уроки пения — закон, потом клуб промкооперации и при нем музыкальный и драматический кружки, и всюду есть преподаватели, которые могут отличить дарование от посредственности, и они ухватились за Дину. Кроме того, как я вам уже рассказывал, Станислава Францевна... Не рассказывал? Извините! Станислава Францевна — это жена нашего соседа Ивана Карловича, того самого, через чей сад мы бегали к дедушке и который дружил с моим отцом, давал ему книги и разговаривал с ним по-немецки. Так вот, Станислава Францевна преподавала музыку, в доме у нее было пианино, и они с Иваном Карловичем привязались к Дине, как к родной дочери, тем более детей у них не было, они просили ее петь, голос у нее был как колокольчик. А когда выяснилось, что это не просто колокольчик, а талант, то Станислава Францевна начала ее учить музыке по нотам: певица, как утверждала Станислава Францевна, должна иметь не только вокальное, но и музыкальное образование.

Учась в четвертом классе, Дина уже была солисткой городского хора, выступала в концертах самодеятельности. Клуб промкооперации у нас довольно большой, зрительный зал на двести мест, в зале дедушка и бабушка Рахленко, дедушке семьдесят пять лет, но он крепкий, широкоплечий, с густой, еще черной, хотя и с проседью, бородой, с высоким белым лбом, и бабушка, полная, спокойная, добрая, и дядя Лазарь с сыном Даней, и дядя Гриша с женой и детьми, ну, я, естественно, и мои младшие братья Генрих и Саша, а в первом ряду — отец и мать, приодетые, торжественные, еще не старые, отцу сорок пять, матери сорок два, для таких красивых людей это не возраст, мне вот уже за шестьдесят, и то я себя за старика не считаю.

В нашем клубе самодеятельность была поставлена очень хорошо. Руководил ею молодой человек по фамилии Боголюбов, только что окончил музыкальное училище, он и хормейстер, и концертмейстер, и режиссер драмкружка, играл на всех инструментах и в изобразительном искусстве разбирался — словом, одаренная личность, мастер на все руки, энтузиаст своего дела, сумел увлечь и других, даже целые семьи, как, например, Сташенков, они составили белорусский хор, старики Сташенки и те пели. Выходили на сцену, становились в ряд, по старшинству, Афанасий Прокопьевич с женой, затем сыновья Андрей и Петрусь с женами Ксаной и Ириной, затем их дети, все белоголовые, в национальных костюмах, — пели, надо сказать, прекрасно, я думаю, не хуже нынешних «Песняров», а как ни говори, «Песняры» — лучший нынешний эстрадный ансамбль, но профессиональный, а Сташенки были любители, однако выступали даже на областном конкурсе самодеятельности и получили премию. Была еще, помню, семья Дорошенков, молодые парубки и дивчины, танцевали гопак, казачок и другие украинские пляски; был оркестр домбристов, и декламаторы, и чечеточники, даже акробаты — в общем, жизнь в нашем клубе била ключом. Но, безусловно, гвоздем программы был городской хор; основной профессией Боголюбова было именно пение, и хор он создал первоклассный.

И вот, представляете, сидят в первом ряду отец и мать, на сцене хор, впереди полукругом женщины, за ними на скамейках, чтобы быть повыше, — мужчины, все с хорошими голосами, объявляется номер и «солистка Дина Ивановская», и Дина выходит вперед, девочка, каких нет, — на юге, знаете, девочки быстро развиваются, — высокая, стройная, с черными волосами, заплетенными в две толстые косы, с синими глазами, и начинает петь, и зал замирает, и даже хулиганы, которым в клубе только бы пошуметь, и те сидят как завороженные. И когда Дина выводила своим чудным голоском: «дывлюсь я на небо тай думку гадаю, чому я нэ сокил, чому нэ литаю...» — то плакали все, потому что это было искусство, а искусство, как любовь, покоряет мир.

О моих родителях и говорить нечего. Это был венец их торжества, награда за перипетии и невзгоды жизни, светлый час их великой любви. Слезы зала производили на маму большое впечатление. Ничего, будут и ее дети докторами медицины, и не в какой-то Швейцарии, на краю света, а в великой стране, стране на шестую часть планеты. Это была мамина победа, она поздно пришла, эта победа, но тем слаще она была.

Конечно, были у нас и огорчения, без них нет жизни. Например, Лева женился. Что такого? Прекрасно, давно пора, парню двадцать пять лет, работает с утра до вечера, мотается по области, ведает в обкоме вопросами транспорта, но одинокий, бесприютный, питается где попало и чем попало, наживет язву желудка, некому о нем позаботиться, постирать, заштопать, накормить, подать лекарство, когда заболеет, — одним словом, бобыль, и пора ему наконец обзавестись женой, домом, семьей. Так что в самом факте женитьбы ничего плохого не было, наоборот, очень хорошо. Ну, а то, что он женился у себя в Чернигове и невесты даже не показал, не представил ее, так сказать, родителям, то ничего не поделаешь, в те времена это было не так уж и принято. И справлять свадьбы тоже не было принято, расписались в загсе — и весь разговор, хотя моим родителям такие порядки были не особенно приятны, может быть, оттого, что их собственная женитьба была в свое время исключительным событием, и что творилось тогда, вы знаете. И им, наверно, хотелось, чтобы их дети, тем более старший сын, женились бы не так буднично и просто, как это сделал Лева. Но ничего не поделаешь, такие времена, такие обычаи. И то, что Лева даже не сообщил о своей женитьбе, а узнали мы о ней от чужих людей — много наших жило тогда в Чернигове, — тоже ничего не поделаешь: Лева — человек особенный, живет по своим особенным законам. И от людей мы узнали, что его жена важная персона, преподает политэкономию, хозяйством заниматься не желает и питаются они в обкомовской столовой, тоже его забота, хочет так жить, пусть живет. Дело, понимаете, было в другом: Анна Моисеевна, так звали Левину жену, была старше его на пять лет, ему двадцать пять, ей тридцать, но, главное, у нее ребенок, девочка трех лет, от первого мужа, а Лева, между прочим, — третий муж.

Лева был человек рассудительный, министерская голова, и, значит, все обдумал, и в конце концов это его личное дело. И не надо забывать, что при всем здравом государственном уме в его жилах текла горячая кровь Рахленков, а на какие неожиданные трюки способны Рахленки, вы уже убедились, и при всей немецкой рассудительности моего отца он тоже был способен на самые неожиданные решения, о чем свидетельствует его собственная женитьба.

Но мать была вне себя. Лева, такой Лева, не мог найти себе молоденькую, честную, порядочную девушку? Он не способен иметь собственных детей? Почему он обязан воспитывать чужого ребенка? Отказаться от Олеси и взять женщину, которая к тридцати годам успела сменить трех мужей — это официально! Сколько же там было неофициальных? Что все это значит?

Но Лева есть Лева, мы здесь, он в Чернигове, да и был бы он здесь, мы бы ничего не смогли поделать, он не такой, чтобы действовать по чужой указке, да мать бы ему не посмела слова сказать, хотя и сын, но особый, отдельный... Мама пошумела и перестала, и все опять пошло своим чередом.

Все было хорошо.

И все же что-то беспокоило мою мать, и когда я ее спрашивал:

— О чем ты волнуешься? Ведь все хорошо.

Она отвечала:

— Слишком хорошо.

Я понимал, что ее тревожило.

Ее тревожило предчувствие.

9

Мамино предчувствие оправдалось. Гром грянул среди бела дня, среди ясного неба. В областной газете появилась статья «Чужаки и расхитители на обувной фабрике». Речь шла о нашей фабрике. Как чужак упоминался мой отец, «человек сомнительного социального происхождения», некоторые бывшие кустари, использовавшие когда-то наемный труд, и, конечно, директор Сидоров как «покровитель чужаков и расхитителей»; упоминались и сами расхитители, двое рабочих, укравших в свое время по куску кожи. Сидоров им не покровительствовал, а, наоборот, выгнал с фабрики и отдал под суд. Между прочим, потом, на процессе, они выступали в качестве свидетелей обвинения. Еще было написано в статье, что на фабрике процветает кумовство, работают родственники, а вы, надеюсь, понимаете, что когда в маленьком городке одна обувная фабрика и на ней работают потомственные сапожники, то родственные связи неизбежны, все равно как в колхозе. Словом, кому-то Сидоров пришелся не по нутру, наступил кому-то на мозоль, состряпали дело, написали фельетон, ошельмовали порядочных людей, десять человек, в том числе и моего отца.

Отец сказал, что все это чепуха, неправда, яйца выеденного не стоит. Но он был наивный человек, мой отец. Все, в том числе и моя мать, понимали, что это вовсе не чепуха. И важно, чтобы дело не дошло до суда.

К кому обращаться? Конечно, к Леве. Видный работник, а про его отца написали, будто он в компании с другими «чужаками» расхищал народное добро. Лева этого так не оставит! И своего отца и Сидорова он знает как честнейших людей.

Сажусь в поезд, приезжаю к Леве и нахожу его нервным, расстроенным и возбужденным. Хотя Лева был человек железной выдержки, видно, и у него начали сдавать нервы, появилось внутреннее раздражение, нетерпимость человека, который вынужден быть беспощадным; такое было время, и такой у него был пост — занимался вопросами транспорта; боролся с «предельщиками», очищал железнодорожный транспорт от «чужаков» и «примазавшихся», и вот, пожалуйста, в числе «чужаков» оказался его родной отец. И хотя с виду Лева был спокоен и рассудителен, я видел, что он напряжен, как струна, я его хорошо знал, как ни говорите, родной брат.

Но дошедшие до нас слухи, будто женитьба ничего не изменила в его быте, не соответствовали действительности. Я впервые приехал к нему после его женитьбы; хорошая трехкомнатная квартира в новом доме со всеми удобствами, а в то время новый, современный дом со всеми удобствами был событием, их не строили тысячами, как сейчас. Правда, всей квартиры мне Лева не показал, провел прямо к себе в кабинет. Ни ему, ни мне было не до квартиры.

Дверь открыла домработница, средних лет женщина, полненькая, приятная на вид; в передней было чисто — вешалка, зеркало, ящик для обуви, в коридоре дорожка, в кабинете блестел паркет, стояли шкафы с книгами, много книг, удобный диван и большой письменный стол, тоже с книгами и бумагами, — в общем, дом вполне благоустроенный.

Когда мы с Левой сидели в кабинете, вошла его жена Анна Моисеевна, брюнетка с гладко зачесанными волосами, похожая на актрису Эмму Цесарскую, — помните, что снималась в роли Аксиньи в «Тихом Доне»? — красивая, но несколько грузноватая и, как мне показалось, коротконогая. В общем, на чей вкус.

— Вы, кажется, незнакомы, — сказал Лева, — моя жена Аня, мой брат Борис.

Я встал, она протянула руку, это было не рукопожатие, а легкое прикосновение, улыбнулась коротко и официально, улыбка тут же сошла с ее лица, она уселась в кресло и, знаете, не проронила ни слова. На ее лице я не только не видел сочувствия отцу и всем нам, наоборот, я чувствовал неприязнь: мы осложнили их жизнь. Было видно, что с Левой они уже все обговорили, она в курсе всего, не задала ни одного вопроса, не вставила ни одного замечания, это было не ее, а чужое дело, и сидела она здесь для того, чтобы не дать мне втянуть Леву в историю. И если бы она вступила в разговор, то я точно знаю, что бы она сказала. Она бы сказала: «Неужели вы не понимаете, к т о ваш брат и к чему это вас обязывает?» Вот что бы она сказала. Но она ничего не сказала, молчала. Единственный раз открыла рот, когда в кабинет вбежала ее дочь, маленькая девочка в пальтишке и берете, собиралась гулять, за ней стояла домработница, тоже готовая к прогулке, в пальто и платке.

— Оля, что нужно сказать дяде? — ровным шкрабским голосом спросила Анна Моисеевна.

Заметьте, не «дяде Боре», а просто «дяде», обыкновенному посетителю.

— Здравствуйте! — догадалась Оля.

Лева погладил ее по головке — видно, любил девочку — и сказал:

— Здравствуй, дядя Боря, повтори!

Она послушно повторила:

— Здравствуй, дядя Боря...

Слава богу, Лева хоть немного исправил положение, видно, не так-уж послушен своей Анне Моисеевне.

— Анна Егоровна, больше часа не гуляйте! — приказала Анна Моисеевна.

— Добре! — ответила та.

О деле отца Лева говорил спокойно, но я понимал, что оно его волнует. Волнует и само по себе — он любил отца, волнует и потому, что в связи с этим делом его ждут неприятности и осложнения и, безусловно, освободят от работы в обкоме: какой может быть авторитет у руководящего работника, если его отца обвиняют в уголовном преступлении?! И его действительно вскоре перевели на другую работу...

Лева сказал, что он убежден в невиновности отца, в невиновности Сидорова, но допускает, что «чужаки» и расхитители могли их использовать, могли округить, потому что отец доверчив, а Сидоров малограмотен. Вмешиваться он, Лева, не будет: ни он, ни даже секретарь обкома не имеют права вмешиваться в судопроизводство, — это нарушение закона. Он уверен, что в деле разберутся, все встанет на свое место, однако надо смотреть фактам в глаза: из-за отца делу может быть придан политический оттенок — родился и вырос в Швейцарии, там у него родственники, он с ними переписывается, и важно дать бой именно по этому главному пункту, доказать, что отец не чужак, а честный советский человек. В этом суть.

Из этого рассуждения вы можете убедиться, что у Левы действительно были министерская голова и государственный ум.

— Когда собираешься обратно? — спросил Лева.

От Чернигова до нашего города несколько часов езды, и, говоря откровенно, мне удобнее всего было бы выехать утром. Но если я останусь здесь, то должен буду всех рано разбудить. И потом, знаете, бывает так: чем больше у людей квартира, тем меньше находится места, чтобы переночевать постороннему человеку.

— Сейчас и поеду.

— Ну что ж, держи меня в курсе дела.

Хотелось на прощание обнять брата, но обстановка была не та. Мы пожали друг другу руки. И Анна Моисеевна протянула мне руку, мы с ней попрощались, как говорят футболисты, в одно касание, и она опять улыбнулась мне короткой официальной улыбкой.

Проболтался ночь на вокзале, сел в поезд и приехал домой.

Приехал домой и говорю матери, что Лева и Анна Моисеевна живут хорошо, встретили меня прекрасно, Анна Моисеевна — интеллигентная женщина и Олечка — чудная девочка, обожает Леву, называет его папой, и он в ней души не чает...

У мамы было каменное лицо, она допускала, что Анна Моисеевна интеллигентная женщина и Олечка хорошая девочка, — почему ей в три года не быть хорошей? — допускала, что Лева в ней души не чает, но ей до этой девочки дела нет, не ее внучка. И не до них ей сейчас, не они занимали ее мысли. Отец — вот о ком она думала.

— Что он сказал о деле?

— Сказал: вмешиваться не имею права. Следствие разберется, и все встанет на свое место.

Можно его понять: выгораживая отца, он как бы косвенно подтверждает его виновность, — невинного защищать нечего, невинного защитит правосудие, в которое Лева свято верил.

Так что по-своему Лева был прав, это понимали и я, и отец, и дедушка Рахленко. Но мама понять не могла. Сын не может защитить отца? Где это видано? На таком посту и не может слова вымолвить против заведомой лжи? И это Лева, ее гордость, неужели она обманулась в родном сыне, обманулась в своих детях?..

И вот наезжает из области ревизия, начинает ворошить документы, а разве есть на свете ревизия, которая напишет, что все хорошо и прекрасно, разве есть производство, где нет упущений и недостатков?! И, кроме ревизии, приезжает из области специальная комиссия и начинает опрашивать людей, а люди разные: недовольные рады наклепать, обиженные ищут случая отомстить, трусы боятся сказать правду, люди осторожные предпочитают отвечать уклончиво...

Отца, Сидорова, всех, в общем, десятерых, отстраняют от работы и начинают таскать к следователю. И тут-то мой отец понял, что дело плохо, возвращался домой подавленный.

С ревизией, комиссией, следствием проходит месяцев шесть, уже тридцать шестой год, и следователь выносит решение: всех под суд; прокурор это решение утверждает, забирают отца, Сидорова, всех остальных и отправляют в тюрьму, в Чернигов, своей тюрьмы у нас не было.

Что вам сказать? Что можно сказать, когда вдруг приходят, устраивают обыск и уводят твоего отца, тихого человека, переворачивают все вверх дном, ищут ворованное, деньги и ценности, как будто не понимают, что будь отец вор, то он бы все из дома унес. И конечно, ничего не находят, забрали письма, они были из Швейцарии. Отец, надо отдать ему должное, держался как мужчина, даже улыбался, чтобы ободрить нас, но в его улыбке было что-то виноватое. Нет, не перед ними, а перед нами: из-за него пришли ночью люди и доставили всей семье беспокойство.

Но мама не была такой деликатной и воспитанной, как он. И мой младший брат Генрих тоже. Сначала он немного оробел, знаете, как уличный мальчишка перед милицией, но когда до него дошло, что пришли за отцом, он начал грубить милиционерам, хамил, стоял в дверях, не давал пройти, толкался, вытворял свои мальчишеские штуки, и, не прикрикни я на него, дело могло обернуться плохо.

Ну а что творилось с мамой, я вам и передать не могу. Я думал, в эту ночь она сойдет с ума. Ее била истерика, отец ее успокаивал. Дина говорила: «Мама, не плачь! Мама, не плачь!» А мама сидела на стуле, раскачивалась и громко повторяла: «Конец, конец, конец!» Саша, ему было тогда восемь лет, молча и задумчиво наблюдал за всеми. Я думаю, эта ночь запомнилась ему до последних дней его короткой жизни. Слава богу, маленький Игорек спал и ничего не слышал. И когда милиционер сказал маме: «Гражданка Ивановская, ведите себя спокойно», — она закричала:

— Зачем вы пришли? Кто вас звал? Убирайтесь!

Милиционеры, правда, были знакомые, наши же ребята, но они многозначительно переглянулись, и отец деликатно сказал:

— Извините ее, пожалуйста, она очень нервная.

И потом матери:

— Рахиль, если ты хочешь мне добра, то замолчи, прошу тебя.

Она перестала кричать, только обхватила голову руками и раскачивалась на стуле, как помешанная. И даже когда отца уводили, не поднялась, не попрощалась, не ухватилась за него, как это делают женщины, когда уводят их мужей. Я сам, своими руками, собрал отцу вещи. Он поцеловал нас всех, подошел к матери, она сидела с закрытыми глазами, как мертвая, хотел, наверно, погладить ее по голове, но передумал и вышел вместе с милиционерами из дома. Хлопнула дверь, потом вторая дверь, мама по-прежнему сидела не двигаясь, с закрытыми глазами, ничего не видела, ничего не слышала. Я подошел к окну, уже рассвело, отца вели по улице, и все это видели, никто не спал, все знали, что за ним пришли, все видели, как его уводят.

Я велел детям лечь и хоть немного поспать: Генриху завтра на работу, Дине и Саше в школу.

Потом я тронул маму за плечо:

— Мама, приляг...

Она открыла глаза, посмотрела на меня, но не увидела, снова закрыла глаза и осталась сидеть, как сидела, и я понял, что мама тронулась умом.

Так она сидела до утра. Ребята встали, позавтракали и ушли: Генрих на работу, Дина и Саша в школу; проснулся Игорек, я его одел, накормил, мама услышала его голос и только тогда открыла глаза, посмотрела вокруг и сказала:

— Все кончено.

Потом встала, прошла в спальню, легла в чем была, заснула и проспала весь день до вечера.

Пришли дедушка и бабушка Рахленко, пришли дядя Лазарь, дядя Гриша, приходили люди, соседи, а мать все спала, и я, чтобы ее не будить, выходил с ними на крыльцо, рассказывал все как было; люди сочувствовали, женщины плакали, жалели отца; пришли и мамины подруги, помните, дочери кузнеца Кузнецова? Теперь они уже сами имели внуков; и Сташенки и другие люди приходили, я никого к матери не пускал, все время заходил к ней сам, боялся, она что-нибудь сделает над собой, ясно, что она уже не в своем уме. Пришли Дина и Саша из школы, потом Генрих с работы, бабушка увела их и маленького Игоря к себе обедать.

Вечером мама проснулась, умылась, вышла в столовую, и я понял, что ошибся, предполагая, будто она тронулась умом. Она вышла спокойная, строгая, властная, какой была всегда, велела позвать дедушку, дядю Лазаря, дядю Гришу, наших соседей Ивана Карловича и Афанасия Прокопьевича Сташенка, всех без жен: ей нужен мужской совет. Они пришли, мы сели за стол и стали думать, что делать. И, конечно, у всех на языке одно слово — «адвокат», и не просто адвокат, а адвокат из адвокатов — на карту поставлена жизнь отца.

Первым адвокатом на Украине тогда считался некий Дольский из Киева, гремел на всю республику, все равно, как, скажем, Брауде или Коммодов гремели на весь Союз. Но Брауде или Коммодов ради такого дела к нам не поедут, а Дольский, может быть, и поедет: Киев ближе, чем Москва. И, как резонно заметил Иван Карлович, в случае неблагоприятного решения областного суда дело перейдет в Верховный суд республики, Дольскому будет с руки заниматься делом, тем более что в Киеве он знает всех и все знают его. Но, добавил Иван Карлович, Дольский — очень дорогой адвокат, берет такие баснословные гонорары, что мы не можем себе и вообразить.

Мама ответила, что гонорар — это не довод, она заплатит любой гонорар, если понадобится, продаст дом и с себя все продаст и с детей, мы готовы остаться голыми, босыми, без крыши над головой, лишь бы выручить отца. И дядя Лазарь и дядя Гриша тоже сказали, что отдадут все, лишь бы выручить Якова, и Афанасий Прокопьевич тоже обещал помочь, чем сумеет.

В общем, было ясно, что лучшей кандидатуры, чем Дольский, нет и быть не может, у него авторитет на всю Украину и даже на весь Союз, и если он возьмется за дело, папа будет спасен.

Но мама ждала, что скажет дедушка, с его мнением она очень считалась. И хотя ему было уже семьдесят пять лет, у него была ясная голова, а жизненного опыта за семьдесят пять лет можно набраться.

И дедушка Рахленко коротко сказал:

— Нужно взять Терещенко.

Если бы дедушка сказал, что в адвокаты надо взять, скажем, царя Соломона, мы бы так не удивились. Терещенко! Вы, конечно, знаете Временное правительство, знаете десять министров-капиталистов? Среди них был Терещенко, министр финансов, сахарозаводчик с Украины, то ли кадет, то ли монархист... Тот Терещенко, которого назвал дедушка, конечно, был не министр, но неприятностей из-за того министра имел предостаточно: ему требовалось доказать, что министр ему не родственник и он не родственник министру. Тогда было принято: докажи, что ты не родственник. А как, спрашивается, доказать? Тем более что наш Терещенко был в свое время большим треплом и, когда министр Терещенко был в силе, хвастался, что он ему любимый племянник и наследник всех его сахарных заводов, хотя все знали, что он ему такой же племянник, как Керенский мне бабушка. Он был сыном акцизного чиновника, и его отца и его самого все знали как облупленных. В молодости был форменный босяк, хотя и студент, и, представьте, ему понравилась моя мать Рахиль, как раз в то время, когда она была невестой моего отца. Она всем нравилась, но все знали, что она не такая девушка, чтобы завести шуры-муры, просто любовались ею, а нахал Терещенко стал ходить к нам якобы сшить штиблеты, а на самом деле, чтобы приставать к Рахили. Дедушка это сразу сообразил, взял Терещенко за воротник и выкинул на улицу вместе с незаконченными штиблетами. Терещенко на этом не успокоился, он, дурак, не понимал, с кем имеет дело, и стал хвастать, что все равно Рахиль будет его, потому что нет на свете девушки, которая бы против него устояла. Это он говорил на станции, где молодежь имела обыкновение гулять вечером на платформе, встречая пассажирский поезд. И его хвастовство услышал мой дядя Гриша, и хотя ему было всего пятнадцать лет, а Терещенко не меньше двадцати и стоял он среди своих дружков, дядя Гриша подходит к нему и врезает по физиономии так, как он умел, а уметь это, надо сказать, он умел. И дружки Терещенко не двигаются с места: видят — подходят остальные братья Рахленки, а эту семейку знал весь город, и весь город знал, что с ними лучше не связываться. А тут тем более прибывает поезд, и уже бежит жандарм со своей шашкой, и шашка бьет его по ногам, и, пока подошел поезд и пока добежал жандарм, дядя Гриша разукрасил Терещенко, как бог черепаху, и правильно сделал: говорить такие вещи может только подонок, и дядя Гриша был обязан вступиться за честь своей сестры, он был не только хороший брат, но и такой брат, который ищет повода подраться, а какой может быть лучший повод подраться, если порочат твою сестру, к тому же не просто невесту, а невесту в сложной ситуации — жених в Швейцарии, и неизвестно, что из этого получится.

Никаких особенных последствий этот случай не имел. Терещенко, как у нас выражаются, утерся, залепил синяки и укатил в Петербург: каникулы кончились. А к дедушке является его отец, акцизный чиновник, акцизные чиновники ходили тогда в форме, и приносит извинения за поведение своего сын?

На это мой дедушка Рахленко ответил:

— Между молодыми людьми всякое бывает.

Ничего больше дедушка не сказал. Но, как я понимаю, поступок старшего Терещенко ему понравился, он умел ценить хорошие поступки. Согласитесь, акцизному чиновнику в форменной тужурке просить извинения за своего сына, которого, между прочим, сначала выкинули на улицу, а потом разукрасили, как бог черепаху, и у кого просить извинения — у простого сапожника, — это, согласитесь, поступок. Я думаю, что на извинение старого Терещенко толкнуло не только недостойное поведение его сына, но и то, что весь город переживал тогда за Рахиль, за мою будущую мать, и старый Терещенко тоже, наверно, переживал.

Потом война, революция, объявляется молодой Терещенко лет через пятнадцать, солидный адвокат, защитник, как тогда говорили, живет в Чернигове, приезжает вести дела у нас в суде, вел успешно, и так повелось, что по всяким судебным делам наши горожане обращались именно к нему: дело свое знал, к тому же свой человек, наш, из нашего города. Были, я думаю, в Чернигове адвокаты получше, но люди идут проторенной дорожкой, тем более за наши дела Терещенко брался охотно, никогда не отказывался, а дел было достаточно: нэп, налоги, фининспекторы — всего хватало...

Потом начались у Терещенко какие-то неприятности. Говорили, будто разошелся с женой, стал пить, уехал из Чернигова, вернулся в Чернигов, исключили из коллегии адвокатов, восстановили в коллегии адвокатов; стали приезжать к нам другие защитники, люди забыли о Терещенко, и вот, представьте, дедушка вспомнил. И когда? Когда речь идет, можно сказать, о жизни нашего отца. И о ком вспомнил? О человеке, который в свое время самым нахальным образом приставал к его дочери, и он сам выкинул его на улицу, и теперь этот человек будет защищать нашего отца, своего, так сказать, счастливого соперника!

Безусловно, дедушка Рахленко — мудрейший человек, светлая голова, но семьдесят пять — это семьдесят пять. Я не хочу сказать, что в таком возрасте человек глупеет, вовсе нет! Но он несколько коснеет... Дедушка помнил, что Терещенко вел когда-то дела в нашем городе, вел успешно, других защитников дедушка не знал, под судом и следствием не состоял, и вот он говорит: Терещенко.

Видя наше недоумение, дедушка добавляет:

— Киевский адвокат за такое дело не возьмется. Если он такой знаменитый, то Яша ему как прошлогодний снег. А Терещенко через это дело может восстановить себя в нашем городе.

В этом рассуждении была своя логика, но ведь нам надо спасать отца, а не репутацию Терещенко. Разве можно так рисковать?

Иван Карлович говорит:

— Вы правы, уважаемый Абрам Исакович, Терещенко — способный и знающий адвокат. Но он пьет, он опустился. Появление на суде адвоката в нетрезвом виде лишит его права защиты, и это означает верный проигрыш дела.

— Нужно проверить, — стоит на своем дедушка, — если он не умер от белой горячки, если он в своем уме и, дай бог, бросил пить, то лучшего защитника не надо.

И тогда мама объявляет решение:

— Завтра я с Борисом поеду в Чернигов, посоветуемся с Левой (все же имела на него некую надежду), разузнаем о Терещенко. Если с ним можно иметь дело, как с человеком, и Лева тоже его присоветует, — возьмем Терещенко. А если нет, то Борис поедет в Киев и договорится с Дольским. Денег, сколько тот скажет, столько и даст. Теперь, как быть с детьми?

Речь шла о Фиме и Любе: сообщать им об аресте отца или не сообщать? Фима работает в Харькове, на ХТЗ, Люба в Ленинграде — на втором курсе медицинского.

Дедушка сказал:

— Не надо беспокоить детей, успеется.

Однако Афанасий Прокопьевич возразил:

— Взрослые уже, должны знать правду.

И Иван Карлович резонно заметил, что если оставить их в неведении, то ребятам будет хуже — их обвинят в сокрытии такого серьезного факта, никто не поверит, что они не знают об аресте отца.

И было решено написать им. Но так, чтобы не слишком разволновать: дескать, ничего страшного, просто недоразумение на фабрике, скоро все выяснится и папу освободят.

Приезжаем с мамой в Чернигов, идем к Леве на квартиру; Анны Моисеевны нет, встречает нас домработница Анна Егоровна, открыла дверь и растерялась, стоит в дверях и молчит.

Спрашиваю:

— Лев Яковлевич дома?

— Нет, — отвечает, — уехал в Москву... В Москву вызвали.

— А Анна Моисеевна?

— На работе Анна Моисеевна.

И продолжает стоять в дверях. И я понял, что Анна Моисеевна дала ей распоряжение насчет нас, наказала не пускать в дом. Но Анна Егоровна не могла прогнать меня, родного брата Льва Яковлевича, тем более не могла прогнать его родную мать. Я вам скажу больше: если бы она даже не знала, что перед ней мама Левы, все равно не могла бы ее прогнать, — моя мать была не та женщина, которую можно прогнать, она с первого взгляда внушала к себе уважение, поражала своим видом. И Анна Егоровна так и стояла перед нами растерянная, смущенная, не знала, что ей делать. Самое правильное было бы нам повернуться и уйти... Но что я скажу матери? Если бы Анна Егоровна выставила нас за дверь, тогда я бы сказал, что она дура, невежа, не знает нас, мать не видела вообще, а меня не запомнила, вот и побоялась впустить в дом. Так бы я объяснил маме, отвез бы ее к землякам, оставил там, а сам вернулся бы и переговорил с Анной Моисеевной с глазу на глаз, я уже приблизительно представлял, какой разговор предстоит, и хотел избавить мать от этого разговора.

Но Анна Егоровна растерялась, не захлопнула перед нами дверь, добрая женщина не смогла этого сделать, впустила, но провела не в комнату, а на кухню.

Как вы понимаете, не один я умный. Моя мать тоже не дура, и не надо быть такой уж проницательной, чтобы все понять: домработница не знала, пускать нас или нет, провела не в комнату, а к с е б е, на кухню, даже стакана чая не предложила, опять же от растерянности, не позвала Олечку к бабушке и дяде, а Олечка дома, мы слышим, играет в своей комнате, разговаривает не то с куклой, не то сама с собой, слышим топот ее ножек... Так, знаете ли, не встречают мать и брата хозяина дома, так даже дальних родственников не встречают, если их, конечно, продолжают считать родственниками.

В общем, сидим с мамой на кухне, мать пристально, как она это умеет, смотрит на Анну Егоровну, той от ее взгляда не по себе, она мечется, бедная, туда и сюда, то в комнату к Оле, то обратно на кухню, пока не нашла выход из положения:

— Нам с Олечкой пора гулять...

И не может, бедняга, договорить, что, мол, и вам следует уходить, не велено мне никого посторонних дома оставлять, не может этого выговорить, но и не имеет права предложить остаться, человек подневольный.

И, чтобы выручить ее, я спрашиваю:

— Где вы с ней гуляете?

— Тут, — показывает на окно, — в скверике.

— Вот и хорошо, — говорю, — мы с вами посидим на скамеечке, покуда Анна Моисеевна придет. Пойдем, мама, побудем немного на воздухе.

А мама по-прежнему пристально смотрит на Анну Егоровну, все, конечно, понимает, но не произносит ни слова, и от ее взгляда домработница смущается еще больше.

— Сидите, не торопитесь, я еще пока Олечку соберу...

— Нет, — говорю, — мы уж подождем вас в сквере.

Выходим с мамой в сквер и присаживаемся на скамейке. Прекрасный солнечный сентябрьский день, еще по-летнему тепло, все зеленое, буйное: и деревья, и кустарники, и травка, — детишки копаются в песочке, идут по улице веселые люди, все кругом такое безмятежное, радостное, сияющее, такой он красивый, наш древний Чернигов, и никак с этим не вяжется мысль, что отец исчез из этой прекрасной жизни.

— Ну, что ты скажешь? — спросила мама, косясь на меня.

— Что с нее взять? Домработница, необразованная женщина...

— Ладно, — мама отвернулась, — дождусь образованную.

— Может быть, поедем к Рудаковым (это были наши земляки), отдохнешь, а я вернусь один, поговорю с ней, узнаю, где Лева?

— Нет, — отвечает, — хочу сама посмотреть нашу кралю.

Подошли Анна Егоровна с Олечкой, Анна Егоровна села рядом с нами, Олечка пошла к ящику с песком, но я остановил ее:

— Олечка, здравствуй!

— Здравствуйте!

— Ты меня узнаешь?

Ответила нерешительно:

— Узнаю...

— Как меня зовут?

— Дядя...

Она опять запнулась и посмотрела на Анну Егоровну.

— Дядя Боря, — подсказал я.

— Дядя Боря, — повторила девочка.

Я показал на маму:

— А это баба Рахиль.

Я знал, мама будет недовольна такой аттестацией: какая она ей бабушка и какая та ей внучка? Но назвать ее иначе, то есть поступить так, как поступила со мной Анна Моисеевна, значило расторгнуть всякое родство.

Девочка исподлобья посмотрела на маму, мамина величественность смущала ее, и, поковыряв каблуком землю, пошла к песку. А мама не сводила глаз с нее, не по-доброму смотрела: девочка была для нее частью Анны Моисеевны.

Невесело было на скамейке. Мать сидела как изваяние, Анна Егоровна тоже молчала, хотя, видно, любила поговорить, да и какая нянька, часами сидящая на садовой скамейке без дела, не любит поговорить? Но говорить о главном она не могла, не имела права, а болтать о незначительном, когда существует и угнетает нас то, главное, тоже совестно. Вышколенная, знала, о чем можно говорить, о чем нельзя, — школа Анны Моисеевны. И все же эта вышколенность у нее выглядела не холопской, а достойной: мол, приставлена к ребенку, а об остальном мне знать не положено, домработница, нянька, место мое — кухня, разговор мой — о ребенке, но, понимаю, вам сейчас не до ребенка, ваше дело серьезное, и о нем вы поговорите с хозяйкой, с Анной Моисеевной.

Просидели мы так часа два, а то и три, время к вечеру; и вот появляется Анна Моисеевна, я увидел ее, идущую по тротуару, прежде, чем она увидела нас, увидел ее, грузную, важную, широкоплечую, в длинном сером жакете, отчего она казалась еще грузнее, с гладко зачесанными черными волосами, злым лицом, с туго набитым портфелем в руках, деловая, сановная тетя. Она пересекла улицу и пошла к скверу — видно, знала, что Оля с няней здесь: спокойным, уверенным, привычным шагом подошла к скамейке, увидела Анну Егоровну; нас она не видела, не было ей дела ни до кого, кроме Оли и Анны Егоровны, — она скользнула по нашим лицам невидящим взглядом, отвернулась и, уже отвернувшись, вдруг узнала, вспомнила меня и поняла, кто рядом со мной: Лева был похож на мать. По ее сразу изменившемуся лицу, по тому, каким злым и неприступным оно стало, я и понял, что она узнала нас.

Анна Егоровна поднялась...

Я тоже поднялся.

— Здравствуйте, Анна Моисеевна!

Показываю на мать:

— Познакомьтесь, Левина мать.

Она не ответила на мое приветствие, не пожелала знакомиться с мамой.

Поправила на Олечке берет...

— Льва Яковлевича отозвали в Москву, в распоряжение Наркомата путей сообщения. Там он получит новое назначение и, если сочтет нужным, сообщит вам свой адрес.

Говорила четко, ясно, категорически, как топором рубила, — чужой, враждебный человек. «Если сочтет нужным», а?! Как это вам нравится? От ее хамства, грубости, бессердечности я растерялся, хотя был готов ко всему, но т а к о г о не ожидал. Скажи такое мужчина, я бы нашел что ответить. Но передо мной стояла женщина, рвань, но женщина, вступать с ней в перебранку при девочке, при домработнице я не мог, и я примирительно говорю:

— У нас большое горе, Анна Моисеевна, отца арестовали.

— Ну что ж, — хладнокровно отвечает она, — не надо заниматься махинациями, жить надо честно.

И тогда мама сказала:

— У нас не одно горе, у нас два горя. Первое вы знаете, второе — это то, что Лева связался с такой дрянью.

Анна Моисеевна ничего не ответила, ее задача была не разговаривать с нами, а сразу отрезать, показать, что мы ей чужие.

Они ушли. Только Анна Егоровна задержалась, собирая Олечкины совки и лопатки, и сказала:

— Прощевайте!

Переночевали мы у Рудаковых, наших земляков, ну а земляки, конечно, все знают. Что касается адвокатов, то, как сказали наши земляки, о Терещенко не может быть и речи: мелкий ходатай по делам, спился, пишет на базаре прошения... Есть дельные адвокаты: Петров, Шульман, Велембицкая... Но Дольский! До Дольского им всем далеко. Если бы Дольский!

Словом, мать возвращается домой, а я сажусь в поезд и еду в Киев...

Не буду обременять вас подробностями того, как я пробился к Дольскому. Все хотели Дольского, всем был нужен Дольский, все его ждали, ловили, искали. Он был из адвокатов, уяснивших простую истину: чем труднее до них добраться, тем больше людей стремятся это сделать; если человек всем нужен, то это, безусловно, ценный человек, а ценному человеку — большая цена. Я пробивался к нему ровно неделю и наконец пробился. Он выслушал и про фабрику, и про газету, и про отца, и про Швейцарию, и про брата Леву — словом, про все. Надо отдать ему справедливость: когда уж вы до него добирались, он вас слушал, вникал в дело, этого у него не отнимешь — внимательный, холеный, несколько старомодно одетый господин с бородкой и длинными, пышными, как у певца, волосами. Солидная внешность. Для адвоката это имеет немалое значение.

Но ехать на процесс он отказался.

— При всем моем желании вам помочь, — произнес Дольский красивым, внушительным голосом человека, которого неудобно и нельзя перебить: такой голос, несомненно, должен производить впечатление и на судей и на публику, — выехать сейчас из Киева я не могу. Я связан другими делами и не имею права их бросить. Вот, убедитесь. — Он перелистал листки календаря. — Этот месяц и следующий заполнены до отказа. Будем надеяться, что дело вашего отца не примет дурного оборота, в том, что вы рассказали, я не вижу криминала. Если все же решение суда будет неблагоприятным, то обещаю заняться им в порядке кассации, когда дело перейдет в Киев.

Что я мог возразить, когда человек действительно занят до отказа и я собственными глазами вижу на календаре, что нет ни одного свободного дня? И что для него какая-то обувная фабрика в маленьком городишке, когда он гремит на всю Украину и на весь Союз, все к нему рвутся и не всем удается даже поговорить с ним!

— Как только дело поступит в Киев, известите меня, — говорит Дольский и встает, давая понять, что визит окончен. И я понимаю, что визит окончен, но за визит надо заплатить, вынимаю бумажник, но он отводит мою руку: — Ничего не надо, я еще вашего дела не веду.

Возвращаюсь в Чернигов и отправляюсь в юридическую консультацию. Что такое юридическая консультация, вы, наверно, знаете... Две крохотные комнатушки, в одной юристы, в другой ожидают клиенты, те, чья очередь подходит, а у кого дальняя очередь, те ожидают на улице: комнатка маленькая, а очередь громадная. Прождал я часа два, вхожу, плачу секретарше что положено за консультацию, прошу к Петрову — болен, прошу к Шульману — Шульман в суде, остаются Велембицкая и, представьте себе, Терещенко. Я, конечно, выбираю Велембицкую, но, оказывается, она уже взялась защищать трех человек по нашему делу. И, как я потом узнал, Петров будет защищать Сидорова, а Шульман — еще двух. Остается Терещенко. Пока я в Киеве бегал за Дольским, всех хороших адвокатов разобрали. Что делать? Ведь мама сказала: не получится с Дольским — иди к Терещенко.

И вот я в комнате юристов и вижу за столом сухонького старичка с бритым лицом и красным носом, маленького человечка с громким голосом. Знаете, бывают такие коротышки с голосами, как труба, и, наоборот, великаны с голосами, как свисток. Я сажусь против Терещенко, он перебирает бумаги на столе, на меня не смотрит, произносит сиплым басом:

— Я вас слушаю.

Я рассказываю, откуда приехал, называю свою фамилию и, так как не уверен, что он эту фамилию знает, говорю, что обращаюсь к нему по совету моего дедушки Рахленко.

И когда я произношу фамилию Рахленко, он поднимает глаза, внимательно смотрит на меня, усмехается, прямо так откровенно и ехидно усмехается: вот, мол, довелось ему встретиться с этой семейкой, пришлось этой семейке обратиться к нему за помощью, — и я пожалел, что не уговорил Велембицкую взять и дело моего отца, выбрал Терещенко, мелкого и мстительного человека. Только мелкий и мстительный человек может торжествовать и злорадно улыбаться тому, кто пришел к нему с таким несчастьем, как наше несчастье, с таким горем, как наше горе.

Но деваться некуда, не могу же я встать и сказать: «Я вас не желаю, я желаю другого адвоката потому, что вы посмотрели на меня не так, как следовало посмотреть, и улыбнулись не так, как следовало улыбнуться».

Согласитесь, такой демарш с моей стороны, такой скандал был бы глупостью, все они тут друг за друга, у них профессиональная солидарность, и если я без всяких оснований перейду к другому адвокату, то он встретит меня не лучшим образом.

Деваться, вижу, некуда, и я ему все выкладываю. Он меня слушает, изредка задает вопросы, прикрывая рот ладонью, — признак, что алкаш, алкаш всегда прикрывает рот рукой, чтобы скрыть запах перегара, если в данный момент от него не пахнет водкой, то все равно это движение у него уже автоматическое, чтобы собеседник не мог разобраться, пьяный он или трезвый, с похмелья или не с похмелья.

Словом, я вижу перед собой алкаша, понимаю, что дело плохо, что дедушка был неправ, прав был Иван Карлович, с таким алкашом мы дело проиграем, угробим отца, от Терещенко надо отделаться, только обдуманно, деликатно; начинать папину защиту со скандала — еще бóльшая глупость.

И, рассказывая ему дело, я напираю на то, что папа из Швейцарии и это, мол, надо иметь в виду. Но Терещенко, прикрыв рот ладонью, отвечает:

— Разве его судят за то, что он родился в Швейцарии? Швейцария тут абсолютно ни при чем.

Да, Терещенко дальше своего носа не видит, мелкий провинциальный адвокат, неспособен ухватить главное, главное — это то, о чем предупреждал Лева.

Потом он вдруг говорит:

— Ваша мать была в свое время очень красивой девушкой.

И опять ехидно улыбается: мол, такая была красавица, могла бы иметь счастливую судьбу, но пренебрегла им, Терещенко, вышла за неудачника и вот по собственной глупости попала в такую ужасную историю.

Меня это взорвало, мне так и хотелось съездить по его бритой роже, но в такой ситуации нельзя давать волю чувствам, надо сдерживать себя, и я сдерживаю себя, ничего ему насчет матери не отвечаю, только думаю, как повернуть дело, чтобы он отказался от защиты.

И тут, к счастью, он спрашивает:

— Ну а как смотрит на это ваш знаменитый брат?

Опять ехидный вопрос, и я этим пользуюсь:

— Брат смотрит пессимистически.

— Да, — соглашается Терещенко, — для такого взгляда есть все основания. Но для окончательного суждения нужно ознакомиться с делом. Приходите ко мне послезавтра в это же время.

Проходит день. Остановился я у земляков, их в Чернигове было много; к тем, у кого я остановился, пришли другие земляки, все сочувствовали папе, все хотели помочь, и речь пошла об адвокатах. И тут мнения разошлись. Одни говорят, что настоящий адвокат только Петров, а Шульман — дерьмо, другие, наоборот: дерьмо — Петров, а настоящий адвокат — Шульман, у третьих дерьмо все: и Петров, и Шульман, и Велембицкая, и Терещенко.

В общем, являюсь в назначенный день к Терещенко, и он мне говорит:

— С делом я ознакомился, дело сложное и, по-видимому, безнадежное.

— Ну что ж, — отвечаю, — раз оно для вас безнадежное, то я поговорю еще с кем-нибудь.

— Нет, — говорит он, — обязанность адвоката — защищать обвиняемого в любом, даже самом безнадежном деле. Тем более следствие закончено, процесс состоится, возможно, в ближайшие дни, у вас нет времени выбирать. Дело буду вести я. Оформляйте у секретаря документы.

Я намекаю:

— Надо договориться...

Он казенным голосом меня обрывает:

— Никакой особой договоренности быть не может, обратитесь к секретарю.

Оформляю, плачу в кассу что положено и возвращаюсь домой с тяжелым сердцем: дело попало в плохие руки, и виноват я, никто другой. Пока я в Киеве гонялся за Дольским, все лучшие черниговские адвокаты разобраны, они будут защищать других подсудимых, а моего отца будет защищать алкоголик Терещенко, он, конечно, не забыл, как моя мать отвергла его ухаживания, как дедушка выкинул его на улицу вместе со штиблетами и как дядя Гриша разукрасил его, словно бог черепаху, и не где-нибудь в глухом переулке, а при всем честном народе на железнодорожной станции, где гуляла вся наша городская интеллигенция.

Но дома маме я говорю, что все хорошо, с Дольским я договорился, он включится, если дело перейдет в Киев, с Терещенко тоже договорился, он произвел на меня благоприятное впечатление, наши земляки были неправы, давая ему отрицательную характеристику.

Мать меня выслушала и молча кивнула. Она вообще теперь мало говорила...

Жизнь ее остановилась на том мгновении, когда отца увели из дома; наша жизнь продолжалась — я имею в виду: моя жизнь, моих братьев, сестер, дядей, родных, — никуда не денешься, жизнь идет, ведь даже когда умирает близкий человек, все равно жизнь продолжается. Но мамина жизнь остановилась, ее жизнью был отец, другой жизни у нее не было, другой жизни она не знала. Не подумайте, что я хоть на йоту примирился с судьбой отца, я делал все для его спасения, но я жил в реальном мире, работал на производстве, на мне фактически была семья, мысль об отце не выходила у меня из головы, но в голове находилось место и для других мыслей, иначе нельзя жить и работать. У моей матери места и времени для других мыслей не находилось. Ее единственной мыслью был отец и только отец. И я благодарю судьбу за то, что в это тяжелое время ничего другого не произошло, ни с кем из нас ничего не случилось, потому что знаю, как бы повела себя мать, и мне страшна мысль, что, возможно, перед тяжкой судьбой отца ее могло бы оставить равнодушной или недостаточно внимательной любое другое несчастье, даже если бы оно касалось ее детей. Детей у нее было семеро, а муж, ее Яков, один-единственный, на всю жизнь.

Проходит, однако, неделя, другая, а суда нет и нет. То я, то мать ездим в Чернигов, возим отцу передачи, потом мать остается в Чернигове готовить отцу пищу и носить передачи: на тюремных харчах и здоровый не проживет, а папа привык к домашней пище, и не просто домашней, а к маминой. Все было подчинено отцу. Я отдаю всю зарплату, Ефим присылает, сколько может, и Лева, надо отдать ему должное, тоже прислал деньги.

Приехали Люба с Володей из Ленинграда, хотели забрать Игоря, чтобы не обременять мать, ей и без Игоря хватает хлопот, к тому же она почти все время в Чернигове, но куда им деть Игоря — в общежитии? Игоря взяли к себе дедушка и бабушка, тем более с ними жил дядя Гриша с семьей, а в большой семье еще один ребенок не проблема. И есть кое-какое барахло, мама велела его продать, чтобы отец имел в тюрьме и куриный бульон, и свежее масло с базара, и фрукты. Между прочим, ничего этого отец не имел, рассказывал потом под большим секретом от матери, что все у него отбирали блатные. Но мать этого не знала, она знала лишь одно: выручить отца из тюрьмы, а пока он в тюрьме, поддерживать его как только можно. И этой задаче она подчинила всех.

Именно тогда я узнал от матери многое из того, что вам рассказал. Мать вспоминала их жизнь от первой встречи на нашей пыльной песчаной улице и до того дня, как отца увели из дома. В эти тяжелые дни, в эти горькие минуты я понял, как могут люди любить друг друга, как могут они пронести свою любовь через всю жизнь. Поэт Маяковский сказал: «Для веселия планета наша мало оборудована». Может быть, не знаю... Но то, что наша жизнь мало оборудована для любви, — это точно.

Между тем начал к нам наезжать Терещенко, будто по каким-то делам в нарсуде, а в действительности по нашему делу, встречался с дедушкой; о чем они говорили, не знаю, дедушка темнил, мне это было обидно: какие могут быть секреты, когда речь идет о моем родном отце? Прикинув, я сообразил, что Терещенко договаривается с дедушкой о гонораре, а может быть, и получает уже в счет гонорара, чтобы подмазать кого нужно, ведь дедушка вырос при старом режиме, когда взятка, или х а б а р, как у нас говорят, была в большом ходу. Я сказал дедушке, чтобы он ничего не давал Терещенко. Дедушка ответил, что он ничего не дает, встречаются они как старые знакомые (хороши знакомые — один другого вышвырнул на улицу!), вспоминают старое время (есть что вспомнить!) и разговаривают о папином деле. Я этому не верил, о папином деле Терещенко с большим успехом мог бы поговорить со мной, все же я мастер цеха и могу рассказать об обстановке на фабрике больше, чем дедушка. Ясно, Терещенко вымогает у старика деньги, знает, у меня он их не получит. Давать деньги Терещенко — это значит выбрасывать их на ветер, толку от него не будет, а деньги нам нужны: передачи, дети, предстоит Дольский, и деньги потребуются немалые.

Но дедушка ни в чем не признавался, доказательств у меня не было, и оставалось молчать.

Итак, ждем суда месяц, другой, скоро год, и вдруг как снег на голову: суд будет через неделю и не в Чернигове, а здесь, у нас, и не просто суд, а показательный процесс в клубе, и не наш народный суд, а выездная сессия областного суда. В общем, на широкую ногу, и результатов надо ждать самых скверных.

Клуб был набит до отказа, яблоку негде упасть. Процесс длился три дня. Эти три дня были самыми черными днями моей жизни. На фронте я видел смерть лицом к лицу, но видеть на скамье подсудимых отца, кристально честного человека, ни в чем не повинного, — что может быть ужаснее? За этот год, из них восемь месяцев тюрьмы в ожидании суда, отец постарел лет на десять, осунулся, похудел, сгорбился. Он не умел хитрить, выкручиваться, отвечал не то, что нужно, и не так, как нужно. И у него опять, черт побери, извините меня, но именно черт побери, было виноватое лицо, будто он действительно в чем-то виноват. Только хорошо знавшие папу люди понимали и знали, что виноватое выражение у него от смущения, от деликатности, от того, что именно из-за него заварилась такая каша, из-за него здесь собралось столько народа и, главное, что он должен возражать судье и прокурору, говоривщим полную чепуху, обнаружившим вопиющее невежество в нашем производстве, и отцу было неудобно поправлять их, он не любил и не умел ставить других в смешное положение.

Между прочим, судью — фамилия его была Шейдлин — я знал еще по двадцатым годам. Был у нас такой парень, Семка Шейдлин, хохмач, балагур, в общем, трепач, но безвредный, со всеми ладил, со всеми дружил, особенно с моим братом Левой, когда тот был секретарем укома комсомола, состоял, так сказать, при Леве, во всем ему поддакивал, умел вставить острое словцо — Леве это нравилось, и он ему покровительствовал. Семка околачивался на мебельной фабрике, не помню, кем работал, скорее всего зарабатывал производственный стаж, тем более отец его был бухгалтер, то есть «служащий». Ничем, кроме своего балагурства, Семка не выделялся, разве еще тем, что парень был очень неспортивный, едва сдал нормы ГТО, этакий толстогубый увалень, и когда мы играли в футбол, сидел на краю поля и отпускал в наш адрес разные шуточки. Впрочем, он скоро уехал учиться, окончил институт совправа, работал в областном суде, к нам не приезжал, тем более родители его куда-то переехали, и вот через десять лет, пожалуйста, явился — председатель выездной сессии областного суда, такой же низенький, толстогубый, в гимнастерке с широким ремнем, бриджах и сапогах; пополнел, полысел, глаза выпученные. Не знаю, остался ли он таким же хохмачом и балагуром, каким был раньше, но, как вы понимаете, на суде он не хохмил, не балагурил, сидел хмурый, желчный, отчужденный, будто он здесь впервые, нет у него здесь ни родных, ни знакомых, и было ясно, что он всех засудит, в том числе и моего отца, отца своего бывшего друга и покровителя.

Обвинительное заключение читали полдня. И хотя мне и всем работавшим на фабрике было ясно, что все это «липа», публике это было неясно. Когда читают такое длинное обвинительное заключение, то уже само по себе оно звучит убедительно. Перечислены всякие цифры, факты, специальные термины, данные, свидетельские показания, показания обвиняемых, все это свалено в кучу, и правда и неправда, и если действительный жулик и вор признался в своем воровстве и после него тут же упоминается его сослуживец, мой отец, то сидящий в зале обыватель убежден, что отец тоже вор, и Сидоров вор, и все остальные опять же воры и жулики, — обвинение связало их одной веревочкой.

Шейдлин спросил отца, зачем он переехал в Россию. Отец ответил, что так пожелала жена. Шейдлин усмехнулся, и судьи усмехнулись, и прокурор, и, согласитесь, это на самом деле прозвучало не только не убедительно, но и смешно. Кто поверит, что муж подчинился жене, что его вела любовь?! О какой любви может идти речь, когда дело касается хищений, растрат и выполнения плана по ассортименту? Рядом с такими словами слово «любовь» звучит как насмешка над судом.

У директора Сидорова биография была чистой: потомственный рабочий из Донбасса, коммунист, участник гражданской войны, к оппозициям не примыкал, в уклонах не участвовал — словом, не придерешься... Но как раз к этому прокурор и придрался: для чужаков и социально чуждых элементов требуется именно такое прикрытие, именно такой внешне безупречный человек им и нужен, чтобы за его спиной творить свои черные дела. Сидоров дал этой банде свое якобы чистое имя, свою якобы безупречную репутацию. И потому из всех десяти Сидоров самый коварный и вероломный враг. От остальных, кроме вредительства, и ожидать нечего, их нетрудно распознать, а Сидоров замаскировался под честного коммуниста, чтобы этим чужакам было легче вредить.

На такой демагогии был построен процесс. Лева это предсказывал и был прав. И потому адвокаты Петров, Шульман и Велембицкая отбивали своих подзащитных именно по этой, политической, линии, понимали, что в ней-то вся опасность. Петров напирал на биографию Сидорова, на его честность и бескорыстие: его, мол, использовали как человека малограмотного, всего четыре класса, но, несмотря на малое образование, он, можно сказать, создал эту фабрику, на это и было направлено его внимание, его усилия, и потому он многое проглядел, доверился плохим людям и невольно стал их орудием. Но субъективно он честный человек, не вор, не жулик, не чужак, и суд должен принять это во внимание. Адвокат Шульман, защищавший главного инженера Романюка, между прочим прекрасного специалиста, указал, что его подзащитный еще пятнадцатилетним мальчиком вступил в комсомол, порвал с отцом — бывшим петлюровцем.

И только один человек не понимал, в чем истинная суть. Этим человеком был наш защитник Терещенко. В этом Лева тоже оказался прав. Терещенко ничего не говорил о Швейцарии, только мимоходом отметил, что отец приехал в Россию в 1911 году, и попросил занести это в протокол. Вообще он все требовал занести в протокол, всякую мелочь и ерунду, чем раздражал Шейдлина и вызывал смех в зале. Но это еще можно простить: мелкий провинциальный адвокат, формалист, буквоед, ладно! Дело в другом. Он не только не касался политической стороны дела, не только не доказывал, что отец честный человек, ничего себе не брал и ничего у него не нашли, он, понимаете ли, пошел по чистым мелочам: накладная номер такой-то, партия товара номер такой-то, отправка от такого-то числа, заприходовано тогда-то, отпущено тогда-то, ага, вместо этого сорта отпущен другой, допускается это или не допускается? Не допускается? Позвольте, а инструкция Наркомата легкой промышленности номер такой-то от такого-то числа?! Значит, допускается! Прошу приобщить к делу инструкцию. И циркуляр номер такой-то от такого-то числа тоже прошу приобщить к делу. Какая норма полагается на обрезки? Какая?.. Извините! Позвольте зачитать извлечение из циркуляра номер такой-то, от такого-то числа, прошу приобщить к делу. И дополнительное разъяснение к циркуляру от такого-то числа, за номером таким-то также прошу приобщить к делу... И цифры выполнения плана прошу внести в протокол... Нет, позвольте, не только годовые, но и квартальные, и заключение балансовой комиссии за отчетный год прошу приобщить, и за другой отчетный год... Заключения балансовой комиссии не соответствуют заключению ревизии? Тем более требую приобщения этих документов к делу... В общем, изводит публику скукой, мордует суд мелочью и канителью, а судье Шейдлину этого не нужно. Шейдлин торопится огласить приговор, он обрывает Терещенко... Тогда Терещенко требует занести в протокол, что судья обрывает его и тем нарушает пункт такой-то процессуального кодекса. И Шейдлин уступает, не хочет дать Терещенко повод для кассации.

И я вижу, что из всех адвокатов по существу дела подготовился только один Терещенко. И начинаю догадываться, зачем он к нам приезжал, о чем говорил с дедушкой, с какими документами знакомился. Начинаю понимать его тактику. И до меня постепенно доходит, что министерский ум в данном случае не у моего брата Левы, а у пропойцы Терещенко, который, кстати сказать, во время процесса не взял в рот ни капли и даже не прикрывал рот ладонью...

Терещенко произнес и самую длинную и самую скучную защитительную речь, ни слова не сказал, что за человек мой отец, не сказал, что у него семья, дети, и неплохие дети: рабочие, комсомольцы, красноармейцы, студенты, — ничего этого он не сказал, бил не на чувства, не на эмоции, а на факты, на цифры, на документы, а публике, сами понимаете, это неинтересно. Когда Петров, Шульман и Велембицкая защищали своих подзащитных, то все чуть ли не плакали, а когда говорил Терещенко, никто не плакал, от номеров накладных, циркуляров и инструкций не заплачешь. Но Терещенко было плевать на публику — не публика выносит приговор, а суд. Но и на суд ему было плевать... Ему, понимаете ли, был важен п р о т о к о л судебного заседания, он следил, чтобы все записывалось; и потом, когда был вынесен приговор и отца, и Сидорова, и Романюка — всех осудили, Терещенко засел в канцелярии суда и написал семьдесят страниц дополнений к протоколу, то есть то, что секретарь не успела записать. Я эти семьдесят страниц видел собственными глазами, судья Шейдлин их разрешил приобщить к делу, они соответствовали истине, и опять же речь в них шла о всяких мелочах, и такой есть порядок, что после заседания можно вносить добавления или исправления в протокол, если, конечно, что-то оказалось пропущенным.

Приговор был такой: Сидорову и главному инженеру Романюку — десятка, остальным — кому восемь, кому пять, отцу — пять за халатность при исполнении служебных обязанностей. Приговор довольно мягкий, надо сказать. Срок обжалования — десять дней.

И вот Терещенко садится и пишет обстоятельную, очень подробную и мотивированную жалобу в Верховный суд республики. Пишет, что суд нарушил такие-то и такие-то статьи закона, пренебрег такими-то и такими-то показаниями свидетелей, явно исказил такие-то и такие-то очевидные факты, полностью игнорировал такие-то инструкции, циркуляры и директивы вышестоящих органов и учреждений, — в общем, факт за фактом, цифра за цифрой разбирает дело, не оставляет камня на камне, доказывает, что никаких данных для уголовного обвинения нет и, следовательно, нет данных и для обвинения политического. Каждое свое доказательство он подкреплял материалами дела, страница такая-то и такая-то, документ такой-то и такой-то — словом, доказал железно.

Было бы неправильно утверждать, что только один Терещенко спас моего отца. Помогло то, что дело шло по обычному, уголовному суду. Но из всех защитников только один Терещенко это правильно учуял и сумел придать делу чисто уголовный вид. Я смотрел дело... Это так говорится: «дело»... Это несколько томов, и, поверьте, на девять десятых они были заполнены тем, что насобирал, наговорил, написал Терещенко, то есть не патетикой, а существом. А существо заключалось в том, что на фабрике в свое время были два вора, Сидоров их выгнал, отдал под суд, а прокурор имел глупость их, уже осужденных, выставить в качестве свидетелей обвинения.

Не скрою, я покривил душой перед Терещенко. Вслед за жалобой я сам отправился в Киев, к Дольскому. Одно дело, думаю, у нас, другое — в Киеве. В Киеве Терещенко — никто, а Дольский — фигура. Хотя Терещенко составил прекрасную жалобу, но на нее могут не обратить внимания, а если с ней выступит Дольский, то обратят.

Опять я неделю добивался Дольского, а когда добился, он мне говорит:

— Терещенко вел дело гениально, я всегда считал его крупнейшим юристом и рад, что он возрождается к новой жизни. Я прослежу и за вашей и за другими жалобами по этому делу.

В общем, надо ждать, и мы ждем.

И вот приходит телеграмма от Дольского: «Дело возвращено областной суд новое рассмотрение новом составе суда...»

Конечно, еще неизвестно, что решит новый состав суда. Но приговор отменен, дело пересматривается, и, наверное, не для того, чтобы прибавить срок... Новые волнения, новые беспокойства, было бы лучше просто прекратить дело, но и так слава богу: появился шанс на спасение.

Выезжаем с мамой в Чернигов, являемся к Терещенко, он все знает, но надо ждать, когда дело будет назначено к новому слушанию... Снова ждать и томиться, томиться и ждать...

Не буду затруднять вас подробностями. Суд состоялся месяца через три, не у нас, а в Чернигове, не показательный, а обыкновенный и длился не три дня, а несколько часов. Отцу дали год условно, Сидорову год заключения, но с учетом, что он больше года уже отсидел, освободили из-под стражи, остальным — кому условно, кому сократили срок, в общем, чтобы не платить зарплаты за те полтора года, что люди зря просидели.

10

И вот отец дома... Финиковое дерево на Северном полюсе... И такое финиковое дерево мы получили.

Не все вернулись на фабрику. Сидоров пошел работать в МТС по своей прошлой специальности — механиком. Отца наш сосед Иван Карлович устроил в депо помощником заведующего деповским складом. Работа не легкая, запасные части к паровозам — это не запасные части к карманным часам; в окошко их не выдашь, через дверь не пронесешь, их на тележках перевозили через ворота, на тележку надо навалить, тележку надо разгрузить, отцу приходилось ворочать дай бог! И ворота из цеха на склад весь день открыты. Конечно, никакого воровства не было: кому нужны паровозные колеса, поршни или шатуны, — но часто рабочие спешили, не оформляли вовремя, мол, успеем, потом оформим, а потом забывали, отсюда недостачи, недоразумения, надо смотреть в оба, за всем углядеть, тем более дело для отца новое. Но, как и со всяким другим делом, отец и с этим быстро освоился, все же опытный складской работник, внимательный, аккуратный, добросовестный, и если кто в спешке возьмет часть и не оформит, отец потом сам подойдет, напомнит, без шума, без скандала, и его за это любили.

Физически он оправился быстро. На суде — согбенный старик, теперь опять красивый мужчина средних лет, седина сделала его еще представительнее. И прибавилась сдержанность, появилась хватка.

Ну, а о матери и говорить нечего. Кончился этот ужас, этот кошмар, ее дорогой Яков снова дома, снова при ней, занимает хорошее место: депо — это, знаете, не ятка, не москательная лавка, не сапожная мастерская, не склад сырья и фурнитуры. Работа на железной дороге, особенно в депо, еще с дореволюционных времен считалась у нас редкой, почетной, а при Советской власти стали работать на железной дороге механики, токари по металлу, слесари. Депо — главное предприятие города, деповский — самая уважаемая профессия, рабочий класс, и вот отец наш тоже стал железнодорожным служащим.

В общем, порядок в танковых частях, в магазинах все есть, уже не говоря о базаре, урожай небывалый, страна шла вперед, мы видели это на примере собственного города, автомобиль перестал быть редкостью, автобусы ходили в самые дальние села, появились тракторы и комбайны, в городе были пущены мясокомбинат, молокозавод и маслозавод, швейная фабрика, строилась мебельная фабрика, расширялась обувная, а о депо и говорить нечего — крупная железнодорожная станция со складами и элеваторами, тут вам и Заготзерно, и Заготскот, и Заготлен, и неподалеку спиртзавод и сахарозавод.

И в доме порядок, все пристроены, кто работает, кто учится; Генрих попал в авиационное училище, исполнилась его мечта, опасался, что из-за отца его не примут, можно понять парня... Положение семьи укрепилось, и я начал снова подумывать о своем образовании. Пора решать, двадцать пять лет уже, еще год-два, и будет поздно.

Как отнеслись к этому мои родители? Не могу на них жаловаться. Но, как вы, наверно, уже заметили, жизнь сложилась так, что без меня мама нашего дома не представляла. Дина, безусловно, будет учиться в консерватории, Саша — не меньше чем в университете. Но я... С ранних лет сапожничаю, рабочий человек, мастер, карьера, так сказать, состоялась, и с чего и для чего, спрашивается, я вдруг пойду учиться? Так думала мать. Однако против не сказала ни слова, но слово «за» тоже не сказала.

Другое дело — отец. Знаете, отец меня любил больше, чем меня любила мать. Не подумайте, что я на нее в обиде. Я очень любил маму, никакой обиды на нее не имел, просто я ее отлично понимал, хорошо ее знал: она уделяла внимание прежде всего тем, кто в нем нуждался. А я не нуждался. Так получилось. Рано стал самостоятельным и сам должен был оказывать внимание братьям, сестрам, дому, с малых лет делил ее заботы о других. Безусловно, если бы со мной что-либо случилось, то мама вывернула бы нашу планету наизнанку. Но со мной ничего не случалось, и особенного повода выворачивать планету наизнанку не было.

А отцу в отличие от матери не надо было повода для выражения любви, не надо было исключительных ситуаций, и я был ему ближе других сыновей: те жили своей жизнью, я жил жизнью родителей. Отец со мной всегда советовался, всем делился, я был ему товарищем и он мне, понимал меня и вовсе не считал, что я навсегда должен принадлежать дому.

Но главную роль сыграла моя сестра Люба. Я с ней переписывался, докладывал, что и как, присылал каракули и рисунки Игоря, а она через меня передавала всякие свои просьбы и указания. Люба была тонкая девочка, всех понимала, и меня и маму, требовала, настаивала, чтобы я поступил в вуз, и подсказала, в какой именно: Ленинградский институт промкооперации; при институте есть заочное отделение, я могу и учиться и работать, и требования для таких, как я, то есть для специалистов практиков, на экзаменах снижены. Но, как понимаете вы, так понимала и Люба: двадцать пять лет не семнадцать, школу-семилетку я окончил десять лет назад, все давно вылетело из головы. И Люба пишет: кроме отпуска, положенного для экзаменов, возьми еще очередной отпуск, присоедини пару недель за свой счет и приезжай в Ленинград на два месяца, я, Володя и мои друзья подготовим тебя к экзаменам. У Любы был талант помогать людям, в этом я убедился не только на собственном примере.

Беру очередной отпуск, беру две недели за свой счет, присоединяю три недели, положенные мне как допущенному к экзаменам, и приезжаю в Ленинград.

Остановился, конечно, у Любы. Володю с последнего курса перевели в Военно-медицинскую академию, дали им хорошую комнату в центре города, мебели никакой, но мебель их не интересовала, ко всему этому они были равнодушны. Как все тогда, они много работали, много занимались, подрабатывали к стипендии: Люба на ночных дежурствах в больнице, Володя вел занятия в санитарных кружках. Деньги небольшие, но Люба с Володей ходили и в консерваторию, и в филармонию, и в театр, и на выставки. Мне это нравилось и было приятно, что и меня они старались, так сказать, приобщить к миру прекрасного. Была у них библиотека: книги по специальности и художественная литература; Люба покупала издания «Академии», отказывала себе во всем, готова была сидеть на одном хлебе, и для Игорька книги тоже покупала. Они тосковали по мальчику, хотя Игорь был в надежных руках, дедушка и бабушка души в нем не чаяли, воспитывали в идеальных условиях, фактически на курорте. И все же трудно по полгода не видеть любимого ребенка. В последний приезд они хотели увезти его, но мама встала стеной.

— Ведь вас целый день нет дома, — говорила она, — на кого вы его оставите? Наймете няньку? Во сколько это вам обойдется? Детский сад? Дедушка с бабушкой, я думаю, не хуже детского сада. Ленинград! Туман и сырость! Людям нечем дышать, каждое яблоко на счету, а здесь он имеет фруктов сколько душе угодно.

Люба и Володя не устояли перед маминым напором, оставили Игоря, на смерть оставили своего единственного, ненаглядного сыночка. Ну ладно, об этом потом...

Бывали у них друзья, пили чай, слушали пластинки. В их доме я впервые услышал Вертинского, Лещенко, Вадима Козина, Клавдию Шульженко. И когда сейчас слышу эти мелодии, вспоминаю Ленинград и нашу молодую жизнь. В молодые годы все хорошо и всюду хорошо. И все же в Ленинграде у Любы и Володи была особенная атмосфера. Не всё они, конечно, знали, но со студенческой скамьи шагнули в пекло боя, оперировали в полевых госпиталях при свечах, коптилках и карманных фонариках, многим сохранили жизнь — вечная им за это слава и благодарность.

А тогда они учились и работали, серьезно учились, много работали, изредка собирались у Любы, пили чай, слушали пластинки, разговаривали о вещах, мне мало знакомых, а иногда и вовсе незнакомых: спектаклях, выставках, концертах, лауреатах международных конкурсов, писателях, восхищались Хемингуэем, особенно девушки. Хемингуэй тогда только входил у нас в моду. Позже я прочитал его книги: «Фиесту», «Прощай, оружие!», книгу рассказов, названия ее не помню, помню только имя героя — Ник Адамс, в нем, как я понимаю, Хемингуэй изобразил самого себя. Но тогда я не знал ни Хемингуэя, ни малоизвестных художников, которыми они тоже восхищались, ни актеров, а про лауреатов международных конкурсов читал только в газетах. Ну, а эти ребята, конечно, далеко ушли вперед, и, когда они спорили, я помалкивал. Сидел, слушал...

Предстояли мне четыре экзамена: русский язык и литературу взяла на себя Люба, физику и химию — Володя, математику — Валя Борисова, подруга Любы, студентка механико-математического факультета Ленинградского университета. Я не тупица, не лопух, понимал свою задачу, ценил их помощь, старался, у них не было оснований жаловаться на меня. Но, как ни говори, им тоже приходилось кое-что обновлять в памяти, на старых конспектах не выедешь. Я им многим обязан, а о Вале Борисовой и говорить нечего — ведь я для нее посторонний человек. В общем, экзамены я сдал благополучно и поступил на заочное отделение Ленинградского института промкооперации. Попрощался с Любой, Володей, Валей, положил в чемодан подарки, сел в поезд и прикатил домой новоиспеченным студентом-заочником.

11

Однако дома меня ожидало страшное известие: в Киеве арестовали Леву, и в газетах, среди других имен врагов народа, мелькает уже имя Ивановского Л. Я., конечно, не на первом месте, но среди сообщников и прочих негодяев.

По правде сказать, я этого ожидал; как, спрашивается, могли не забрать Леву, который работал с ними, всех их знал, дружил, и к тому же его отец из Швейцарии, и сам он родился в Швейцарии, и в Швейцарии у него родственники, и все записано в анкете, никогда он этого не скрывал, приписали ему, наверно, что швейцарский шпион, и дело с концом...

Но, между прочим, когда после смерти Сталина Леву реабилитировали, оказалось, что о Швейцарии даже разговору не было. Он хотел, видите ли, присоединить Черниговскую область к панской Польше. Как вам это понравится? С таким же успехом он мог присоединить Чернигов к Бразилии или к Цейлону. Вот такие глупости тогда выдумывали.

Тут же мы с мамой бросились в Чернигов. Хочешь не хочешь, надо идти к Анне Моисеевне, жена все-таки, что-то знает, надо помочь, осталась одна, с ребенком на руках, жена «врага народа».

Мама к ней не пошла, не простила ей ту встречу. Пошел я один, а мама осталась у Рудаковых, земляков наших.

И вот что мне сказала Анна Моисеевна:

— Мы с Ивановским разъехались год тому назад. В доме остались кое-какие его вещи. Можете их забрать. Анна Егоровна, отдайте вещи Льва Яковлевича.

Что я мог ответить этой дряни?! Повернулся и ушел. А маме сказал, что Анна Моисеевна ничего не знает.

— Как это ничего не знает? — спросила мама. — Муж он ей или не муж?

— Она говорит, что уже год, как разошлись.

— «Разошлись»? Тюрьма их развела, бросила Леву, сволочь! В такой беде бросила!

Переночевали мы у Рудаковых, наших земляков, ну, а земляки, конечно, все знают, оказывается, зря ходил я к Анне Моисеевне, она отреклась от Левы, публично, на собрании, заклеймила как врага народа, об этом было напечатано в областной газете, мы как-то проглядели этот номер, и обоих предыдущих ее мужей тоже посадили, и в рассказе о ней слышался глухой намек на то, что она-то их всех и посадила... Конечно, никто этого доказать не может, приложила она руку или не приложила, и не имеет значения: все равно бы посадили, но, во всяком случае, ясно, рванина, дерьмо, зря я к ней ходил...

Что делать? Едем с мамой в Киев, идем в НКВД, идем в одну тюрьму, идем в другую, сутками стоим в очередях, там нет, здесь нет, наконец, узнали: осужден на десять лет лагерей без права переписки.

Я, конечно, понимаю, что значит «без права переписки», но матери не говорю, пусть у нее останется надежда. И хотя знаю, что все кончено, единственно ради мамы, иду с ней к Дольскому, но Дольский говорит, что дело безнадежное, ничего сделать нельзя и ничего не делайте. И я понимаю, но мама говорит:

— Едем к Терещенко.

Возвращаемся в Чернигов. Терещенко сидит в своей консультации, прикрывает ладонью рот, хватил с утра, но выслушал нас внимательно и ответил вполне резонно:

— Рахиль Абрамовна, вы разумная женщина, и я буду говорить с вами как с разумной женщиной. Если бы был хоть один шанс вызволить вашего сына, я бы взялся. Но этого шанса нет. Такие дела рассматриваются без участия сторон, в закрытом заседании, согласно Указу Президиума ЦИК СССР от пятого декабря тысяча девятьсот тридцать четвертого года. Вы можете, конечно, писать кому угодно, это ничего не даст, таких писем много. Наберитесь мужества и примиритесь с мыслью, что сыну вы ничем помочь не можете.

И, глядя в сторону, как бы между прочим, добавил:

— Думайте о своих детях.

Эти слова не требовали расшифровки, в те времена они были понятны и ребенку: важно, чтобы судьба Левы не отразилась на судьбе его братьев и сестер. Этими словами Терещенко советовал нам поменьше говорить на людях о Леве, а если можно, то и вовсе не говорить.

Представьте, мать поверила Терещенко. Убедил?.. Повлияло предупреждение насчет других детей?.. Или уже израсходованы были душевные силы на спасение отца?.. Не знаю. Вероятно, все вместе... И еще одно... Мать, конечно, любила Леву, родной сын, и какой сын — гордость семьи, гордость матери, и вот погиб ни за грош, она тоже понимала, что погиб... Но где-то в глубине души он был для нее отрезанный ломоть, он единственный отстранился от дела отца, не потому, что не любил отца, не потому, что был злой человек, а потому, что жил по с в о и м законам и сам стал их жертвой. Вот что в глубине своего простого сердца понимала мать. Дело отца было ясное, дело Левы не ясное, политическое, а она в политике не разбиралась, на всякие споры и дискуссии смотрела так: что-то они там между собой не поделили, раньше Лева брал верх над другими, теперь другие взяли верх над ним. Примитивный, обывательский подход, но мать была человеком неискушенным в таких делах, жила в маленьком городке на Украине, не будем судить ее слишком строго. К тому же она сознавала свою ответственность за судьбы остальных детей, все мы теперь под огнем, а Лева все равно обречен, помочь ему ничем нельзя, даже если будешь рвать на себе волосы.

Пришлось примириться. Никто не мог вычеркнуть Леву из памяти, но жизнь вошла в свою колею, такая у жизни способность: куда бы ее ни забрасывало, куда бы ни закручивало и ни выворачивало, все равно она возвращается на свою колею, тем более что никто из нас, кроме Левы, не пострадал. Я не хочу представляться чересчур прозорливым, чересчур проницательным, теперь многие стали умными задним числом, но про себя могу сказать: я ни секунды не сомневался в невиновности моего брата. Я не бог весть какой политик, но газеты читал исправно, читал все отчеты о процессах, это звучало как будто убедительно, но отчет о процессе Сидорова и моего отца тоже был помещен в газете и для человека, не бывшего на суде, тоже, наверно, звучал убедительно, хотя это и была липа. Я слишком хорошо знал Леву, чтобы поверить, что он — убийца и шпион, я слишком уважал нашу партию, чтобы допустить мысль, будто ее возглавляли убийцы и шпионы. Но многие верили в их виновность, верили искренне, потому что рядом с беззаконием совершались исторические дела, страна превращалась в индустриальную державу, народ строил социализм, и мои братья и сестры — без Советской власти, кем бы они были? И поселить в них сомнение я не имел права. Единственное, что мы, не сговариваясь, решили — это не причинять лишней боли родителям, не говорить при них о Леве.

Так проходит несколько месяцев, может быть, полгода, мы не то чтобы примирились с Левиной судьбой, но как-то свыклись с мыслью, что его постигла такая горькая участь. Что же касается его вещей, то хотелось сохранить что-нибудь на память, хотя бы фотографии, но что поделаешь. Обойдемся его детскими снимками, только бы не ходить к Анне Моисеевне, не унижаться, да она, наверно, выбросила или сожгла его фотографии.

И вот, как я уже сказал, проходит полгода, и приезжает наш земляк из Чернигова и сообщает, что Анна Моисеевна тоже арестована и ее постигло то же, что и Леву — десять лет без права переписки.

— Отзовутся ей наши слезы, — сказала мама, — теперь все на себе испытает, мерзавка! Пальцем не пошевельнула, дрянь такая, чтобы помочь Леве, жена называется! Продала мужа, гадина! Пусть бы ее расстреляли, сволочь такую!

Но меня это известие не обрадовало, тем более не утешило: от этого не легче. И скажу честно, мамино злорадство было мне не по душе. Приложила Анна Моисеевна руку к Левиной судьбе или не приложила, это не доказано и, в сущности, не имеет никакого значения: Лева все равно был обречен; скорее всего, ее саму посадили за Леву, как жену. Безусловно, она мерзавка, не помогла Леве, не сочувствовала нашему горю, но ведь остался ребенок, девочка, Оля... Забрали родственники Анны Моисеевны? Не известно. Жаль было девочку, в пять лет круглая сирота.

Прошло несколько горьких месяцев, еще, может быть, полгода прошло или чуть меньше, и вот получаем мы письмо из села Диканьки Полтавской области. Помните Гоголя «Вечера на хуторе близ Диканьки»? Так вот, из этой самой Диканьки получаем мы письмо от Анны Егоровны, бывшей Левиной домработницы, — просит приехать, Олечка у нее, увезла она тогда Олечку из Чернигова и не знает, как быть: своего дома нет, к людям с ребенком не берут, родные ее, Анны Егоровны, все работают, не на кого ребенка оставить, и выходу никакого нету, так прямо и написано: «выходу никакого нету», — и просит она приехать и решить, как, мол, поступать дальше, и адрес указывает.

Задача?!

Мать, конечно, ничего не хочет знать.

— Какое нам дело до этой девочки? Она нам родственница? Она Левина дочь? У ее матери нет родных?! Где ее бабушка, дедушка, дяди, тети? При чем тут мы?!

— Есть, наверно, родственники, — соглашаюсь я, — но Анна Егоровна может не знать их адреса.

— Нас она нашла и их найдет.

— А если не найдет?

— Отдаст в детский дом, не она первая, не она последняя.

— Лева ее любил.

— Любил... Он эту Моисеевну тоже любил. Ты что, собираешься посадить мне еще девчонку на голову? Этого не будет никогда!

Я вовсе не собирался забирать девочку. Куда, спрашивается, ее забирать? Но отойти в сторону я тоже не мог. Анна Егоровна совсем чужая женщина и та не бросила ребенка, а могла бросить: кто ей Оля, небось она таких девочек перенянчила не знаю сколько, а ведь не бросила... И если бы она могла найти родственников Анны Моисеевны, то, конечно, нашла бы. Значит, не нашла. Особенно насторожила в ее письме фраза: «выходу никакого нету». Из этой фразы я понял, что она не может отдать Олю даже в детский дом, нет документов, а без документов куда ее деть? Что же остается? Завезти на вокзал и оставить, заберут в приемник, а оттуда в детский дом? Конечно, Анна Егоровна не такой человек, но и самого лучшего человека обстоятельства могут довести до крайности.

И решил я поговорить с отцом. Отец не видел ни Олю, ни Анну Моисеевну, в наши с мамой споры не вмешивался. И когда остались мы с ним один на один, я ему говорю:

— Что-то надо решать с Олей.

— Забрать? — спрашивает отец и смотрит на меня.

И по тому, к а к он это спросил и к а к посмотрел на меня, я понял, что отец тоже переживает за эту девочку.

— Некуда забирать, — отвечаю я, — маме хватает и нас, и Дины, и Саши, и Игоря. Но надо пристроить девочку, надо помочь этой женщине, может быть, поискать родственников Анны Моисеевны.

И я излагаю свои соображения насчет документов и свои опасения, что девочка в конце концов останется на вокзале, потому что другого выхода у Анны Егоровны нет. И вижу, это предположение подействовало на отца, он, как и я, мысленно представил себе девочку, брошенную на вокзале, и эта картина засела в его голове, как и в моей. И хотя он сказал только два слова: «Надо подумать», — я понял, что отец на моей стороне.

В этот же день или, может быть, на другой, не помню, возник за ужином разговор о деле, которое мне предстояло сделать в выходной. Не помню сейчас, какое именно дело, разве запомнишь все житейские мелочи, знаете, как это бывает в семье, — скапливаются дела на выходной. И мама говорит: «Борис, будет у тебя выходной, надо сделать то-то и то-то».

И тут отец:

— Борису надо отработать этот выходной, чтобы на следующей неделе иметь два свободных дня.

— Зачем? — насторожилась мать, по тону отца сразу догадалась, что он задумал что-то отдельно от нее.

— За один день в Диканьке он не управится, — отвечает отец.

— Что он, интересно, потерял в Диканьке?

— Нужно решить с девочкой, куда-то определить ее.

— Решайте, определяйте! — объявляет мать. — Но мне ее не нужно, и видеть не хочу, хватит, насмотрелась в Чернигове.

— Рахиль, — говорит отец, — никто тебе ее не навязывает, можешь быть спокойной. Но мы не звери, Рахиль, мы люди и не можем бросить ребенка в таком положении. Борис поедет, все выяснит и поможет найти ее родных.

И мать замолчала, увидела, что отец принял категорическое решение. Он редко их принимал вопреки воле матери, но уж если принимал, то окончательно и бесповоротно. И я отрабатываю свой выходной, договариваюсь, что присоединю его к следующему, и готовлюсь выехать в Диканьку... Но ехать мне не пришлось...

Дня за два до выезда, а может быть, даже накануне, точно не помню, прихожу вечером с работы и вижу во дворе на скамеечке — кого бы вы думали? — Анну Егоровну и Олечку. Сидит, понимаете ли, на скамеечке Анна Егоровна, рядом большой узел, а у ног ее играет Олечка, ковыряет что-то щепкой... А неподалеку Игорь, ему уже тогда было года три, играет сам по себе. Оля, выходит, тоже сама по себе, а на самом деле приглядываются друг к другу, и я сразу по этой картине оценил обстановку: мать их не познакомила, не сказала, мол, поиграйте, дети; может быть, наоборот, развела их, сказала Игорю: «Играй у дверей, чтобы я тебя видела, и никуда от дверей не отходи». И по тому, как одиноко сидела на скамейке Анна Егоровна и как Оля играла у ее ног, а сидели они на самом солнцепеке, хотя дело и к вечеру, было видно: сидят давно, несмотря на жару, — Анна Егоровна в теплом пальто, на плечах спущенный с головы пуховый платок, на скамейке, рядом с узлом, — пальтишко и берет Оли; они одеты по-зимнему, приехали со всеми своими пожитками и походили на беженцев. И я понял, что мама их приняла так же, как в свое время приняла меня с ней Анна Моисеевна. Мать хорошая, даже выдающаяся женщина, но довольно мстительная, обид не забывала. Я даже не был уверен, что она их накормила, и действительно, увидел, как Анна Егоровна достала крутое яичко, очистила, посолила и дала Олечке... Вот так вот...

Мама была на кухне, и по ее лицу я понял, что она этих людей к себе не пустит, будет на этом стоять твердо и до конца.

— Давно они здесь? — спросил я.

— С утра сидят, — ответила мать, гремя кастрюлями и не поворачиваясь ко мне.

— Ты их накормила?

— Тут не ресторан.

Я вышел во двор, поздоровался с Анной Егоровной, погладил Олечку по голове, присел рядом и спросил:

— Где Олечкина метрика?

— У меня, — отвечает и достает из глубины своего пальто завернутую в газету метрику. Я ее разворачиваю и читаю: мать — Анна Моисеевна Гуревич, отец — Александр Петрович Палевский, первый, стало быть, муж Анны Моисеевны.

Значит, мое предположение: Анна Егоровна не отдала Олю в детский дом из-за метрики, — отпадает. Но спросить, почему она этого не сделала, у меня, понимаете, язык не поворачивается. Как будто что в этом страшного? Я знаю много хороших людей, прекрасных специалистов, которые воспитывались в детских домах, но спросить у этой женщины, сидящей на солнцепеке в зимнем пальто, почему она не отдала чужого ребенка в детский дом, а забрала к себе, возится и мучается с ним, — задать такой вопрос я не мог. Это было бы не вопросом, а предложением отдать Олю в детский дом, но ведь не за этим предложением она приехала, это она могла сделать и без моего совета, а не сделала.

Спрашиваю:

— Есть у Оли дедушка, бабушка, дяди, вообще родные?

— Должны быть, — отвечает, — в Киеве, а где искать, не знаю.

— А нас как нашли?

— Через ваших земляков, — отвечает.

Я не стал уточнять, через каких именно земляков. В Чернигове их много, с некоторыми Лева поддерживал отношения. Анна Егоровна, может быть, знала их адреса, могла просто встретить на улице: Чернигов не такой уж большой город, не столица. И не в земляках дело. И не в том, как она нас нашла. Дело в том, что именно к нам она привезла девочку. При желании могла бы разыскать и родственников Анны Моисеевны, женщина смекалистая. Но обратилась к нам, привезла Олю к нам... Почему же именно к нам? Я часто потом задумывался над этим: каков, думаю, был ход ее мыслей? Может быть, вы сформулируете это лучше меня, но я понимаю так: она видела нас с матерью несчастными, теперь несчастна Оля, и вот одно несчастье потянулось к другому... Мы Оле чужие люди, это правда, у Оли наверняка есть родные — тоже правда, и все же высшая правда в поступке этой женщины: она видела нас осиротевшими и знала, что мы не можем быть равнодушными к осиротевшей Оле.

Пришел с работы отец, пришли с занятий Дина и Саша, сели обедать, посадили за стол Олю и Анну Егоровну, все шло уже помимо матери, она понимала, что без этих людей никто за стол не сядет, но была не тем человеком, который так быстро сдается: накормила нас и, не убрав со стола, не перемыв посуды, ушла к дедушке и бабушке. И там этот вопрос, конечно, дебатировался: вскоре приходит дедушка посмотреть на Олю и принять участие в семейном совете...

Анна Егоровна убрала со стола, перемыла посуду; Дина играла с Олей и Игорем в разные игры, и в доме стало шумно, потому что когда в доме один ребенок, то это одно, а когда больше одного, то это уже куча мала. Только Саша не играл, молча и задумчиво смотрел на Олю. Маленький еще, сколько ему было? Одиннадцать лет, но уже тогда он остро чувствовал чужое несчастье, сразу угадывал в человеке страдание. Мне кажется, что мама ушла из дома не только в знак протеста, а потому еще, что не могла вынести взгляда Саши, он был ей укором.

И вот, пока Дина играла с детьми, дедушка, папа и я рассмотрели и обсудили дело со всех сторон и приняли такое решение: Оля останется пока у нас, а я попытаюсь разыскать в Киеве родных Анны Моисеевны. Мать, конечно, будет против, но мы ее убедим, а если не убедим, то Олю заберет дедушка к себе, к дяде Грише, они по-прежнему жили вместе.

Позвали Анну Егоровну и объявили ей наше решение. Она сидела на табурете, разгладила аккуратно передник, выслушала нас, поблагодарила вежливо, с достоинством, а потом спрашивает:

— А со мной как поступите?

То есть, понимаете, она не хочет уезжать: то ли не желает оставлять девочку, привязалась к ней, боится, что мы от нее постараемся избавиться, то ли у нее у самой в Диканьке с родными не сладилось. Но и нам Анна Егоровна не нужна, у нас никогда не было домработницы, не тот, знаете, бюджет и не те люди. Однако видим: Анне Егоровне тоже деваться некуда и надо помочь человеку.

Ну ладно, чтобы больше не возвращаться к этому, скажу вам, что отец устроил Анну Егоровну в железнодорожном ФЗУ уборщицей, а со временем и дворником, и она получила при ФЗУ комнатенку, какая положена дворнику, а Оля пока осталась у нас. В Киев я поехал месяца через два-три: когда работаешь мастером на фабрике, не так-то просто выкроить несколько свободных дней. Родных Анны Моисеевны в Киеве я не нашел.

И вот таким образом наша семья пополнилась еще одним человеком, Олей. Вместе с Игорем, выходит, третьим поколением.

12

Рядом с этими событиями происходили и другие...

Девушка, о которой пойдет речь, была из нашего города, окончила в Ленинграде театральное училище и работала в Калинине, в драматическом театре. Словом, актриса из города Калинина. В отпуск приезжала к своим родителям, в один из ее приездов мы и познакомились. То есть что значит познакомились? Я, конечно, знал, что есть такая Соня Вишневская, внучатая племянница Хаима Ягудина, помните, скандалиста, бывшего унтер-офицера, — видел Соню девочкой, потом девушкой, знал, что она актриса, никто в нашем городе больше актером или актрисой не стал. Были музыканты, даже знаменитый дирижер, народный артист СССР, гордость нашего города, я вам о нем уже рассказывал, но актрисой стала только Соня Вишневская, и потому, конечно, я не мог ее не знать. Но одно дело — знать, что есть такая Соня, видеть ее иногда, другое дело — познакомиться и сблизиться.

Тот факт, что она была профессиональная актриса, уже выделял ее. Народ у нас простой, трудовой, профессии обычные, заурядные. А тут, понимаете, актриса из города Калинина, старинного русского города Тверь. И когда она приезжала, то оказыва-

лась в центре внимания, тем более — ходила в ярко-красном са-
рафане на бретельках с голыми загорелыми плечами, волосы
медные не от хны, а от природы, фигуристая, у нас любят, чтобы
женщина имела при себе все, что полагается, умели это ценить,
наш город славился своими красавицами, конкурировал в этом
смысле с городом Сумы.

Родители ее переехали в Днепродзержинск, но в отпуск Соня
продолжала ездить к нам и останавливалась у Хаима Ягудина.
Хаим Ягудин очень гордился такой видной родственницей, на-
зывал ее своей воспитанницей, ему нравилось, что своим видом
и поведением она шокирует наших горожан, этих н е в е ж д и т у-
п и ц; он потакал всем выходкам Сони, и чем меньше эти выходки нравились другим, тем больше нравились ему. Именно в этом,
так сказать, оскорблении общественного вкуса он и считал Соню
своей воспитанницей.

Но это было не так. Хаим Ягудин был скандалист, семидесяти-
пятилетний хулиган, а Соня просто з а в о д и л а. Днем, понимаете, лежала в лесу в гамаке, загорала, а ночью тащила нас на речку купаться. У нас это не было принято, купались мы обычно вечером, а по выходным — днем. Купаться ночью — это завела
Соня. Нам это не просто — утром на работу, а ей ничего — отсы-
пается в гамаке. Разводили на берегу костер, жарили шашлыки,
шашлыки у нас тоже завела Соня, выпивали, выпивать мы умели
и до нее. Соня была веселая, праздничная, хороший товарищ,
умела слушать, слов никаких не стеснялась, и сама могла рассказать анекдот, какой не рискнет рассказать иной мужчина; могла
накинуть на себя чей-нибудь пиджак, если ей было холодно, а
чтобы и владелец пиджака не мерз, накидывала пиджак и на него,
сидели фактически в обнимку. Компанию предпочитала мужскую,
подруг для нее у нас подходящих не было: девушки робкие, зас-
тенчивые, к у р о ч к и, как она их называла, единственно, с кем об-
щалась, так это с акушеркой Лизой Элькиной, та тоже была раз-
битная, компанейская, без предрассудков. Но Лизе Элькиной, аку-
шерке, было трудно участвовать в наших ночных бдениях, и
Соню окружали мы, молодые холостые парни, с в и т а, так сказать. Среди этих парней я, как вы понимаете, был не последним,
хотел понравиться Соне, бравировал своей силой, водку пил ста-
канами, на руках вносил Соню в воду, прыгал с железнодорожного моста, с самой высокой фермы, охранник был свой, пускал, я
прыгал и ласточкой, и сальто делал; Соня была в восторге, хло-
пала в ладоши, целовала меня при всех, и мы лежали на песке, я

в плавках, она в купальнике, обоим по двадцать семь лет, я уже не мальчик, она уже не девочка... И то, что должно было произойти, произошло.

Все обошлось без всякого ломанья, Соня смотрела на эти вещи просто, я ей нравился, ну, а силы у меня были... Я, конечно, был у нее не первый, но мы об этом не говорили, ее прошлое не имело для меня значения. Она должна была дожидаться, пока на ее горизонте появлюсь я? Я ведь тоже не дожидался.

В общем, мы месяц пролежали в постели и не могли с этой постели встать, и чем меньше говорил я, тем больше говорила она: я и такой, и сякой, и таких больше нету, и за что ей такое счастье, и так далее и тому подобное. Все это я принимал за чистую монету, в тот момент это действительно было чистой монетой: я ей нравился, и она мне нравилась. Ну, а когда люди подходят друг другу, стремятся один к другому, то, как вы понимаете, в таком городишке ничто не остается секретом, Соня и не делала из этого секрета, ничего зазорного в наших отношениях не видела: что может быть зазорного в любви? И оба мы на виду... Какой, спрашивается, вывод должен я из этого сделать?

Что касается Хаима Ягудина, то наша связь, тем более в его доме, была для него чистым подарком. Он как бы считал, что не мы, а он наносит этим еще одну пощечину общественному мнению, и он услужал Соне как мог, просто расстилался перед ней. Утром, когда мы с Соней еще спали, он своей палкой наводил в доме тишину, чтобы, упаси бог, нас не разбудили (а как раз стук его палки нас и будил), заставлял домашних чистить и драить Сонину комнату, менять ей постельное белье, подавать чистое полотенце; между прочим, полотенце сам подавал, и знаете, что он еще ей подавал, причем прямо в постель, вы не поверите... Кофе! Да, да! Откуда он это перенял, черт его знает, но считал очень шикарным — подавать утром кофе прямо в постель.

Слышал, как мы просыпались, стучал в дверь:

— Разрешите?

Входил торжественно, в одной руке палка, в другой поднос, на нем кофейник, молочник, сахарница, две чашки. Ставил на тумбочку, каждый раз спрашивал:

— Черный, с молоком?

Хотя знал, что мы пьем только с молоком, без молока это пойло пить никак нельзя: сами понимаете, в лучшем случае цикорий, а то и просто морковный кофе.

— С сахаром, без?

— С сахаром.

— Кусочек, два?

— Два.

Разливал кофе по чашкам, добавлял молоко, опускал сахар и, заметьте, брал его не пальцами, а щипчиками. В общем, показывал изысканные манеры.

Родных детей, прекрасных работяг, уже взрослых, на шее которых просидел всю жизнь, третировал и унижал, а перед Соней, дальней родственницей, троюродной племянницей, которую видел раз в год, расстилался... Соня льстила его тщеславию.

Соня относилась к старику снисходительно: пусть, мол, тешит свое самолюбие. За глаза подтрунивала над ним, но в глаза, упаси бог, жалела, была с ним ласкова и внимательна. Когда, скажем, в дождь, в непогоду мы не шли на речку, собирались у нее, она сажала Хаима во главе стола, он был здесь, так сказать, центральным лицом, и просила:

— Дядя Хаим, расскажите что-нибудь.

И дядя Хаим начинал врать и сочинять бог весть что, какой он был герой и как чествовали его генералы от кавалерии и генералы от инфантерии, чуть ли не ближайшие его друзья и приятели.

Но больше всего он рассказывал о светлейшем князе Варшавском, графе Эриванском, генерал-фельдмаршале Иване Федоровиче Паскевиче, том самом, который воевал против турок, взял Эрзерум, а потом воевал против поляков и взял Варшаву, а еще позже вел Венгерскую войну и взял Будапешт. И о Паскевиче Хаим Ягудин тоже рассказывал как о своем ближайшем приятеле, собутыльнике, партнере за карточным столом и товарище по амурным похождениям.

Вы, надеюсь, понимаете дистанцию между унтер-офицером и фельдмаршалом, между Хаимом Ягудиным и светлейшим князем Варшавским и графом Эриванским?.. Но главное не это. Главное то, что светлейший и сиятельный умер в 1856 году, когда Хаима Ягудина еще не было на свете. Хаим же рассказывал о нем так, будто провел с ним лучшие годы своей бурной юности.

Дело в том, что князю Паскевичу принадлежал когда-то город Гомель, там до сих пор сохранился его шикарный дворец, и вся наша округа, — а наш город ближе к Гомелю, чем к Чернигову, — так вот вся наша округа испокон веку считала себя причастной к такой знаменитости, а Хаим Ягудин — больше всех, чуть ли не родня. Про Паскевича у нас сохранились всякие предания, рассказы, анекдоты, небылицы, мы их хорошо знали, но Хаим Ягудин рассказывал их так, будто сам был их участником. Мы знали, что он врет как сивый мерин, но Соне это было интересно, она слушала, смеялась, удивлялась, и чем больше она слушала, смеялась и удивлялась, тем больше врал старик.

Я как-то сказал Соне, что Паскевич умер задолго до того, как на свете появился Хаим Ягудин.

Но она беспечно ответила:

— Какое это имеет значение? Он прекрасный рассказчик.

И позволяла ему врать и сочинять вволю, и за это он еще больше обожал Соню, боготворил ее. Единственно, что она ему запретила, — это выгонять из-за стола детей и внуков, он, видите ли, считал их недостойными такого избранного общества. Но Соню он не смел ослушаться, подчинился, за столом сидели все, и все слушали его байки. И весь город знал про наши с Соней отношения, весь город знал, что Хаим Ягудин подает нам кофе в постель...

Какой вывод я должен из всего этого сделать? Вывод один: мы должны пожениться.

Но кто такой я и кто такая она? Я сапожник. Учусь, правда, на заочном факультете Ленинградского технологического института... Почему технологического? Да, я поступил в институт промкооперации, но в 1939 году его преобразовали в технологический... Так вот, учусь на четвертом курсе, без пяти минут инженер, мастер цеха, и все равно обувщик, ординарная профессия. А она актриса, и не где-нибудь, а в одном из старейших театров страны, в городе Калинине, рядом с Москвой и Ленинградом, и кто знает, может быть, станет народной артисткой СССР...

Как в таких условиях я мог сделать ей предложение? Хотя бы какой-нибудь ее намек, косвенный вопрос: что, мол, будет дальше? Никакого намека, никакого вопроса, ни прямого, ни косвенного. Почему, отчего? Привыкла к мимолетным связям? Занята только своим искусством, а все остальное обуза? Не видела во мне перспективы для себя? Или кто-то у нее есть в Калинине? Не знаю. Факт остается фактом: она не давала повода заговорить о нашем будущем, а я не мог, гордость мешала — она может подумать, что мною руководит желание приобщиться к ее яркой жизни, с ее помощью вырваться из скуки нашего городка, а это было не так, я действительно любил ее, но самолюбие не позволяло мне сделать ей предложение.

В этой позиции меня укрепил ее отъезд. С билетами тогда было трудно, тем более поезд проходящий, я бегал на станцию, обеспечил ей билет в мягком вагоне, эти заботы мне были приятны. Но я надеялся, что последний вечер, последнюю ночь мы проведем вместе, я один буду ее провожать, тем более поезд в пять утра... Ничего подобного! Вечером опять костер, прощальный шашлык, ночное купание. Часа в два ночи я говорю:

— Соня, тебе надо собраться.

Она беспечно отвечает:

— Успею.

Уже в четвертом часу пошли к ней, она на самом деле собралась минут за двадцать, всей компанией отправились на станцию, Соня смеялась, веселилась, подошел поезд, она нас всех расцеловала, и меня в т о м ч и с л е, вошла в вагон, поезд двинулся, скорый поезд стоит у нас всего две минуты, и с площадки крикнула:

— Не скучайте!

И поезд ушел.

А я остался. С тяжелым сердцем остался. И чем дальше, тем тяжелее мне было. Неужели просто так, дачный романчик? Тяжело с этим примириться: я действительно любил ее. Т а к о г о у меня еще не было, такое было впервые. И после всего, после наших ночей, после всех слов ни обещания приехать, ни приглашения приехать к ней, ни просьбы писать, словом, обрубила, и дело с концом.

Конечно, никому я своего настроения не показывал. И никто ничего не заметил, кроме матери. Мать, конечно, знала о моем романе с Соней, но ни разу со мной об этом не заговорила, на такие вещи у нас в семье смотрят просто, без ханжества, тем более мне уже под тридцать, и хотя мать относилась к Соне отрицательно, но ничего не говорила, Соня уехала, и слава богу!

Проходит месяц, другой, и получаю от Сони письмо. Ничего особенного в этом письме не было... «Здравствуй, Борик» — так она меня называла, как, мол, живешь, как наша к о м п а ш к а, всех я помню, всех люблю, по всем скучаю, передавай привет, черкни пару слов... И на конверте обратный адрес.

Ничего особенного, а все же п и с ь м о! Значит, не все кончено, не интрижка, не дачный роман. Ответ я сочинял неделю. О чем писать? Городские наши дела ей неинтересны, мои служебные тем более, ну, а о своих чувствах я писать стеснялся да и не умел, написал только: «Все по тебе скучают, а я больше всех».

Ее ответ пришел не скоро, но все же пришел. Опять не слишком подробный, просто дружеский, и все же несколько более обстоятельный и деловой: работает над большой ролью и потому просит извинения за краткость, да еще много времени отнимают квартирные хлопоты — ей обещали комнату.

В общем, начали мы переписываться.

В переписке с женщиной есть секрет, какой именно, объяснить не могу. Разлука отдаляет, но и сближает: скучаешь, в голову приходят всякие мысли, и вдруг письмо, ты читаешь и видишь, что она о тебе тоже думает. Конечно, приятно получать письма от родных, от знакомых. Но чем делится родственник? Заботами. Когда он пишет? Когда ему плохо. А друзья, знакомые в наш век вообще не пишут, а если пишут, то чтобы отметиться, поэтому и пошла мода на поздравительные открытки, я, наверно, от полсотни людей получаю четыре раза в год поздравительные открытки, ничего не поделаешь, приходится отвечать. Но это между прочим. А в письмах женщины есть секрет: долго их не получаешь — сердце ноет, получаешь — сердце вздрагивает. Ничего особенного Соня не писала, но все равно, когда женщина от тебя за тысячу километров, то самые незначительные вещи кажутся значительными.

В январе сорокового года надо мне ехать в Ленинград на сессию. Пишу об этом Соне. Она мне отвечает: «Будешь в Ленинграде, заезжай в Калинин». И после сессии, на обратном пути, делаю остановку в Калинине. Соня меня встречает, получила мою телеграмму, она в шубке, меховой шапке, краснощекая, возбужденная, целует меня, но себя не дает как следует поцеловать, смеется: «Потом, потом, успеешь...»

Надо бы закомпостировать билет на завтра, но она торопится на репетицию, и неудобно, знаете, сразу проявлять такую предусмотрительность: приехал к любимой — и первым делом думает о билете, нетактично...

Садимся в трамвай и едем к ней.

Привозит она меня к себе домой и убегает на репетицию.

Снимала она комнатенку в старом, покосившемся домике, каких у нас, в нашем городе, и не встретишь. А ведь Калинин областной центр, справа Москва, слева Ленинград. И вот, пожалуйста, такая халупа... Комната крохотная, проходить надо через комнату хозяев, старик со старухой, оба горькие пьяницы, запустение, нищета. У Сони, правда, чисто, но все равно я был поражен ее неустроенностью: деревянный топчан с волосяным матрацем, табуретка, кухонный столик, вещи в чемоданах, на окне вместо занавески — газетный лист на кнопках. Понимаю, нет своего дома, своей комнаты, все чужое, временное, наемное, да и что такое жизнь актрисы? Скитания. И все же... Там, у нас, ее жизнь представлялась совсем другой.

Часа через три Соня вернулась веселая, оживленная:

— Вечер наш, что будем делать?

— Как скажешь, — говорю, — не мешает отметить встречу.

— Тогда приглашаю тебя в «Селигер», поужинаем.

— Прекрасно, я хоть насмотрюсь на тебя.

Она смеется:

— Я тоже соскучилась по тебе.

Ресторан был при гостинице «Селигер», очень приличный с виду ресторан, и сама гостиница новой постройки в стиле тридцатых годов; официанты в черных костюмах, галстук-бабочка, официантки в белых кокошниках, все как полагается, и водка есть, и всякие вина, меню... Приставка «беф» варьировалась во всех видах: беф-строганов, беф-бризе... И подошел официант с блокнотом, наставил карандаш, приготовился записывать, с Соней предупредителен, и с других столиков на нее посматривают, не просто как на заметную женщину, а как на местную знаменитость.

Выпили мы, я основательно. Играл оркестр, я пригласил Соню потанцевать, другие танцевали, но она сказала:

— Не стоит в этом кабаке.

Я допустил оплошность: здесь ей неприлично выставлять себя напоказ.

— Извини, — говорю, — я еще не сориентировался в обстановке.

— Мелочь! — отмахнулась она.

Она говорила о своих делах. В театре засилье великовозрастных актрис, их давно пора убрать, дать дорогу молодым. Но они не уходят и в свои пятьдесят играют семнадцатилетних. Впрочем, она наконец получила настоящую роль и покажет этим развалинам, что такое настоящий театр. Тема эта ее занимала, и я тоже слушал с удовольствием, все было необыкновенно, неожиданно, даже не верилось: я здесь, рядом с ней.

До дома мы добрались не скоро. Шли пешком, она показывала город, Волгу, старинные здания...

Утром она взяла у хозяев кипятку, чай насыпала прямо в стакан, нашли в столе кусок булки, довольно черствой, кусок сыра, весьма заветренный, тем и позавтракали. Соня не обращала внимания на эту скудость, будто именно так и должно быть. Может быть, у нее денег нет, какая зарплата у актрисы!

И я дипломатично говорю:

— Комната у тебя славная, но ходить через хозяев...

— Комната у меня вовсе не славная, — отвечает, — дрянь комната. Но ее оплачивает театр. И при такой конуре у меня больше шансов получить наконец с в о ю комнату, я уже третий год на очереди.

Вы, конечно, помните то время. Сейчас человек размышляет о том, какую ему квартиру взять: с лоджией или без, и годится ли ему район, и какой этаж, и когда можно рассчитывать на телефон. А тогда люди годами, а то и десятилетиями ожидали комнату в коммунальной квартире, хоть какую, хоть где, лишь бы комнату.

И вдруг Соня с улыбкой говорит:

— Получу комнату, переедешь ко мне.

У меня сердце остановилось.

— Ты серьезно?

— Разве ты этого не хочешь?

— Спрашиваешь!

— Миленький, я плохая хозяйка, учти!

— С хозяйством справимся, но почему надо дожидаться комнаты?

— Ты будешь здесь жить?

— Я могу жить где угодно. И я могу снять для нас комнату получше.

Она взяла меня за подбородок, подергала, любила так делать:

— Борик, Борик, ты хочешь оставить меня без жилплощади.

— О чем ты говоришь?!

— Ладно, — сказала она, — летом приеду, все обсудим. Не дуйся, Борик, так будет правильнее.

Почему т а к будет правильнее, я спрашивать не стал. Я был на седьмом небе от счастья, исполнилась моя мечта, и если надо ждать, буду ждать.

В этом счастливом состоянии я уехал и пребывал в нем до самого приезда Сони. Мы переписывались, правда, не слишком регулярно, она писала о театре, о войне со с т а р у х а м и, всем попадало, и все же письма были легкие, смешные, беззлобные. Все зависело от того, в каких отношениях была она со своими коллегами в данный момент... Председатель месткома — хитрая лиса — оказывался милашкой, если хлопотал за ее комнату, псих главреж становился талантом, если хвалил ее на репетиции. Злобы, повторяю, не было, а было так: хорош ты ко мне — значит, светило, плох — значит, бездарь и сукин сын. Впрочем, как я потом убедился, она с этим сукиным сыном пила водку, дружески обнималась и нежно целовалась, не из лицемерия, вовсе нет, а потому что коллега, товарищ по работе, служит искусству, а среди служителей искусства попадаются и сукины сыны.

Соня обещала приехать в июне, но потом сообщила, что приедет в июле. Я был этим очень огорчен, мне хотелось, чтобы она украсила наш семейный праздник. Какой праздник? Сейчас я вам расскажу.

13

Мои родители поженились в тысяча девятьсот десятом году, в июне, значит, их серебряную свадьбу следовало отметить в тридцать пятом. Но где тогда находился мой отец, вы знаете.

Однако летом сорокового года возникла такая ситуация: Генрих сообщил, что приедет в июне в отпуск, тогда же собирались приехать и Люба с Володей, съезжалась фактически вся семья. И у меня возникла идея отпраздновать тридцатилетие совместной жизни моих родителей, тем более в сороковом году отцу исполнялось пятьдесят лет. Тридцать лет — дата! Пятьдесят лет — тоже дата! Почему их не отметить?

На этом празднике мне и хотелось видеть Соню, хотелось таким образом представить ее нашей семье: веселая, компанейская — всем понравится. Но она была занята на гастролях, отложила свой приезд на июль, и задуманный мною праздник пришлось справить без нее.

Как я уже сказал, съезжалась фактически вся семья.

Дело оставалось за Ефимом и Наташей. Кстати, Наташе тоже было бы неплохо наконец познакомиться с родителями ее мужа. Но какой человек был ее муж, мой брат Ефим, я вам уже докладывал: всегда занят, всегда неотложные дела, без него не могут обойтись ни одного часа. Конечно, — и вы это хорошо знаете, — нет такого человека, без которого нельзя обойтись. Но Ефим сам не мог обойтись без своего дела: завод как раз осваивал газогенераторные тракторы ХТЗ-Т2Г.

Я писал Ефиму... Неужели, спрашиваю, родители не заслужили нашего внимания? После всего, что они перенесли? Неужели ради такой знаменательной даты ты не можешь выкроить два дня? Вспомни все, что они для нас сделали! И не забудь, в этом году отцу исполняется пятьдесят лет.

В конце концов Ефим сообщил, что в назначенный день они с Наташей приедут.

Должен вам сказать, что в наших местах серебряные и золотые свадьбы не праздновали. Я такого случая не помню. Помню слышанные в детстве рассказы, что такие свадьбы справляются в семье Бродского, — был такой киевский сахарозаводчик Бродский, миллионер. Так вот, говорили, что в семье Бродского справляют и серебряные, и золотые, и даже бриллиантовые свадьбы, то есть каждые десять лет после пятидесяти. Я не уверен, что сахарозаводчики Бродские были такими долгожителями, но о них как о миллионерах ходили всякие басни. Говорили, например, что чай Бродский пьет не в п р и г л я д к у, как бедняк, не в п р и - к у с к у, как человек с достатком, не в н а к л а д к у, как богач, а подают ему головку сахара с отверстием на макушке, в эту дыру он наливает чай и таким образом пьет. Все эти басни я рассказываю к тому, что серебряные, золотые и прочие свадьбы у нас были не в ходу. Даже не справляли дни рождения. Жизнь в трудах и заботах, отдыхом были праздники, раньше религиозные, теперь советские.

Отцу и матери я ничего не говорил, хотел сделать им сюрприз. Пусть, думаю, все съедутся, такого собрания еще не случалось, уже само по себе событие, хотя, надо сказать, моя мать к приезду детей относилась сдержанно: приехали — и слава богу, должны время от времени навещать родительский дом. Но на этот раз появилось новое обстоятельство: Генрих приедет не один, а с двумя товарищами по службе, тоже летчиками, один из них его командир.

К Генриху у матери было особое отношение. Единственный непутевый из ее сыновей, сколько было с ним мороки, я вам рассказывал. Оплеух и подзатыльников он получал от матери ровно столько и даже больше, чем мы все остальные, вместе взятые. Я уже не говорю о школе: буквально вся улица первый раз вздохнула, когда его приняли в ФЗУ при депо, — пристроили к какому-то делу; второй раз вздохнули, когда его взяли в армию, в авиационное училище, — служба подтянет! Но, с другой стороны, какая служба! Летчик! Каждый день в воздухе, каждую минуту его подстерегает смерть. Вообще-то матери пора бы попривыкнуть: Генрих третий год в авиации, перед этим занимался в Осоавиахиме, учлет, парашютист, в День Воздушного Флота участвовал в групповых прыжках в Чернигове. Но тогда это был спорт, хотя и опасный, игра, еще некоторые деповские ребята ездили в область на занятия, а теперь другое — военный летчик; и был Хасан, и был Халхин-Гол, и только три месяца назад, в марте, кончилась война с финнами. А когда была эта война, мама не находила себе места: отправят Генриха на Карельский перешеек, а какой он отчаянный — все знают, типичный Рахленко, копия дяди Миши, как говорили: такое же монгольское лицо, раскосые глаза — полезет в самое пекло и пропадет. Но Генриха на фронт не послали: финская кампания кончилась без него, и вот наконец мать увидит его живым и здоровым. И он приезжает не один, а с товарищами, с летчиками, больше того, со своим командиром. Такие гости!

Приезд Генриха с товарищами был событием не только для матери, но и для всего города. Сейчас летчик — массовая профессия. А тогда? Что вы! В тридцатые годы Чкалов был то же самое, что Гагарин в шестидесятые. Его перелет через полюс Москва — Соединенные Штаты был то же самое, что сейчас полеты в космос. И пожалуйста, к нам приезжает военный летчик, наш, собственный, мальчишка Ивановский, бегал тут по улицам, внук старика Рахленко, бойкий, надо сказать, был мальчишка. И приезжает не один, а сразу трое... Три летчика! А что такое три летчика? Экипаж! Чкалов — Байдуков — Беляков! Громов — Юмашев — Данилин! Гризодубова — Раскова — Осипенко.

И вот расхаживают по городу три летчика в форме, с кубарями в петлицах, в начищенных сапогах, в пилотках, молодые, красивые, подтянутые, таких у нас видели только в кинофильмах. Весь город знал, что ребята они холостые, командира, того, что с тремя кубарями, зовут Вадим Павлович Соколов, и хотя он совсем молодой, но у него орден Красной Звезды. И, как утверждал Хаим Ягудин, как раз именно из-за этого Соколова наших летчиков и называют с о к о л а м и. Хаим Ягудин слонялся по улицам — и по главной, Большой Алексеевской, и по нашей Песчаной, старался попадаться на глаза летчикам, отдавал им честь по всей форме, и летчики козыряли ему в ответ.

Точно так же все знали, что второго летчика зовут Георгий Кошелев, и, как объяснил тот же Хаим Ягудин, Георгий — это значит Георгий Победоносец, и следовательно, Кошелев из потомственной военной семьи.

Но домыслами Хаима Ягудина никто особенно не интересовался. Все видели трех молодцов, трех военных летчиков, точно сошедших с киноэкрана. Все ими любовались, оказывали внимание, охотно уступали им очередь в магазине, в кино, в парикмахерской, где у Бернарда Семеновича для каждого из них находился свежайший пеньюар и индивидуальный гигиенический пакет с кисточкой и салфеткой, а после бритья горячий компресс, после компресса массаж, потом опять компресс и в заключение французский одеколон, сохранившийся у Бернарда Семеновича, как он говорил, с довоенных времен.

Дедушка Рахленко посмотрел на летчиковы казенные сапоги, велел их скинуть, снял мерку и начал тачать новые. Дедушка на производстве уже не работал, но дома понемногу подрабатывал: каблук — шмаблук, много ли им с бабушкой нужно? И с прежних, кустарных, времен у него сохранилось два-три куска кожи, и он сшил ребятам такие хромовые п а р а д н ы е сапоги, что даже я, специалист-обувщик, ими залюбовался.

И, конечно, местный Осоавиахим воспользовался приездом летчиков для оживления своей работы. Надо признаться, что, кроме сбора членских взносов, наш Осоавиахим ничего особенного не делал. А тут такой случай! Устроили встречу с молодежью, Вадим Павлович рассказал о достижениях нашей авиации, о замечательных перелетах наших прославленных летчиков, о рекордах Коккинаки, коснулся истории воздухоплавания и его перспектив на будущее. После этого собрания многие юноши и девушки записались в летную школу.

Словом, как всегда, наш город лицом в грязь не ударил, показал, что стоит на уровне века.

Ну, а что творилось на танцплощадке, сами понимаете. Танцплощадка была у нас в саду, при железнодорожном клубе. В будние дни танцевали под радиолу, а в субботу и воскресенье (тогда как раз перешли на пятидневную рабочую неделю) играл духовой оркестр. И когда ребята первый раз пришли на танцплощадку, а пришли они именно в субботу, то оркестр в их честь грянул авиационный марш «Все выше, и выше, и выше...», повторил его несколько раз, и под него танцевали фокстрот. И, конечно, все девушки хотели танцевать с летчиками. Те, кто побойчее, подходили к Генриху как к старому знакомому, Генрих их представлял своим товарищам; ну, а если в это время начинает играть оркестр, то ничего не остается, как пригласить на танец девушку, с которой стоишь и разговариваешь. Ажиотаж был большой, девушки отказывали своим постоянным кавалерам, танцевали друг с другом как раз против того места, где стояли летчики, чтобы они могли разбить такую пару, словом, пускались на всякие уловки и ухищрения. Но никаких особенных знакомств не завязалось, никого наши ребята провожать не пошли, держались свободно, но солидно. Генрих танцевал со всеми, но ни с кем особенно, у него там, где он служил, была девушка, и заводиться здесь он ни с кем не хотел. Что касается Георгия Кошелева, то триумф, прием, вся эта помпа его несколько оглушили, не привык быть на виду — скромный парень.

Но истинной виновницей неудач наших девушек была моя сестра Дина. И хотя ей было тогда только пятнадцать лет, но что это была за девочка, я вам уже рассказывал. И Вадим Павлович Соколов, понимаете, как бы в шутку объявил, что сегодня Дина будет его дамой, а он ее кавалером. Выглядело это вполне галантно: командир, орденоносец... Был он среднего роста, коренастый, широкоплечий, похож на Чкалова, такие же крупные черты лица, и хотя ему было всего двадцать пять лет, но для Дины — старик, на десять лет старше. И вот, мол, вы, молодежь, знакомьтесь, флиртуйте, а я по-стариковски буду танцевать с девочкой, она будет моей дамой, буду ухаживать за ней; и всем должно быть понятно, что ухаживание это шуточное, но дает ему возможность отклонить попытки других девушек познакомиться с ним. И как компанией мы пришли на танцплощадку — Вадим Павлович, Георгий Кошелев, Генрих, Дина и я, — так компанией и ушли.

Хотя нашим девушкам этот вечер особенных успехов не принес, я думаю, надежд они не теряли — впереди почти месяц.

О своих товарищах Генрих отзывался хорошо. Георгий Кошелев из детдомовских, родных нет, вот Генрих и взял его к нам. Вадим Павлович тоже одинокий, недавно разошелся с женой, ушел в чем был, живет в казарме. Впрочем, как сказал Генрих, жена его была подлюга и хорошо, что Вадим Павлович с ней развязался. В общем, как у всех людей, свои будни, свои невзгоды.

Но про эти невзгоды никто не знал. Для всех, для всего города эти люди были праздником.

А тут приезжают Люба с Володей. Люба уже врач, и Володя три года как окончил Военно-медицинскую академию, тоже в военной форме, и не с кубарями, а со шпалой, военврач 3-го ранга. Словом, в доме четверо военных, целый гарнизон. И, наконец, через неделю приезжают Ефим с Наташей.

Залу отвели Генриху с товарищами: гости, им наилучшие условия, а мы как-нибудь потеснимся. Свою комнату я уступил Ефиму и Наташе: хотя и свои, но редкие посетители. Люба, Володя, Игорек и Оля поселились у дедушки. Но и там не слишком просторно: дядя Гриша с семьей — шесть человек, дядя Лазарь с Даниилом. Пришлось Дине перебраться к Ивану Карловичу, а я ночевал у Сташенков. Так что и Сташенки и Иван Карлович со Станиславой Францевной тоже оказались вовлеченными в суматоху. Впрочем, в суматоху был вовлечен весь город.

Ефим и Наташа приехали в субботу, как раз к тому дню, когда было решено на к р ы т ь с т о л, такой формулировкой я закамуфлировал предстоящий юбилей. В кои веки собрались все вместе, можно выпить несколько к а п е л ь. Братьев я посвятил в свои планы, но под секретом, больше никто ни о чем не знал. И только один человек разгадал мою затею — отец.

— Ты собираешься отметить день моего рождения? — спросил он.

— А почему бы и нет?

— Ничьих дней рождения мы не праздновали, не надо праздновать и мой.

— Никому из нас еще не стукнуло пятьдесят.

— И все же не надо.

— Твой день рождения — ты хозяин. Но ведь еще исполняется тридцать лет вашей свадьбы, это ты не забыл?

— Не забыл. Но время для этого неподходящее.

Я понимал, что он имеет в виду Леву. Какой праздник, если на нем недостает одного из сыновей... Но Левы уже нет, мы оплакали его, не забываем и никогда не забудем. И вечного траура быть не может.

— Видишь ли, — сказал я, — в первый раз за много лет собралась семья и столько событий: Люба окончила институт, Ефим впервые приехал с молодой женой, и такие гости — товарищи Генриха. Можем мы выпить по рюмке водки?

— Пожалуйста, — кивнул отец, — но никаких юбилеев.

Я воздал должное его скромности, но от своего плана не отказался, принял меры, какие — увидите.

Стол был накрыт во дворе на сорок человек. Дедушка с бабушкой, дядя Гриша и Иосиф с женами, дядя Лазарь. С Иосифом отношения были неважные, он держался вдалеке от своих бедных родственников, но все же мамин брат, нельзя не пригласить. Затем, естественно, отец с матерью, Анна Егоровна, Ефим с Наташей, Люба с Володей, Генрих, Вадим Павлович, Георгий Кошелев, Иван Карлович со Станиславой Францевной, Афанасий Прокопьевич Сташенок с сыновьями Андреем и Петрусем и их женами Ксаной и Ириной, ну, я, Дина, сын дяди Лазаря Даниил, затем, если вы помните, мамины подруги, сестры Кузнецовы с мужьями, Сидоров, бывший директор обувной фабрики, приехал как раз из МТС, зашел к нам, его уже не отпустили... Итого сорок человек, не считая детей, которые вертелись вокруг стола: Саша, Оля, Игорь, дети дяди Гриши, внуки старика Сташенка, дети сестер Кузнецовых...

Но, понимаете, городок маленький, и если Люба, допустим, сказала бывшей школьной подруге: «Зайди вечером», то с этой подругой приходят и другие поздравить Любу с окончанием института, а заодно и посидеть за одним столом с летчиками — как упустить такой случай?! И если то же самое Генрих сказал своему бывшему товарищу по ФЗУ или по работе в депо, то с ним придут и другие — надо отметить приезд старого друга. И я кое-кого пригласил из бывших папиных сослуживцев по обувной фабрике... И вообще, что такое маленький городок? Та же деревня: на одном краю заиграют, на другом запляшут. Тем более юг, лето, запах кухни разносится по всей улице. Явилась старуха Городецкая, хотя никто ее не звал, притащился несчастный мясник Кусиел Плоткин, как-никак отец начинал у него свою карьеру. Явился Хаим Ягудин — как дядя моего отца, хотя он ему такой же дядя, как японский микадо мне тетя. Зашел парикмахер Бернард Семенович, без него не обходилась ни одна компания; пришел доктор Волынцев, который спас мою мать и брата Сашу; пришел учитель Курас, почтенный человек, преподаватель по всем предметам; пришел аптекарь Орел, он и сейчас был аптекарем, только, естественно, не в собственной аптеке, а в государственной.

Приставили еще столы, потеснились, места хватило всем, и еды хватило, пекли и жарили с утра, на кухне орудовали мать, бабушка, жена дяди Гриши Ида, Анна Егоровна и пани Янжвецкая — помните, бывшая владелица гостиницы? Гостиницу у нее в революцию реквизировали, превратили в Дом крестьянина, потом в Дом колхозника, работала она в общественном питании поваром, буфетчицей, кассиром в столовой, а теперь нигде не работала, семьдесят пять лет, одинокая, важная старуха, носила громадную шляпу с птичьим гнездом, старинный ридикюль и зонтик. Ее жалели и на всякий праздник приглашали посидеть, накрыть стол, помочь на кухне, хотя, как вы понимаете, женщины в нашем доме сами умели готовить, было бы из чего. И на этот раз на столе были цвет и краса нашей кухни: рубленая селедка, тертая редька, печеночный паштет, фаршированная рыба, фаршированная гусиная шейка, рубленые яйца с гусиным жиром, жареные куры, колбаса, баранья и телячья грудинка, лапша, компот — все домашнее, огурцы и помидоры прямо с грядки.

Шум за столом был большой, публика собралась разная, молодые и старые, местные и приезжие, свои и чужие, знакомые и незнакомые, говорунов хватало; Хаим Ягудин, дай ему волю, никому, кроме себя, не даст рта открыть; старуха Городецкая могла перекричать целый базар; и Бернарду Семеновичу было что порассказать — изустный летописец нашего города, многие годы его парикмахерская была нашим клубом и нашей газетой; и учитель Курас любил порассуждать, а дядя Лазарь пофилософствовать, особенно за рюмкой. Люди пожилые стремились получить медицинский совет и у доктора Волынцева, и у Володи, о котором было известно, что он светило, и все, конечно, мечтали хотя бы словом обмолвиться с летчиками. Все подвыпили, кто больше, кто меньше, одни пили водку, другие — вино, третьи — пиво, четвертые — сельтерскую воду, но всем одинаково ударило в голову. Вокруг стола суетились женщины: тому не хватает тарелки, этому — вилки, третьему — стула, четвертый, чудак, оказывается, не ест трефного, и его надо успокоить: все изготовлено дома, свининой тут и не пахнет, ешьте на здоровье, ни о чем не тревожьтесь, за эту рыбу вы в ад не попадете, попадете прямо в рай! И надо бежать на кухню, чтобы не пригорело, и торопить гостей съесть, пока не остыло, и надо прикрикнуть на детей, чтобы не вертелись под ногами, а то еще, не дай бог, ошпаришь кого-нибудь...

Порядок навести некому, тамада у нас за столом не избирался, речи не произносились, каждый веселился как мог. Но мне хотелось праздника для моих родителей, я хотел им воздать должное в такой знаменательный день. Я встал, попросил внимания, и как было договорено, Ефим, Генрих и Люба — участники моего, так сказать, сценария, призвали своих соседей к тишине. Тишина наступила, народ у нас любопытный, всем было интересно узнать, с чего это вдруг я потребовал тишины в такое время и в таком месте, где, наоборот, полагается быть шуму.

И тогда я сказал:

— Дорогие друзья! Позвольте мне от имени всех собравшихся за этим столом приветствовать наших дорогих гостей Вадима Павловича Соколова и Георгия Николаевича Кошелева, славных летчиков нашей страны, и выпить за их здоровье!

Летчики встали, все с ними чокались, вставали со своих мест, шли к ним с рюмками, опять шум, гам, беспорядок.

Но Вадим Павлович продолжал стоять с налитой рюмкой, видно, хотел что-то сказать, и все снова притихли, всем хотелось собственными ушами услышать, что скажет прославленный летчик.

Вадим Павлович сказал:

— Я и мои товарищи сердечно благодарим за гостеприимство. Но Борис Яковлевич обратился к нам не по адресу. Первый бокал мы должны поднять за хозяев этого дома, за уважаемых Рахиль Абрамовну и Якова Леоновича, тем более что сегодня исполняется тридцать лет их совместной жизни.

Все захлопали, зашумели, стали поздравлять отца с матерью. Отец с матерью встали и поклонились.

— Тридцать лет, — продолжал Вадим Павлович, — это большой срок, и нам приятно видеть Рахиль Абрамовну и Якова Леоновича молодыми, здоровыми, красивыми, хоть сейчас в авиацию...

Учитель Курас наклонился ко мне:

— Интеллигентный человек!

— Мы понимаем, — продолжал Вадим Павлович, — что в авиацию они не пойдут, в воздух не поднимутся, у них еще много дел на земле. Пожелаем им удачи, выпьем за их здоровье и счастье!

И тут, понимаете, пани Янжвецкая, стоявшая в дверях кухни, крикнула на весь двор:

— Горько!

Это было несколько неожиданно. Никто толком не знал, как праздновать такие юбилеи и полагается ли пожилым людям кричать «Горько!». Но ведь пани Янжвецкая! Дама в некотором роде аристократическая, из б ы в ш и х, бывшая хозяйка бывшей гостиницы! Ходит в шляпе с птичьим гнездом! Знает этикет!

И под шум, приветственные крики и, так сказать, под звон бокалов отец и мать поцеловались. И мать так это, знаете, задорно, весело, даже кокетливо откинула шаль, глаза ее блестели, зубы были по-прежнему белые-белые, волосы хотя и с проседью, но еще черные-черные. Она стояла рядом с отцом, и, я вам скажу, это была царственная пара, они были высокие, мои родители, может быть, еще выше оттого, что держались прямо, осанка была, и над ними благословенное южное небо, и перед ними тот же двор, где тридцать лет назад они справляли свою свадьбу, и видна улица, по которой шли после венчания юные, влюбленные, играл оркестр, вокруг них пели, танцевали и веселились люди, и теперь вокруг них опять люди, так же любуются ими, радуются их любви и желают им счастья.

И опять, как было договорено, поднялся Георгий Кошелев:

— Хочу добавить. Якову Леоновичу исполняется в этом году пятьдесят лет. Поздравляю с днем рождения и желаю долгих лет жизни!

Опять все потянулись к папе с рюмками и бокалами, и мама уже без подсказки пани Янжвецкой поцеловала отца, и товарищи отца расцеловались с ним, и маленький Игорек крикнул:

— Дедушка, я тебя тоже поцелую!

Отец поднял его, поставил на стол и Олю поставил на стол, чтобы все видели его внука и внучку, так сказать, продолжение нашей фамилии.

И тут, опираясь на палку, поднялся Хаим Ягудин. Я забеспокоился, от Хаима Ягудина можно ожидать чего угодно: длинной нелепой басни в лучшем случае, скандала — в худшем. К счастью, ни того, ни другого не произошло. Хаим расправил усы, поднял бокал, вытаращил глаза и крикнул:

— Здоровье прекрасных дам! Ура!

Я думаю, в жизни Хаима Ягудина это была самая короткая речь. Но она дала толчок другим.

Парикмахер Бернард Семенович сказал:

— Каждый человек по-своему красив, но не каждый человек умеет свою красоту показать в наглядном виде. Моя профессия — сделать так, чтобы красота клиента была видна как дважды два. Но на свете встречаются такие красивые люди, что к ним страшно подступиться с ножницами и машинкой. Я лично знаю двух таких людей: Якова Ивановского и его супругу Рахиль. Выпьем за их выдающуюся красоту. Виват!

Потом встал учитель Курас:

— У Якова и Рахили все впереди, они молодые, будут в их жизни еще торжественные даты. А вот нашему глубокоуважаемому Аврааму Исаковичу Рахленко в этом году исполняется восемьдесят лет. Авраам Исакович Рахленко родился в тысяча восемьсот шестидесятом году, сейчас мы имеем тысяча девятьсот сороковой. И я позволю себе и приглашаю других поднять этот бокал за Авраама Рахленко и его супругу Берту Соломоновну. И еще я позволю себе сказать их детям: посмотрите на отца и мать; позволю сказать их внукам: посмотрите на дедушку и бабушку; позволю сказать их правнукам: посмотрите на прадедушку и прабабушку, — посмотрите, и вы увидите пример для вашей собственной же жизни.

Подошли к дедушке и к бабушке все, кто прожил рядом с ними жизнь, тост учителя Кураса был, в сущности, за тех, кто прожил долгую и достойную жизнь. И тот, кто плакал, плакал по тому, что уже не вернется: молодости, силе, здоровью, надеждам... Только дедушка не плакал. За восемьдесят лет своей жизни, я думаю, он ни разу не заплакал. Он был уже не такой, как раньше, не валил лошадь ударом кулака, борода седая, на щеках склеротические жилки, несколько потучнел, но в его развернутых плечах еще чувствовалась сила и за белым лбом ясность ума и здравый смысл. Такой же бодрой и ясной была и бабушка. Вы когда-нибудь задумывались над таким вопросом: почему у долгожителя, как правило, жена тоже долгожительница? Обстоятельство, согласитесь, не случайное. Не брат и сестра долгожители, а именно муж и жена, люди разных генов, разной наследственности. В чем дело?

Но это к слову, вернемся к нашему празднику...

Иван Антонович Сидоров, бывший директор нашей обувной фабрики, а ныне механик МТС, сказал:

— Добрая семья, хорошие люди... Абрам Рахленко честно работал, и сыны его Григорий и Лазарь, и зять его Яков, и внук Борис... Трудяги... За свою жизнь изготовили столько обуви, что можно снабдить всю нашу область да еще две соседние... Никто от них ничего плохого не видел, только хорошее. Выпьем за всю их фамилию, от старого до малого, от деда до внука. Выпьем, и, как говорится, не последнюю...

Желающих поговорить нашлось бы порядочно — почему не поговорить, если слушают? Но все подвыпили, болтали друг с другом, молодежи хотелось танцевать, и вообще у нас не привыкли к застольным речам, и я шепнул Ефиму:

— Скажи пару слов в порядке закругления.

Я, так сказать, открыл прения, пусть другой брат их закрывает.

— Дорогие товарищи! — поднялся Ефим.

У него был уверенный голос руководителя.

— Дорогие товарищи! — сказал Ефим. — От имени всей нашей семьи благодарю вас за теплые слова. Здесь сидят люди разных поколений и различных профессий. Но все мы делаем одно дело: на своем месте, на своем посту в меру своих сил трудимся на благо нашей страны. Пожелаем каждому успехов в его работе, пожелаем долгих лет жизни тем, кто уже славно потрудился. Еще раз благодарю вас!

Такими словами Ефим закончил официальную, если можно так выразиться, часть. А неофициальная покатилась сама собой: допивали, доедали, убирали со стола, старики беседовали, гости понемногу расходились, и только на кухне еще долго гремели тазы и кастрюли. Генрих с товарищами и Дина с подругами ушли на танцплощадку, я не пошел: надо разнести по соседям одолженные столы, стулья, посуду. Навел кое-какой порядок, отправился к Сташенкам и завалился спать: у Сташенков ложились рано.

Следующий день, воскресенье, я провел с Ефимом и Наташей: ходили на базар, купили помидоров, огурцов, клубники, запаковали в ящики, чтобы не помялись в дороге, — хотелось снабдить ребят витаминами, ничего этого в своем Харькове они не имеют. После обеда всей семьей проводили Ефима и Наташу, посадили в поезд и отправили их домой.

В понедельник мне и отцу на работу, а у Дины с Сашей каникулы, и они, конечно, с гостями, а у гостей работа известная: река, пляж, лодки, лес, вечерами кино или танцплощадка. Городишко наш дачный, даже курортный, и мы привыкли к тому, что рядом с нашей трудовой жизнью люди отдыхают, — это придавало известную праздничность и нашему быту. А у нас в доме полно гостей, полно молодежи — вдвойне праздник. Мать стряпала на всех, Люба и Дина ей помогали, и Анна Егоровна помогала, по существу, член семьи.

И вот однажды мать как бы между прочим спрашивает меня:

— Как ты считаешь, Вадим Павлович порядочный человек?

Мамина манера спрашивать как бы между прочим означала, что спрашивает она совсем не между прочим.

Пожимаю плечами:

— Сама не видишь, какой он человек?

— Я все вижу, — загадочно отвечает мать.

Смешно сказать, ее беспокоила дружба Дины с Вадимом Павловичем. И напрасно. Вадим Павлович хорошо понимал дистанцию между ним и Диной, дистанция эта была десять лет.

И я сказал маме:

— Ничего там плохого нет и не будет.

— Много ты знаешь, много ты видишь! — коротко ответила мать.

Стал я приглядываться к Дине, к Вадиму Павловичу, выкраивал время появляться с ними на пляже, и знаете, мама оказалась права: Дина влюбилась в Вадима Павловича. Представьте себе! Пятнадцать лет девчонке, и вот, пожалуйста, втрескалась. Ничего удивительного: видный парень, военный летчик, им любуется весь город. Но, понимаете, Дина влюбилась не тайно, не так, как влюбляются девчонки во взрослых мужчин, а открыто, как равная в равного, сразу стала взрослой и самостоятельной. Не вешалась ему на шею, не бегала за ним, но стала душой их компании, ее центром, своей красотой, своим талантом украшала это молодое общество, все вдруг увидели взрослую девушку. В ней не было дерзости, которой отличалась наша мать в юности, но в глубине и серьезности чувства ей не уступала: полюбила — значит, полюбила.

Мог ли Вадим Павлович не поддаться прелести этой юной любви? Мог ли он не увлечься этой красавицей, а таких красавиц, как Дина, я не видел и никогда больше не увижу. Пятнадцать лет, а какой рост, фигура, осанка, волосы, глаза!.. Но он понимал свой долг, он был настоящий мужчина, Вадим Соколов, надо отдать ему должное. Он объяснился с Диной, я при этом не был, но после этого разговора Дина объявила матери, что через год, когда ей исполнится шестнадцать лет, она выйдет замуж за Вадима Павловича, или, как она его просто называла, за Вадима.

— Не рано тебе в шестнадцать лет выходить замуж? — спросила мать.

— А сколько было тебе, когда ты вышла за папу?

— Тогда были другие времена, — ответила мать.

Но то, что дело откладывается на год, успокоило ее. За год утечет много воды, многое изменится, Вадим Павлович скоро уедет, и эта блажь у Дины пройдет.

Никакой неловкости не получилось, дальше меня и матери не пошло. Молодые люди решили через год пожениться, будут переписываться, а пока остается дружба в компании, на виду, ничего плохого в этом нет. Этой дружбе я лично был даже рад. Я не знал, чем она кончится, может быть, ничем. Но был рад, что Дина полюбила именно такого парня, как Вадим. При своей внешности и таланте Дина была доверчива и простодушна. И если моей матери с ее сильным характером нужен был такой человек, как мой отец, то Дине был нужен именно Вадим: сильный, надежный, самостоятельный. А десять лет для супругов не разница, наоборот, хорошая разница. И не сегодня же они поженятся... В общем, я был доволен: молодец, Дина, не мальчишку полюбила, а мужчину!

Время летит быстро. Вскоре уехали Генрих, Вадим Павлович и Георгий Кошелев, а еще через неделю Люба с Володей, и мы опять остались в прежнем составе.

Но праздник продолжался: приехала Соня...

14

Соня приехала, опять к о м п а ш к а, опять шашлыки, ночные купания и н а ш и ночи. И опять Хаим Ягудин ходит гоголем, опять тащит нам в постель морковный кофе, и ни для кого не секрет, что дело идет к свадьбе.

я говорю Соне:

— Мне бы хотелось познакомить тебя с моими родителями.

Смеется:

— Какой пай-мальчик! Смотрины? А если не позволят?

— Не говори глупостей. Просто хочется уважить стариков.

— Ладно, — отвечает, — пойдем.

И вот я представил Соню своим родителям, хотя в те времена, как я уже упоминал, это было не так уж принято, женились — и дело с концом. Раньше так поступил мой брат Лева, потом другой брат, Ефим.

Но я понимал, что маме приятнее познакомиться с их женами до женитьбы, чтобы люди видели: сыновья без благословения родителей не женятся. Ничего не поделаешь, люди старого закала... И я решил доставить им такое удовольствие и привел в дом Соню...

Соня принесла конфеты Оле и Игорю, забавлялась с ними, была, как всегда, веселая, оживленная, но ее доброе отношение натолкнулось на неприязнь матери, та не вымолвила ни слова, каждую минуту выходила на кухню, делала вид, что занята.

Обстановку разрядил отец. Он положил руку на плечо матери, чтобы она все-таки посидела за столом, и не снимал руки, пока рассказывал о Ленинграде, где Соня в свое время училась в театральном училище. И мама покорилась. Удивительно, как отец умел ее успокаивать. Но я не об этом...

Понимаете, отец ездил в Ленинград всего два раза, к Любе, но говорил о Ленинграде так, будто прожил там жизнь... Невский проспект, Исаакиевский собор, Казанский собор, Зимний дворец — словом, рассказывал, как коренной петербуржец, в каждом коренном петербуржце сидит гид. И хотя я бывал в Ленинграде каждый год на сессии, а отец всего два раза, и я, конечно, видел все, что видел он, но видел это мимоходом, не слишком интересовался достопримечательностями, свободного времени у меня не было. Разумеется, посетил Эрмитаж и Русский музей, без этого нельзя, видел вздыбленных коней на Аничковом мосту и здоровенных парней, которые держат их за узду, но, признаюсь, не знал, что эта скульптура называется «Укротитель коня», а отец знал. Но вот что любопытно: никогда дома он об этом не говорил. Приезжая из Ленинграда, рассказывал о Любе, о Володе, то есть о том, что было интересно матери, а вот с Соней говорил и о Росси, о Баженове и Казакове, поскольку это ей знакомо, разговор к месту, в этом были такт и воспитанность моего отца.

Проводил я Соню, вернулся домой, и мама говорит:

— Нашел красотку! Одна штукатурка. Она же Ягудина, ты не знаешь эту семейку? Авантюристы, бездельники и скандалисты!

— Во-первых, — возражаю я, — никакой штукатурки на ней нет, все естественное. Во-вторых, есть вещи, которые я решаю сам.

— Решай, решай, — усмехнулась мать. — Только подумай, кем ты будешь при ней? Кухаркой? На ней же пуговицы болтаются, она в жизни иголки в руках не держала... Что ты молчишь?! — повернулась она к отцу. — Языка у тебя нет?

Отец попробовал отшутиться:

— У коровы длинный язык, а разговаривать она не умеет.

— Ты не умеешь разговаривать? Наверно! Про дворцы он ей рассказывал, про мосты, образованные все стали.

— Борис взрослый человек, пусть сам решает, — сказал отец, — единственное, что я ему советую, — не торопиться.

Эти слова свидетельствовали о том, что отец тоже не в большом восторге от Сони, то есть, может быть, Соня сама по себе ему понравилась, но наш будущий союз, по-видимому, не слишком.

Но, как ни говори, мне уже под тридцать, и я вправе сам распоряжаться своей судьбой. Я всегда жил с ними, они привыкли ко мне, им трудно примириться с мыслью, что я их покину, и мне тяжело с ними расставаться, но надо строить свою жизнь.

Приехал я в Калинин и прежде всего снял приличную комнату в приличном доме, тем более у меня хорошая ставка, устроился в облпромсовете инженером по обувному делу. Приходил с работы, убирал постель — не проблема, и уборка не проблема: взял веник, подмел, вымыл посуду, какая посуда — два стакана, обедали мы — Соня в театре, я у себя на работе, в столовой, ну а завтрак, ужин — долго ли вскипятить чайник на плитке и сделать бутерброд, забежишь по дороге в магазин, купишь что есть. Я был рад, что эти мелочи не отвлекают Соню от театра. Она, безусловно, видела мои старания, понимала, что и я работаю: сидишь на работе, пока начальство сидит, а оно сидит и ночью — высшее начальство ночью не спит, и на мне еще институт, последний курс, согласитесь, нелегко. Все это Соня видела, ценила, сочувствовала мне, даже говорила:

— Миленький мой, хозяйственный, брось, обойдемся, на кой черт нам этот быт, подальше от него.

Регистрироваться она отказалась, даже удивилась:

— Боже мой, кому это надо?!

Действительно, ведь фактический брак тогда приравнивался к официальному — какая разница?

Дети?! Не может быть и речи! Потерять самые ответственные годы — значит потерять все... Тоже можно понять, она еще не создала себе имени, еще не народная, даже не заслуженная. Правда, неизвестно, когда она ими станет, ладно, пусть будет по ее.

Жила она у меня, но официально на старой квартире, прописана была там: если в театре узнают, что она живет в таких прекрасных условиях, то комнату ей не дадут.

Каждое из этих обстоятельств в отдельности можно понять, но, взятые вместе, они создавали для меня несколько неопределенное положение.

Я, конечно, ходил на все спектакли. Соня способная, талантливая, все это говорили, но, как мне казалось, она несколько пережимала, любила на сцене эффектные позы. Ничего этого я ей не говорил, не мог обидеть, тем более какой я театрал, мог и ошибиться. Да и вообще о театре как о таковом она со мной не говорила, говорила о закулисной стороне.

Не подумайте, что она жила одними интригами! Она жила театром, искусством, но так как в искусстве я был профан, то со мной она говорила не о главном, а о второстепенном. Я тоже не распространялся о своей работе, разве ей интересно наше производство, ремонт обуви? Будь у меня настоящие неприятности, она бы встала за меня горой... Но что за неприятности могут быть в какой-то там сапожной артели?

Приходили к ней друзья, актеры, актрисы, смешно изображали своих врагов, стариков и старух, ругали их в выражениях, которые я не решаюсь здесь повторять, и изображали в ситуациях и позах, о которых тоже лучше умолчим; народ веселый, но шумный и беспардонный, одалживали деньги и не отдавали, старались выпить за твой счет, выставить; Соню это не шокировало, смеялась только:

— Не будь фраером!

Широкая натура, ей было даже приятно, что я кормлю эту ораву, не мелочная, беспечная, легко на все смотрела, легко жила.

Собиралась ее б р а ж к а не у меня, а у нее — все по тем же соображениям насчет комнаты. Тесно, накурено, тут же в дверях хозяин с хозяйкой ждут, пока им поднесут рюмку. И все это ночью после спектаклей, и я, не дожидаясь окончания сборищ, уходил к себе.

Мне было несколько трудно приспособиться к ее жизни. Помню, приезжал некий театральный критик из Москвы, Соня принимала его по первому разряду, хотя за глаза, смеясь, называла дуболомом, надеялась, что он похвалит ее в газете, и действительно он упомянул ее в рецензии одной фразой: «Спорно, но интересно толкование этого образа актрисой Вишневской».

Или, например, день ее рождения. Готовился, купил цветы, накрыл стол. У нее в этот день концерт в подшефной части, должна вернуться к девяти, возвращается в первом часу, был банкет... Видит цветы, видит накрытый стол, говорит:

— Миленький мой, дорогой, я, конечно, свинья. Но ты должен меня простить. Они узнали, что сегодня мой день рождения, и банкет превратился в мой юбилей, меня чествовали, было областное начальство.

Я ее не осуждаю, просто у нас разное понимание таких вещей...

Как я уже рассказывал, я устроился в облпромсовет инженером по обувному делу. В те времена человек, знавший дело, но не имевший диплома, назывался инженером-практиком. Я дело знал, к тому же на последнем курсе института, диплом — вопрос времени, и я получал полную ставку. Но у них были неувязки со штатным расписанием, моей должности в штате не было, и мне платили за счет вакантной должности в отделе снабжения и сбыта, хотя я работал в производственном отделе.

Работу свою я любил, моя профессия, моя специальность, но, понимаете, у нас там нашу фабрику сначала возглавлял Сидоров — знал дело, после Сидорова назначили другого, может быть, не такого хорошего, как Сидоров, но человека квалифицированного. В маленьком городке знают цену каждому, знают, кто чего стоит. Здесь же, в областном городе, была куча людей, у которых была только одна профессия — руководить. Сегодня банно-прачечным трестом, завтра — обувной фабрикой, послезавтра — колхозом. Почему, спрашивается, он должен руководить? Потому, видите ли, что он в областной номенклатуре. Кровь из носа, но обеспечь его руководящей должностью. Дела не знает? Освоит... Развалит? Вот когда развалит, тогда будем разговаривать... И на промкооперацию смотрели как на нечто второстепенное, подумаешь — кустари! И если надо избавиться от плохого работника, то туда его, к кустарям! Во всяком случае, я столкнулся с некомпетентными людьми, приходилось доказывать элементарные вещи, на каждое твое разумное предложение они смотрели с подозрением, боялись ответственности. Зачем? Может быть, завтра его перебросят на продуктовый магазин. Второе — писанина. Прихожу в мастерскую или приезжаю, если она в районе, знакомлюсь с производством, показываю, налаживаю, все ясно, все довольны, уезжаю, докладываю начальству о проделанной работе. Проходит месяц-другой, снова прихожу или приезжаю — все по-прежнему, как будто я тут и не был. И я же оказываюсь виноват: не написал! Не оставил бумажку. И они все начисто отрицают: да, приезжал, ходил тут, чего-то говорил, и начальство меня же винит, почему не з а ф и к с и р о в а л?! Понимаете? О каждой подметке, о каждом каблуке я должен писать бумажки, составлять акты, представлять докладные и тому подобное. Может быть, такой порядок во всех учреждениях, но я производственник, а не канцелярист. Те, кто разбирался в деле, советовались со мной, прибегали к моей консультации, но это были работяги, от которых мое положение не зависело. Правда, сам руководитель промсовета Василий Алексеевич Бойцов ценил меня, прислушивался к моему мнению. Однако между ним и мной, рядовым инженером, стояли на служебной лестнице разные начальники, и то, что он через их голову общался со мной, создавало для меня дополнительные трудности, которые Василий Алексеевич, человек хороший, но уже пожилой, много переживший и несколько усталый, не смог устранить.

Такова была общая обстановка, атмосфера, в которой я работал. Теперь конкретно...

Когда Гитлер напал на Польшу, многие польские евреи бежали к нам. В Калинине я одного встретил, некий Броневский, работал в нашей системе, на обувной фабрике нормировщиком. Человек моего возраста или чуть постарше, среднего роста, с правильными чертами лица, что-то в нем было даже европейское. Но, хотя в нем было что-то европейское, он был очень суетливый, настырный, бегал по учреждениям, в горсовет, в облисполком, требовал того, требовал другого, жилье, снабжение, но с жильем и со снабжением тогда всем было туго, однако он считал, что все ему обязаны.

Но, с другой стороны, беженец, с женой и двумя детьми, в чужой стране, бежал от Гитлера — тоже, согласитесь, несладко. И что он рассказывал о немцах, о том, что они вытворяют, уму непостижимо, поверить невозможно. Из газет, конечно, мы знали, что нацисты ведут разнузданную антисемитскую кампанию, но после заключения пакта, как сейчас помню, в газетах промелькнуло сообщение, будто, заняв Польшу, Гитлер заявил, что теперь Германия приступит к «окончательному решению еврейского вопроса». Что означало это «окончательное решение», мы узнали потом, после того, как они сожгли в печах шесть миллионов евреев. Но в то время это звучало как бы обещанием прекратить эксцессы и навести порядок. Я даже думал тогда, что это произведено не без нашего давления: заключив пакт, мы поставили условием, чтобы антисемитские выходки были прекращены. У меня даже мелькала мысль, что мы раньше несколько перехватывали в нашей пропаганде, и положение евреев как в самой Германии, так и в завоеванных ею странах не такое ужасное.

Но то, что рассказал Броневский, оказалось пострашнее всего, что мы знали, о чем слышали и что могли предполагать. В Германии евреи вне закона, лишены всех человеческих прав: права работать, учиться, владеть имуществом, о праве голоса и говорить нечего; обязаны жить только в гетто, им запрещено выходить на улицу после определенного часа, запрещено ходить по тротуару, только по мостовой, запрещено пользоваться общественным транспортом, вступать в брак с немцами, обращаться в суд, входить в определенные районы города; им ничего не продают в магазинах, и они обязаны носить на спине и на груди желтую шестиконечную звезду. Ну а о погромах, насилиях и издевательствах и говорить нечего. Заняв Вену, немцы выгнали всех евреев из домов и заставили их мыть мостовые, чем бы вы думали? — зубными щетками! Такое праздничное представление они устроили для жителей Вены по случаю своей победы.

Немецким евреям еще было хорошо — они могли эмигрировать, из полумиллионного еврейского населения Германии около четырехсот тысяч уехали, в основном в другие страны Европы, и, конечно, потом нацисты добрались и до них. Ну а куда ехать трем миллионам польских евреев? Гитлер занял Европу и евреев уже не выпускал, готовил «окончательное решение еврейского вопроса». И если так поступали с немецкими евреями, которые нигде так не ассимилировались, как в Германии, жили там веками, немецкий язык — их язык, немецкая культура — их культура, то какая, спрашивается, участь ожидает польских евреев. если гитлеровцы даже поляков не считали людьми! И каков бы ни был Броневский, но тот факт, что он с семьей ушел от немцев, не захотел быть их рабом, говорил в его пользу, и, несмотря на его недостатки, я ему сочувствовал и в его лице сочувствовал всем евреям, попавшим под власть Гитлера.

Он был неплохой специалист, говорил по-русски, хотя и с польским акцентом, бывал в Союзе по делам своей фирмы, в общем, квалифицированный обувщик, хотя и с коммерческим уклоном, а попал он у нас на производство, на фабрику простым нормировщиком.

Должность его не удовлетворяла. Можно понять! Зарплата у нормировщика не бог весть какая... Но ведь ты только приехал в другую страну, никто тебя сразу министром не назначит. Подожди, освойся, присмотрись, и к тебе присмотрятся. Но он не хотел ждать, в нем было много этакого шляхетского гонора, он был уверен, что знает больше других. Это с одной стороны. А с другой — в нем было что-то от кладбищенского нищего из тех, кто идет за вами, стонет, и причитает, и не отстанет, пока вы ему не подадите.

Таков был Броневский: надменный, как польский пан, и докучливый, как нищий с еврейского кладбища. Но я его жалел, входил в его положение, помогал. Однако, видя мое хорошее отношение, он потребовал, чтобы я помог ему перейти в облпромсовет, в отдел снабжения и сбыта, где он сможет работать по своей специальности сбытовика и снабженца. Я обалдел. Кто я такой? Рядовой инженер, человек здесь новый, как я могу рекомендовать на выдвижение человека тоже нового? Кто меня послушает? Пустые разговоры! Я ему так и сказал:

— Я не начальник, назначить вас не могу и рекомендовать не могу, мы тут с вами люди новые. Завоюйте авторитет, с р а б о т а й - т е с ь с к о л л е к т и в о м, покажите себя, и тогда все наладится, и вам дадут работу, соответствующую вашей квалификации.

Резонно? Нет, он это не счел резонным, начал спорить, доказывать, а спорил он неприятно, на высокой ноте, без уважения к собеседнику. И вдруг говорит:

— В отделе есть вакантная должность инженера.

Он имел в виду мою должность. По наивности я тогда не понял истинного смысла этих слов и спокойно разъяснил ему, что у нас в силу твердого штатного расписания приходится иногда в интересах дела проводить работника по свободной вакансии, хотя этот работник и работает в другом отделе, так получилось в данном случае и со мной.

И шутя добавил:

— Вот если меня прогонят, тогда вакансия откроется.

Он промолчал. Я подумал, что убедил его, однако ошибся.

Иногда Броневский заходил ко мне за тем, за другим, без дела он не ходил. Обычно Сони не бывало дома, она вообще редко бывала дома, только ночью. Но если Броневский попадал на нее, она даже не желала скрывать свою неприязнь, свое нерасположение. Он говорил только о себе, на всех жаловался, на каждого смотрел утилитарно: что от него можно иметь. И, узнав, что Соня работает в театре, тут же попросил у нее контрамарки для своих детей.

Соня с ходу ответила:

— Билеты продаются в кассе.

Конечно, ему не следовало начинать знакомство с просьбы. Но и ей следовало бы отказать в более вежливой форме. Однако он был из другой, из м о е й жизни, а наши жизни, к сожалению, все больше и больше расходились в разные стороны.

В январе сорок первого года я уехал в Ленинград, сдал государственные экзамены, защитил дипломную работу, вернулся в Калинин в хорошем настроении, как-никак инженер-технолог, четыре года на это ушло, прихватил из Ленинграда пару бутылок вина, закусок кое-каких — надо отметить...

Выпили мы с Соней, она меня поздравляет, радуется, потом говорит:

— И у меня хорошая новость.

И показывает ордер на комнату в новом доме горсовета. Действительно — удача! Не в старом доме, а в новом, их тогда были единицы, в центре, со всеми удобствами, рядом с театром.

— Замечательно! — радуюсь и я, ведь столько лет ждала она этого ордера.

— Теперь, — говорит Соня, — я ни от кого не завишу, плюю на них, захочу — обменяю на Москву или Ленинград, теперь я сама себе хозяйка... А ты, миленький, добивайся на работе, ваш дом будет готов к осени.

— Так и будем жить на разных квартирах?

— Нет, зачем? Когда ты получишь, мы обменяемся и съедемся.

— Дом ведомственный, обменяться невозможно.

— Что мы будем сейчас гадать? Там будет видно... Ну, что ты задумался?

Я действительно задумался. Ведь я надеялся, что с получением комнаты все изменится, мы наконец будем жить вместе, будет дом, семья, ради этого мирился со своим положением, не слишком удобным и достойным.

А она продолжает:

— Будешь жить у меня, а формально ты без площади, тебе на работе дадут, ты только окончил вуз, тебе обязаны дать. Зачем упускать такую возможность?

Я в шутку говорю:

— Ты не боишься, что я буду претендовать на твою площадь?

— Я этого не думаю и думать не хочу, — серьезно отвечает она, — хотя в жизни все бывает: расходятся, становятся врагами, и квартирные дрязги неизбежны. Наше преимущество в том, что мы независимы, наши встречи — праздник, это — самое лучшее, самое крепкое, поверь мне.

Опять я ее понимаю. И вы тоже должны ее понять. Помните то время, помните, во что жилищный кризис превращал людей, помните коммунальные прелести, как люди бились за жилплощадь, как держались за нее, боялись потерять?.. И Соня билась за свою комнату, добилась наконец, дорожит ею, и я не на улице, есть крыша над головой, буду жить у нее и дожидаться, чтобы и мне дали комнату на работе.

Все это правильно... Но мне хотелось, чтобы наша любовь была выше жилищного кризиса, чтобы Соня любила меня больше, чем свою жилплощадь, чтобы ради меня, может быть, бросила ее к чертовой матери! Ведь мой отец из-за матери отказался от гораздо большего, чем комната в коммунальной квартире. Он любил!

И я понял, что т а к о й любви у нее нет и не будет. Она порядочный человек, но живет совсем другими представлениями.

— Слушай, — говорю, — может быть, мне вообще не следовало сюда приезжать?

— Тебе плохо со мной?

— С тобой мне очень хорошо. Но я не всегда с тобой и не во всем с тобой.

Она задумалась, потом говорит:

— Может быть, ты и прав. Вероятно, такая жизнь не для тебя. Но мне будет трудно с тобой расстаться.

— Мне тоже, — отвечаю, — но рано или поздно это произойдет, и чем раньше, тем для нас лучше.

Говорю это спокойно, даже улыбаюсь, а на сердце... Боже мой, все рухнуло?!

— Поступай как знаешь, — говорит Соня, — я тебя любила и люблю...

На вокзале она расплакалась...

— Ты прекрасный человек, Борис, прекрасный, но я понимаю, я тебе не гожусь, и я предупреждала тебя. Не вспоминай обо мне плохо. Я тебя никогда не забуду.

— И я тебя не забуду, — ответил я, — будь счастлива.

Так и расстались... Бывает... Не сошлось, не склеилось.

Между прочим, несколько лет назад я ее встретил в кинотеатре «Россия» на кинофестивале. Я такой же кинозритель, какой в свое время был театрал. Но сыновья мои большие любители и, когда кинофестиваль, бегают по Москве высунув язык и меня тащат... И вот сижу в кинотеатре «Россия», не помню, что за картина, и замечаю, какая-то немолодая женщина смотрит на меня...

Я ее в первую минуту не узнал, отвернулся, потом вдруг до меня дошло... Соня! Я опять оглянулся, лицо в морщинах, ничего не поделаешь, тридцать лет прошло, как-то усохла, уменьшилась, может быть, соблюдала диету, прическа модная и брючки. И хотя все давно прошло, проехало, сердце у меня дрогнуло: ведь я любил ее когда-то. Когда я обернулся, она отвела глаза. Погас свет, я смотрю на экран, но не могу удержаться, опять оглянулся и вижу, ее нет, ушла...

Почему ушла, почему не захотела встречи, ведь мы уже старые люди?.. Может быть, поэтому и ушла, стыдилась своей старости, хотела остаться в моей памяти такой, какой была тридцать лет назад... Не знаю... Рассказал это я вам просто так, для финала.

На чем я остановился? Да, на том, что уехал из Калинина... С работы меня отпустили. Не было бы счастья, да несчастье помогло.

Когда я вернулся из Ленинграда, меня тут же вызвал начальник, Василий Алексеевич Бойцов, и объявил, что на фабрике скандал: я будто бы дал вредительские нормы выработки и должен немедленно представить подробную объяснительную записку. И после него меня вызывает в свой кабинет заведующая отделом кадров Каменева, она же начальник спецчасти, запирает дверь, вынимает папку с моим делом и начинает «уточнять» насчет родственников в Швейцарии и так далее. Пренеприятная толстая баба, занимала одно время ответственные посты, но ввиду неграмотности и склочности съехала, однако сохранила повадки ответственного работника, к тому же на кадровой работе, шутка сказать, вид у нее такой, будто она все про всех знает и держит в своих руках судьбу каждого, и это до некоторой степени так и есть, она могла здорово напакостить. И потому, что она меня вызвала, я понимаю, что склока с нормами затевается большая, но я нисколько не беспокоюсь: это они не знают, в чем дело, а я знаю, они случайные люди в нашем производстве, а я на нем вырос. И отвечаю Каменевой, что в моем личном деле все есть, добавить мне нечего и разговаривать с ней тоже времени нет, адье! Она даже рот разинула от удивления.

Коротко дело заключалось в следующем. Жизнь идет вперед, появляется новое оборудование, новая продукция, новые операции, и потому тарифные справочники устаревают и требуют коррективов. Я написал в Москву, попросил изменений. Изменения разрешили, но ответ пришел в одном экземпляре, у нас в области много обувных предприятий, а машинистка в совете одна, у нее вагон работы, и эта инструкция может пролежать на машинке месяц, а то и два. И чтобы дело не стояло, тем более я уезжал в Ленинград, я пошел на фабрику, взял у Броневского нормативные справочники и своей рукой внес изменения, полученные из Москвы, а ему велел пересчитать расценки. Но он был занят беготней по учреждениям за пайками и талонами, пересчитал расценки частично, одни да, другие нет, рабочие запротестовали, и Броневский все свалил на меня, показал справочники, на них исправления моей рукой, справочники старые, потрепанные, в них и до меня вносились поправки — в таком виде они имели неубедительный вид, — тем убедительнее выглядели обвинения Броневского в мой адрес, а я был в отъезде, в Ленинграде, и оправдаться не мог. И Броневский настолько был уверен в моем поражении, что разговаривал со мной как с конченым человеком.

— Вы, — говорит, — посмотрите на свои каракули, в них можно разобраться? Откуда вы взяли эти цифры? С потолка? И откуда такие названия — ведь вы себя считаете обувщиком!

Опять не хочу загружать вас деталями, но в каждом деле есть особенности терминологии, иногда одни и те же вещи называются по-разному, иногда разные вещи называются одинаково, эти тонкости терминологии Броневский, как человек нерусский и к тому же чересчур самоуверенный, не знал.

Я ему не возражаю, все просмотрел, все уяснил, вернулся к себе и говорю Бойцову:

— Нашей вины нет, можете быть спокойны. Давайте созовем совещание, пригласим представителя из Москвы и разберемся.

Бойцов хотя и был, как я говорил, человек несколько усталый, но вместе с тем опытный и в нужную минуту решительный. Дать меня угробить — значит подорвать престиж нашего учреждения, никакому руководителю этого не хочется. А может быть, вообще не хотел меня гробить, его самого достаточно трепали. Во всяком случае, он со мной согласился.

Приезжает представитель из Москвы, созываем совещание, приглашаем мастеров с фабрики, из районов, слово дают Броневскому: мол, какие у вас претензии... И он произносит разухабистую речь, обвиняет меня в невежестве, называет термины, которых не знает, и, желая подольститься к рабочим, говорит: вот в этом кабинете (совещание шло в кабинете Бойцова) на полу ковер, а на фабрике часто портится душ, — в общем, бьет не только по мне, но и по руководству и оглядывается на Каменеву, стакнулся со старой склочницей, она его вдохновила на «разоблачения».

Вы, надеюсь, понимаете, какой блин я из него сделал. Представитель из Москвы подтвердил, что ничего я сам не придумал, инструкцию дала Москва. Мастера высмеяли Броневского за то, что он не знает терминологии. Каменева сразу сориентировалась и объявила, что не позволит коммерсантам из Варшавы порочить советских специалистов. В общем, ничего хорошего ему эта интрига не принесла. Дальнейшей его судьбы не знаю. После совещания я подал заявление об увольнении ввиду возвращения в родной город, моя фабрика прислала запрос с просьбой вернуть меня обратно.

Бойцов не хотел меня отпускать.

— Чем мы вас обидели?

— Ничем, — отвечаю, — но так сложились семейные обстоятельства, надо возвращаться домой.

— Ну что ж, — говорит, — насильно мил не будешь. Я вашей работой доволен. И вы не поминайте нас лихом.

Искренне сказал, трогательно.

И я ответил:

— И я вас, Василий Алексеевич, благодарю за доброе отношение и всегда буду вас помнить.

Так хорошо и душевно мы с ним простились. И это приятно: каждая работа — часть твоей жизни, и расставаться надо по-человечески.

В марте сорок первого года я вернулся в родной город, в родной дом, на родную фабрику.

Что вам сказать? Дым отечества... Все, как говорится, течет, все изменяется, уходят одни люди, приходят другие, и все же если ты возвращаешься в город, где родился и вырос, он для тебя такой же, какой и был: дуют те же ветры, идут дожди — такие же самые дожди, и солнце светит — солнце твоего детства.

Вы понимаете, как были рады мне отец и мать. Но, с другой стороны, неудача, крушение любви, неоправданные надежды... Отец — ни слова, никаких расспросов, мужское дело: сошелся — разошелся... Мать пыталась держаться так же и все же не утерпела и заговорила об этой вертихвостке.

Я мягко, но решительно прервал:

— Ее не было, нет и не будет.

Больше мы о Соне никогда не говорили.

После Сони, после Броневского, после передряг на старой работе я с особенной радостью и удовольствием ощутил устойчивость и спокойствие нашего дома. Отцу — пятьдесят один, матери — сорок восемь. Одной морщинкой больше, одной меньше, красивого человека и морщины украшают. Они прожили вместе тридцать лет, эти тридцать лет не были, как один день, было много дней, ясных и ненастных, ненастных больше. Видели вы одинокое дерево на прибрежном утесе? Сквозь камни пробилось оно корнями к земле и стоит несокрушимое для бури, для шторма, для свирепых и беспощадных волн. Таким могучим деревом и была любовь моих родителей. Она была опорой и для них, и для тех, кто возле них.

Вечер, все дома, мама гладит, раздувает утюг, широко раскачивает его, утюг тяжелый. Помните, были такие большие высокие утюги, в них тлел уголь, в зубчатых прорезях мелькали красненькие огоньки? Мама слюнявит палец, дотрагивается до утюга, горяч ли, набирает в рот воды, брызжет на белье, и оно, чуть влажное, прижатое горячим утюгом, отдает паром и уютным, свежим, домашним запахом... Между прочим, будучи детьми, мы тоже любили набирать в рот воду и брызгать на белье; если мама не слишком торопилась и была в хорошем настроении, она нам это разрешала, оказывала такую милость...

Отец раскладывает на столе контурную карту, зовет Олю и Игорька, те уже бегут с цветными карандашами...

В прошлом году Люба хотела забрать Игоря. Но отец и мать сказали:

— Будущей осенью ему в школу, тогда заберете, а пока пусть поживет у нас, воздух здесь получше, чем в Ленинграде.

На том и решили, и, значит, Игорь доживал у нас последнее лето. Что вам о нем сказать? Белобрысый, как его отец... Люба тоже была блондинка, но темная, а Володя с севера, Игорь в него, коренастенький, здоровый бутуз. Но Володя был выдержанный парень, а Игорь... Это что-то невообразимое, точь-в-точь его дядя Генрих, мой дорогой братец; что он был в свое время, как от него стонала улица, я вам рассказывал. Таким рос и Игорь. И дрался он точно как Генрих: налетал на противника и руками и ногами, ошеломлял таким наскоком, типично хулиганская манера драться, и всего ведь каких-то семь лет от роду. Все деревья были его, все крыши, сараи... Разбитый нос, синяки, ободранные коленки, расцарапанные локти... Но, между прочим, мальчик был довольно ласковый, когда я читал ему, он прислонялся ко мне и внимательно слушал. И знаете, в нем было известное благородство, не обижал Олю, та уже ходила в третий класс, тихая, застенчивая девочка, ей пришлось преодолеть в доме отчужденность, даже враждебность, и, кроме того, на улице между детьми секретов не бывает, что знают взрослые, то знают и дети: и чья она дочь, и кто ее настоящий отец, и кто не настоящий, — словом, все это, перепутанное в детском сознании и помноженное на наивную детскую беспощадность, предъявлялось Оле, всем здесь чужой, и маленький Игорек, семь лет, что он понимает, ему бы вместе с другими дразнить Олю, — нет, чуть что, лез драться, защищал ее, не давал в обиду.

И мы хорошо относились к Оле, мама со временем тоже примирилась, потому что с этой девочкой незримо витала в доме тень так нелепо погибшего Левы. О нем, о Леве, мало говорили, но много думали, и когда мать вдруг вздохнет, а отец задумается, — это Лева...

Значит, раскладывает папа карту... Контурная карта — это, скажу вам, замечательное изобретение, когда хочешь приучить детей к географии. Вы же помните, на контурной карте только голубые ниточки, кружочки и больше ничего. Надо написать, что это Волга, тут Ока, там Кама, нужно разрисовать коричневым горы, зеленым низменности... Но не это было главным. Любое путешествие мы обычно начинали с нашего города. Искали на Днепре, где должен быть Киев, отмеряли от него нужное расстояние на север, определяли, где быть Чернигову, от него двигались на северо-восток и ставили крестик — наш город.

— А теперь, — говорил отец, — попутного ветра нам в наших странствиях.

Мы пересекали с ним пески Каракумов, взбирались на Памир, шли назад, добирались до Каспийского моря, каждый выбирал свой маршрут, и каждый, конечно, хотел перещеголять другого...

Счастливые вечера... Так раньше отец занимался с нами, старшими, потом с Диной и Сашей, теперь с Олей и Игорем...

Я слушаю по радио репортаж Вадима Синявского с футбольного матча. Как вы понимаете, сам я в футбол уже не играл, но болельщиком остался до сих пор.

Саша читает. Хворобы его и болячки прошли, стройный мальчик, и все же хрупкий, нежный, не изнеженный, а именно нежный, сострадательный, доверчивый. Сказать по совести, я за него беспокоился: время суровое, как тогда говорили, строгое, требовало от человека силы, иногда и гибкости; мне казалось, что Саша не сумеет приспособиться к жизни, как в свое время долго не мог приспособиться наш отец. А мои родители, представьте, были спокойны за Сашу. То есть что значит спокойны? Родители никогда не бывают спокойны за своих детей, но они беспокоились за Генриха — военный летчик! А Саша?.. Конечно, как всякому мягкому по натуре парню, ему будет трудно, но он дома, при родителях, а когда вырастет, тогда будет видно. Воспитав семерых детей, они приучились быть спокойными за них. Ну а я беспокоился за Сашу.

И так почти каждый вечер... Иногда мама шила. Помню, вскоре после моего возвращения из Калинина она перешивала Дине свое голубое крепдешиновое платье. С мануфактурой тогда было трудно, да и бюджет наш, сами понимаете... А Дина уже кончала школу, собиралась осенью в Киевскую консерваторию, с ее голосом и внешностью ее ожидало великое будущее. Но внешность и возраст требуют своего. «Мне не в чем выйти, не в чем ходить, стыдно на людях показаться...» Эти фразочки, какими девушки что-нибудь выцыганивают у своих родителей, я думаю, вам известны.

— Видели ее! — усмехалась мама. — Выйти ей не в чем, голая ходит, людей стыдится! Ты не о людях думаешь, ты надеешься, твой летчик приедет. За крепдешин он тебя будет больше любить? Меня твой отец полюбил, когда я в ситцевом ходила.

Так говорила мать, но платья свои перешивала Дине, и туфли ей покупала, и чулки фильдеперсовые — в общем, чтобы была не хуже других.

Приходила бабушка с письмом от внука Даниила — помните, которого в свое время выкохал дедушка, сына дяди Лазаря? Даня служил действительную в пограничных войсках. И с каждым его письмом бабушка приходила к нам — прочитайте! Мы понимали: Лазарь, конечно, спит после р ю м к и. Дядя Лазарь работал со мной на обувной фабрике, в ОТК, по-прежнему попивал, не валялся в канаве, но прикладывался по м а л е н ь к о й, без этой маленькой не мог работать, это и есть, в сущности, алкоголик, больной человек. Философствовал, искал для своих рассуждений таких же алкашей, к тому же любил читать, и не то чтобы взять в библиотеке, а зайдет после получки с фасоном в книжный магазин, и того ему заверните, и этого; книги дома валяются, пылятся, неорганизованный человек, хотя добрый и порядочный. Со временем превратился в некоего городского чудака, дедушка переживал это еще больше, чем его пьянство.

И бабушка переживала... Косилась на репродуктор, прислушивалась к голосу Синявского, к его паузам — помните знаменитые паузы Синявского, после которых он кричит: «Гол!» Со вздохом спрашивала:

— Он пьет?

— Пьет? Почему пьет?

— Голос у него хриплый.

Отец мне подмигивал: бабушка говорит о Синявском, а думает о Лазаре.

С Лазарем им не повезло. И с Иосифом не повезло: окопался в своем зубоврачебном кабинете и далек от дедушкиной семьи.

Другое дело — дядя Гриша, если помните, наша знаменитость, лучший мастер на фабрике, по-прежнему числился в первых стахановцах, рационализатор, изобретатель, он и на Доске почета, он и в областной газете, и семья хорошая, дружная: жена, три сына, дочь. Дядя Гриша женился, когда ему было двадцать пять, а моя мама вышла замуж в шестнадцать, оттого-то мои двоюродные братья и сестры годятся мне в племянники.

Данино письмо отец читает вслух, бабушка вздыхает, утирает слезы — любимый внук, сирота, вырос без матери, а отец пьяница... Потом, чтобы отвлечься от своих горестных мыслей, бабушка смотрит на карту, которую отец разрисовывает с детьми.

— Какие у тебя красивые руки, Яков...

И вдруг из соседней комнаты Сашин крик. Мама откладывает шитье и идет туда. Оказывается, Дина ниткой привязала Сашин зуб к дверной ручке и дернула дверь, знаете, как это делают дети... Мама пальцами выдернула Саше зуб и сказала:

— Посмотрите на эту дылду! Посмотрите на эту н е в е с т у! Прежде чем выходить замуж, надо хоть немного набраться ума. Ты и своих детей тоже так будешь лечить?

Дина презрительно смотрит на Сашу.

— Маменькин сынок!

Вот так мы жили. Скучно ли мне было? Как вам сказать... Сверстники мои переженились, разъехались, и я фактически был один. В тридцать лет на танцплощадку не пойдешь, работал я начальником производства, приходил поздно, кроме фабрики и дома ничего не знал, надежды мои были на лето, когда съедутся дачники, и среди них наши местные, кто жил здесь раньше. И действительно, с конца мая стали наезжать мои бывшие приятели, товарищи детства и юности, и, конечно, все удивляются, что я с дипломом торчу в глуши, без всяких перспектив, надо перебираться куда-нибудь в промышленный центр. И я сам это понимал прекрасно. Но обстоятельства этого не позволяли.

Безусловно, материальное положение родителей улучшилось, но все же не было блестящим. Немного высылали только Люба и Ефим. Генрих хоть и на всем готовом и оклад идет, но парень молодой, хочется и того и другого, завел мотоцикл, в те времена это было то же самое, что сейчас собственный автомобиль.

В общем, мой приезд оказался кстати, ставка у меня хорошая, живу в семье, и что мне еще нужно? Пачка «Беломора» в день, баня, парикмахерская; парикмахер, кстати, был все тот же — Бернард Семенович, постарел, но еще крепкий. И я решил так: пусть Дина поступит в консерваторию, Люба заберет Игоря, я стариков пока поддержу, ведь Саша и Оля еще маленькие, они станут на ноги, а через годик куда-нибудь переберусь: в Харьков, Киев, Днепропетровск — словом, в промышленный центр, где у меня больше будет перспектив. Конечно, и там я не забуду своих, буду помогать.

Но этому не суждено было сбыться. Двадцать второго июня началась война...

15

Двадцать второго июня началась война, двадцать третьего меня призвали и отправили в Брянск на формирование.

Что говорить? Вы все это пережили. Не буду вам описывать состояние матери, таково было состояние всех матерей России. Генрих служил в военной авиации, Любу и ее мужа Володю призвали как военных врачей, призвали дядю Гришу, а сын дяди Лазаря, Даниил, служил на западной границе. Но мог ли я тогда предполагать, что тем, кто остается, будет намного хуже, чем нам! Те, кто пошел на фронт, если погибали, то на поле боя, как солдаты. А как погибли те, кто остался, вы знаете. Но тогда?! Мог я допустить мысль, что немцы дойдут до Москвы и Сталинграда?

Как я уже рассказывал, действительную я проходил в артиллерии, туда же, в артиллерию, командиром орудия меня и направили. И вот однажды зимой на Брянском фронте, в районе Мценска, берут наши в плен немецкого офицера, доставляют его на КП дивизии, допрашивает его сам командир дивизии полковник Щекин. Немец держится нахально, перед ним девочка-переводчица, только с курсов, заглядывает в словарь, а он делает вид, что не понимает, полковник Щекин выходит из себя; представляете, пленный офицер, в то время на соседнем Западном фронте идет наше контрнаступление, и какой это конфуз для командира дивизии: не может получить от пленного нужных сведений, и надо отсылать его в штаб армии и тем упустить драгоценное время.

И тогда командир моего артполка — он как раз был на КП — докладывает полковнику Щекину, что у него в полку есть некто Ивановский, командир орудия, и этот Ивановский владеет немецким языком не хуже любого немца. Он говорил истинную правду: немецкий был родным языком моего отца, и я говорил по-немецки как по-русски. Меня доставляют на КП, я вхожу, вытягиваюсь, как положено, докладываю командиру дивизии: такой-то по вашему приказанию прибыл. И он приказывает мне допросить немца, выяснить, откуда он и кто, из какой части, и кто перед нами, и кто справа, кто слева, и как фамилия командира — в общем, всю обстановку. По смущенному виду переводчицы и по тому, как ухмыляется немец, я оцениваю ситуацию и принимаю решение во что бы то ни стало его расколоть. Говорю ему: так, мол, и так, мне поручено вас допросить, предлагаю точно, обстоятельно и правдиво отвечать на мои вопросы. Итак, первый вопрос: фамилия, имя, звание, часть, должность?

Он принимает меня за немца и спрашивает, немец ли я.

Я ему отвечаю:

— Вопросы здесь задаю я, а вы должны отвечать, и будьте добры отвечать без задержки.

Он кивает на переводчицу: на все, мол, вопросы уже ответил и добавить ему нечего.

— Все, что вы говорили до моего прихода, меня не интересует, — возражаю я. — Будьте добры отвечать на мои вопросы.

Он высокомерно объявляет, что с предателями вообще отказывается разговаривать и больше не скажет ни слова.

Я по-русски спрашиваю у полковника Щекина, позволит ли он немцу встать.

— Пожалуйста, — отвечает полковник Щекин.

Я командую:

— Встать!

Он встает.

Я ему:

— В последний раз спрашиваю: будешь отвечать на мои вопросы?

Он корчит презрительную рожу и молчит.

Тогда... Извините, конечно, но война есть война, они с нами еще не так поступали... Я ему закатываю плюху, он летит в угол, и командир дивизии полковник Щекин мне говорит:

— Ты того, поаккуратнее...

— Товарищ полковник, — отвечаю, — все будет в полном порядке.

Немец лежит в углу, на меня, на мои кулаки смотрит, как кролик: ведь они храбрые, когда они бьют, а не когда их бьют. Приказываю ему встать. Встает.

Я ему спокойно:

— Если ты мне сейчас не ответишь, я выведу тебя из землянки и тут же, рядом, расстреляю, а если ответишь, но будешь лгать, то за одно неверное слово тоже расстреляю, как собаку, и от первого звука зависит твоя жизнь.

И он отвечает на мои вопросы, я перевожу, переводчица строчит, полковник и начальник штаба подполковник Лебедев ставят новые вопросы, я их — по-немецки, ответы с немецкого на русский, раскалываем его окончательно.

После этого случая полковник Щекин перевел меня в дивизионную разведку, присвоил мне звание младшего лейтенанта, тем более у меня высшее образование. Но сами понимаете: пленные попадаются не каждый день, разведка есть разведка, надо работать, и со временем я стал просто разведчиком, командиром взвода в разведроте; владею немецким, похож на немца, ходил в тыл к противнику, меня хотели взять в органы, но Щекин, к тому времени генерал и командир стрелкового корпуса, меня не отдал, и я прослужил в войсковой разведке всю войну, сначала в дивизии, потом в корпусе, дослужился до гвардии майора, хотя и не был кадровым офицером, и отец из Швейцарии, и родители остались на оккупированной территории, — анкета не из лучших. Но на фронте не до анкеты, воевали люди, а не анкеты, о человеке судили по тому, что он есть, что может, на что способен.

О разведке у нас знают из кинофильмов. Служит под боком у Гитлера наш смельчак, одет с иголочки, побрит, надушен, водит за нос и Гиммлера, и Бормана, и Кальтенбруннера, и начальника гестапо Мюллера, и мы, конечно, знаем все их планы, и воевать нам, значит, очень легко.

С такой разведкой разведка, в которой я служил, не имела ничего общего, дожидаться, пока обкрутят в Берлине Гиммлера и Бормана, армия не может. Армия действует, разведка должна доставлять сведения о противнике своевременно, несмотря ни на что: на пургу, на метель, — по болоту, вброд, вплавь; потом где-нибудь обсушишься, сменишь белье на том же снегу. Говорят, разведчик должен быть смелым, решительным, быстрым, все это так, но главное — хорошо ориентироваться на местности, без компаса, ночью, запоминать каждый кустик, каждую березку, слышать любой звук, любой шорох, слиться с местностью, раствориться в ней. Что же касается смелости, то уж если ты в поиске, то голову никуда не спрячешь, надо действовать.

Мой двоюродный брат Даня погиб в первых же боях на западной границе. Тогда же или чуть позже дядя Гриша со своей частью очутился в окружении и пропал без вести. В сорок втором году погиб мой брат Генрих, летчик-истребитель, погибли Вадим Павлович Соколов и Георгий Кошелев. Геройские были ребята! Асы! Подбили много вражеских самолетов, но война есть война, погибают и асы. Люба, моя сестра, служила в полевом госпитале, с ней и с ее мужем Володей я переписывался, переписывался с братом Ефимом: как я уже рассказывал, он был директором завода, производил танки, стал знаменитым человеком.

Что касается остальных членов нашей семьи, то они остались на территории, оккупированной немцами.

Я понимал, какая судьба их постигла, понимал, какая судьба постигла всех, кто остался на оккупированной территории. Во время войны мы знали и видели, что гитлеровцы делали с советскими людьми; это были не бесчинства отдельных солдат, это была широко задуманная и неуклонно проводимая программа истребления целых народов.

«Человеческая жизнь в странах, которых это касается, абсолютно ничего не стоит... Устрашающее воздействие возможно лишь путем применения необычной жестокости» — это из приказа фельдмаршала Кейтеля.

«Погибнут ли от изнурения при создании противотанкового рва десять тысяч русских баб или нет — интересует меня лишь в том отношении, готовы ли для Германии противотанковые рвы» — это говорил Гиммлер.

«Гигантское пространство... должно быть как можно скорее замирено... Лучше всего этого можно достигнуть путем расстрела каждого, кто бросит хотя бы косой взгляд...» — это уже сам Гитлер.

Может быть, это случайные фразы? Чего не скажешь в запале, особенно во время войны!

У вас есть стенограммы Нюрнбергского процесса? Есть... Посмотрите третий том, страницы 337 и 338... Там приводится такое высказывание Гитлера:

«...в недалеком будущем мы оккупируем территории с весьма высоким процентом славянского населения, от которого нам не удастся так скоро отделаться... Мы обязаны истреблять население, это входит в нашу миссию охраны германского населения. Нам придется развить технику истребления населения... я имею в виду уничтожение целых расовых единиц... Если я посылаю цвет германской нации в пекло войны, без малейшей жалости проливая драгоценную немецкую кровь, то, без сомнения, я имею право уничтожить миллионы людей низшей расы... Одна из основных задач... во все времена будет заключаться в предотвращении развития славянских рас. Естественные инстинкты всех живых существ подсказывают им не только побеждать своих врагов, но и уничтожать их».

Вот вам генеральная программа Гитлера — уничтожение народов, и прежде всего славян. Ну а что говорить о евреях? Истребление евреев было как бы л а б о р а т о р и е й, где гитлеровцы набивали руку, накопляли опыт для массового истребления других народов.

Повторяю: я понимал, какая судьба постигла моих родных и близких, какая судьба постигла моих земляков. И все же надежда теплилась. На что? На чудо? В таких случаях человек надеется и на чудо. Но я надеялся не только на чудо. Я надеялся на наше черниговское Полесье. Чернигов, по преданию, назван так от черного леса, среди которого был основан. И такие названия, как Сосница, Стародуб, тоже говорят о могучих лесах. Они сохранились на севере области, именно там, где и был наш город. Именно в Елинских, Злынковских, Новозыбковских, Блешнянских и других лесах действовало партизанское соединение Федорова, кстати, до войны секретаря Черниговского обкома партии. И недалеко от нас Путивль, Сумской области, где, как вам известно, начал партизанить знаменитый Ковпак. На леса и на партизан я и надеялся. И еще я надеялся на характер своих земляков, я знал наших хлопцев, свои жизни они так просто не отдадут. Конечно, безоружные люди, тем более старики, женщины, дети, беззащитны перед вооруженными солдатами. И когда говорят: как это, мол, шесть миллионов дали себя убить, как бараны, — то это говорят либо подлецы, либо круглые дураки или люди, никогда не стоявшие под вражескими пулями, перед дулом вражеского пистолета, никогда не слышавшие пулеметной очереди. Сколько наших военнопленных погибло — молодых здоровых парней! Что, спрашивается, они могли сделать? Кидаться на колючую проволоку? Лезть под пулеметный огонь? Удобно, знаете ли, рассуждать о героизме, когда ты в холод и вьюгу не лежишь на голом снегу; кругом проволока, через которую пропущен электрический ток, на вышках часовые с пулеметами, по трое, а то и по четверо суток не дают ни пить, ни есть, а если и кинут, то мерзлую картошку или тухлую рыбу. Впрочем, бежали из лагерей, кидались на охрану, лезли на пулеметы — все было. Но тех, кто не смог убежать, не кидался на проволоку, не лез безоружный под пулеметный огонь, тех тоже осуждать нельзя. Человек преодолевает инстинкт сохранения жизни, если есть хотя бы капля надежды, а если ее нет, такой акт равен самоубийству. А кончать самоубийством... Впрочем, кончали и самоубийством, каждый умирал по-своему.

Наш город освободили в сентябре сорок третьего, а в ноябре там побывал мой брат Ефим. Его вызвали в Москву, в Государственный Комитет Обороны, и дали важное задание по выпуску танков, знали, что Ефим задание выполнит, он слов на ветер не бросал. Кстати, спросили, не надо ли чего ему лично, его всегда об этом спрашивали, но Ефим обычно отвечал, что ему ничего не нужно. Однако на этот раз попросил разрешения съездить на родину, узнать о судьбе родителей. Обращаться с такой просьбой в момент, когда тебе дают срочное задание, война, счет идет на дни, часы, минуты... И в распоряжении Ефима тысячи подчиненных, под видом командировки он мог послать в наш город двух-трех деловых людей, они бы все досконально узнали. Но искать яму, где расстреляли твоего отца и твою мать, не посылают снабженцев или порученцев, к земле, обагренной кровью родных, надо ехать самому. Конечно, если бы ему ответили: нет, не время, наведем справки и сообщим вам, — Ефим бы подчинился. Но ему так не ответили, дали самолет и один день на поездку.

Ефим прилетел в наш город, пробыл день, вернулся на завод и сообщил мне, что все наши расстреляны, никого не осталось в живых, более точно и конкретно никто сказать не может, однако, по-видимому, погибли все.

Через несколько месяцев, в январе или феврале сорок четвертого года, я получил письмо от Любы, она ездила в наш город, их госпиталь стоял неподалеку, пробыла там два дня, сведения ее были более подробными; уже работала комиссия по установлению злодеяний немецко-фашистских захватчиков, и, как сообщала Люба, еврейское население было уничтожено задолго, может быть, за год до прихода наших войск. Что касается дяди Гриши, то он якобы вышел из окружения, вернулся в город, а оттуда ушел к партизанам. А вот о нашем отце сведения расходятся: одни говорят, что его повесили, другие, что его, как полунемца, куда-то вывезли. И ни слова об Игоре, о нем писать не могла... Бедная Люба! До сих пор не верит в его гибель, на что-то надеется... Ну ладно, не будем об этом...

В октябре сорок четвертого года я получил двухнедельный отпуск и приехал домой. Стояли мы тогда на Висле, на магнушевском плацдарме, требовался «язык», никак не могли взять, немцы в глухой обороне; мы пошли с ребятами и взяли сразу троих, провели в тылу у противника четверо суток, а какая там была насыщенность войсками, сами представляете. Короче, взяли троих, на речушке они вздумали рыбу ловить и сами попались. За эту операцию ее участникам дали отпуск, и мне в том числе, и я поехал в родной город.

За две недели я кое-что узнал. А потом, после войны, после демобилизации, я приезжал опять.

Шаг за шагом я выяснил обстоятельства смерти родных. Это было нелегко. Погибшие обратились в прах. Однако вернулись фронтовики, эвакуированные, расспрашивали о родных, близких у одного, у другого, у третьего; собирались крупицы сведений, зерна правды: обнаружились люди, чудом спасшиеся от расстрела, выползшие из могилы, ушедшие в партизаны. Со временем у меня создалась, безусловно, не полная, но, во всяком случае, достоверная картина того, что произошло с моими родными. Я не собираюсь рассказывать вам историю всего гетто, я ее не знаю, и никто ее не знает. Это было маленькое и короткое по времени гетто. О нем не сохранилось письменных свидетельств, оно не фигурирует в официальных документах, просто оно было стерто с лица земли. Да и что можно добавить к истории гетто, описанных в сотнях книг! Всюду было одинаково: людей мучили, терзали и потом истребляли. Что можно к этому добавить? Но о близких мне людях я узнал и об этом расскажу. Конечно, обстоятельства, в которых они очутились, были исключительными, непередаваемыми, нормальный человек не может их представить, никакой рассказ не может передать того, как мучились, страдали и умирали люди.

Над городом опустилась ночь. Много лет я блуждаю в этом мраке, по одним и тем же улицам, туда и обратно, снова туда... И тени замученных бредут со мной рядом от дома к дому. Ни вскрика, ни стона, ни шепота, мертвая тишина... Но я настолько их знал, отца, мать, сестру, брата, племянников, дедушку, бабушку, дядей, что иногда мне кажется: все, что произошло с ними, произошло со мной, и, рассказывая о них, я рассказываю о себе. И все же мой рассказ тоже будет лишь слабою тенью того, что было на самом деле.

16

Почему мои родные не эвакуировались?

Сначала никто не думал, что немец дойдет до нас. Конечно, был первый шок от внезапности их нападения, их быстрого продвижения, но ведь быстрым оно было только в первые недели войны, тогда они продвигались со скоростью двадцать — тридцать километров в день. Однако наше сопротивление усиливалось, в упорных оборонительных боях мы перемалывали кадровые части врага, уничтожали его технику; сами немцы признали, что за лето сорок первого года они потеряли более полумиллиона солдат и 3500 самолетов; мы наносили им сильные контрудары и настолько подорвали их наступательные возможности, что темпы их продвижения снизились до двух-трех километров в день, а на ряде участков их крупные силы вообще оказались скованными и топтались на месте. Это и поломало их расчеты на окончание войны до наступления зимы, сорвало их планы «блицкрига». Наша победа под Москвой готовилась тяжелыми и героическими летними оборонительными боями.

Главное наступление немцы развивали на Москву, то есть севернее нашего города, и потому жители не видели отступающих войск, наоборот, они видели войска, шедшие на запад, это были подкрепления, направляемые на помощь армиям, сдерживающим противника, и это укрепляло в жителях города уверенность, что враг до них не дойдет.

Но в августе немцы, не сумев прорвать наш фронт на главном западном направлении, перенесли свои основные усилия на фланги. На юг были двинуты их 2-я армия и 2-я танковая группа общей численностью до двадцати пяти дивизий, чтобы выйти в тыл нашего Юго-Западного фронта. И тогда наша 21-я армия, в зоне которой и находился наш город, была вынуждена, во избежание окружения, отступить на юг, к Десне, и город, внезапно оставленный нашими войсками, очутился как бы между двумя вражескими клиньями: с запада — 2-я армия, с востока — 2-я танковая группа.

И потому проблема эвакуации встала неожиданно, не все были к ней готовы, многое мы оставили, не успели вывезти, не успели угнать.

Но возможность уехать была. В последние минуты подали эшелоны, люди уезжали, надо было спешить, сразу решать.

Мои родные не решились. Почему? Мать не захотела.

— Я не видела немцев?! — говорила она. — Может быть, не я, а кто-то другой жил в Базеле? Цивилизованный народ, культурная нация, приличные люди. Вы бы посмотрели, как они ходят в свои кирхи, как чтут покойников, — каждое воскресенье идут на кладбище в черных костюмах, в начищенных штиблетах, в руках черный зонтик. Может быть, мне все это почудилось? И зачем вам Швейцария? Вот вам Иван Карлович, вот вам Станислава Францевна, тоже немцы: вы можете сказать о них плохое слово? А колонисты? Вас колонист обманул когда-нибудь хотя на копейку? Все, что о них говорят, — выдумки. Они убивают женщин, стариков, детей? Покажите мне, кого они тронули здесь в восемнадцатом году.

Так говорила моя мать. Ее уже нет на этом свете, и не будем судить ее слишком строго. К сожалению, так думала не одна она.

Дедушка тоже не захотел уехать. Восемьдесят один год, бабушке семьдесят шесть. Эвакуация? Быть для всех обузой? Дедушка был гордый и бесстрашный старик, никогда ни от кого не бегал, родился и вырос на этой земле, перенес много всяких невзгод и готов был встретить новые. Он не уехал. Дядя Лазарь говорил, что надо уезжать, но прорассуждал, профилософствовал — и никуда не уехал, слабый человек.

Что касается дяди Иосифа и его жены, то они не могли расстаться со своим добром, надеялись откупиться, их погубила жадность.

И, наконец, осталась жена дяди Гриши. Куда она могла деться с четырьмя детьми?

Всего из нашей семьи осталось шестнадцать человек, дедушке восемьдесят один, Игорю семь.

Единственный, кто был категорически за отъезд, — это мой отец. Наполовину немец, и вот от своих же немцев хотел увезти семью. И куда? В глубокий тыл, где ему, наполовину немцу, тем более уроженцу Швейцарии, могло прийтись туго.

Но и его мама не желала слушать.

— Хочешь уехать — уезжай! — сказала она. — Я отсюда и шага не сделаю.

Возможно, в конце концов он бы убедил мать. Но этого «в конце концов» не было и не могло быть, все считалось на минуты, и эти минуты были утеряны. Уехали те, кто сидел на станции и дожидался эшелона. Те, кто раздумывал, те остались.

И пришли немцы...

Утром прилетели их самолеты, бросили бомбы, не причинившие большого вреда: сгорели два сарая у нового базара. А днем по улицам промчались их мотоциклисты. Улицы были пусты, люди попрятались за запертыми дверьми и закрытыми ставнями. Только парализованный Янкель, как всегда, сидел на крыльце, скрестив по-турецки ноги, грелся на грустном осеннем солнышке и блаженно улыбался. Он был уже старый, седой, но с мальчишеским лицом и детской улыбкой. Автоматчик дал по нему очередь.

Парализованный Янкель стал в нашем городе первой жертвой немецко-фашистских захватчиков.

Потом все пошло по известному порядку: регистрация, повязки с желтой шестиконечной звездой, приказ в двадцать четыре часа переселиться в гетто. Под гетто были отведены улицы: Песчаная, Госпитальная, Прорезная и переулки между ними.

Не буду описывать сцены переселения в гетто, эти сцены всем известны... Узлы, мешки, детские коляски, немощные старики, младенцы на руках, больные на носилках, больные в тачках... Никто не смел ослушаться. В ту минуту, как вошли немцы, все убедились в своей наивности, поняли, что их ждет.

И только один человек не пожелал подчиниться, только один человек отказался покинуть свой дом и переселиться в гетто. Этим человеком был Хаим Ягудин, бывший унтер-офицер.

Уже восемьдесят, совсем усох, маленький, хромой, но все такой же раздражительный и скандальный. Его дети, пожилые люди, умоляли его уйти с ними, но он отказался наотрез, метался по дому, ковылял по скрипучим половицам, выбегал на покосившееся крыльцо, стучал палкой по сломанным перилам, шумел, кричал, не понимал, не хотел понимать, почему он должен уходить из собственного дома?! По какому такому закону? На каком, спрашивается, основании? Приказ немецкого коменданта? Пусть приказывает своей немчуре, он над ними начальник, а не над Хаимом Ягудиным. Если комендант, немец-перец, хочет знать, то никто не имеет права даже входить в его, Хаима, дом, его дом еще при царе был свободен от постоя, черт побери, мерзавцы, сукины дети! Он, Хаим Ягудин, и ногой не двинет, он покажет этим колбасникам!

Что делать его дочерям и невесткам? Оставаться? Но у них у самих малые дети, могут они лишить их жизни из-за упрямства старика?

Хаим Ягудин остался в своем доме, один встретил немцев, стоял посреди з а л а, на фоне громадного рассохшегося буфета с разбитыми стеклами, стоял, опершись на палку, сухой, хромоногий, с редким седым унтер-офицерским бобриком, рыжими усами и, выпучив глаза, смотрел на немцев, увидел полицаев, и среди них Голубинского — железнодорожного механика.

— Голубинский, негодяй, и ты с ними! — сказал Ягудин, поднял палку и пошел на него.

Но не дошел.

Немец-офицер вынул пистолет и пристрелил Хаима Ягудина. Хаим Ягудин был второй жертвой немецко-фашистских захватчиков.

Итак, гетто... Должен вам сказать, что советских евреев даже не отправляли в Освенцим или в Майданек, их расстреливали на месте. К весне сорок второго лица, ответственные за уничтожение, могли с гордостью рапортовать: «Juden frei» — данная территория от евреев свободна. В небольших городах гетто вообще не создавались или были всего лишь сборными пунктами для отправки на расстрел. У нас было настоящее гетто, и, как я думаю, так далеко на востоке единственное. Зачем же оно было создано?

Лес!

Конечно, в городе были нужные немцам предприятия: обувная фабрика, швейная, кожевенный завод, сахарный комбинат, — в общем, много, я вам рассказывал. Однако это не имело значения — евреев полагалось уничтожать, не считаясь ни с чем!

Но лес!

Прекрасный строевой лес, гигантские вековые сосны и дубы, промышленная вырубка была давно прекращена, у нас достаточно лесов на Севере. Но до Севера немцы не добрались, а лес им был нужен. И они начали валить и вывозить наш лес. Но как, какими силами? Что они здесь застали? Леспромхозы, технику, дороги, людей? Ничего! Мобилизовать население? Мужчины в армии. Колхозницы? Но кто останется в сельском хозяйстве? Один выход — евреи! Несколько тысяч евреев! Они вальщики, пильщики, обрубщики, они же трактора — пусть волокут бревна на себе, они же и краны — пусть грузят лес на платформы вручную. При двенадцатичасовом рабочем дне и фактически без пищи люди погибали за два-три месяца. Прекрасно! Замечательно! И лес заготовлялся, и евреи уничтожались. Безусловно, расстрел само собой: больных, инвалидов, детей, стариков просто так, на ходу — за непослушание, нарушение правил, косой взгляд, непочтительность. А те, кого пока не расстреляли, пусть, подыхая, заготовляют лес, соединяя таким образом выполнение экономической задачи с политической. И пусть продолжают работать на фабриках и заводах, конечно, под охраной, по двенадцать часов в день и без всякой оплаты.

В гетто было самое большее домов сто двадцать — сто тридцать. В них загнали три тысячи жителей города, а через неделю еще четыре тысячи из ближних городов, сел и деревень. Конечно, цифры эти приблизительные, точных никто не знает. Спали на полу, на столах, чердаках, в сараях, амбарах, под навесами, просто во дворе или на улице под открытым небом, а уже осень, надвигается зима, скученность ужасающая, но деваться некуда, кругом колючая проволока, вход и выход один, в конце Песчаной улицы, и там солдаты в зеленых мундирах, с автоматами, и на пряжках ремней выбито: «Gott mit uns!» — «С нами бог!»

В дедушкином доме ютилось человек пятьдесят с лишним. Дедушка, бабушка, дядя Лазарь, жена дяди Гриши с детьми, мои родители с Диной, Сашей, Олей и Игорем, вся семья Кузнецовых; их дом хотя и был на Песчаной, но стоял на отшибе, не попал в черту гетто, и Кузнецовы переселились к нам, было их ни много ни мало двадцать один человек: старик Кузнецов с женой, их дочери, подруги моей матери, с мужьями, дочери этих дочерей, зятья, невестки, мужья которых были на фронте, и, наконец, шестеро внуков. Одна из невесток — Маша — была на последнем месяце и разрешилась от бремени сразу после переселения к нам. Роды принимала Лиза Элькина, единственная акушерка в гетто, принимала в задней комнате, чтобы не услышали первого крика ребенка, который мог стать его последним криком. Но на следующий день Маша пожалела свое дитя и не заткнула ему рот тряпкой, и немцы при обходе услышали его плач. Явился комендант Штальбе, посмотрел на младенца, улыбнулся, погладил по головке и сунул ему что-то черное под нос. Потом спросил:

— Кто принимал роды?

И моя бабушка Рахленко сказала:

— Я принимала.

— Ты давно этим занимаешься?

— Всю жизнь, — ответила бабушка.

— Ну что ж, — сказал Штальбе, — пойдем с нами, ты нам понадобишься.

И увел бабушку. Она ушла в черном платье, черной кружевной шали, как ходила в синагогу, и даже взяла с собой молитвенник, представьте себе.

Через час младенец умер. Где-то я читал, что таким ядом фашисты обычно умерщвляли новорожденных.

Эта никаким именем еще не нареченная девочка была третьей жертвой немецко-фашистских захватчиков.

А еще через час дедушку вызвали в комендатуру и велели забрать труп его жены, моей бабушки Рахленко, расстрелянной за то, что нарушила приказ, запрещающий евреям заниматься родовспоможением, а еврейским женщинам рожать. Платья и кружевной шали на бабушке не было, а молитвенник валялся неподалеку, его разрешили подобрать.

Моя бабушка Рахленко, расстрелянная во дворе комендатуры, семидесяти шести лет от роду, была четвертой жертвой немецко-фашистских захватчиков. Она спасала жизнь акушерки Лизы Элькиной: в гетто еще будут рождаться дети, и Лизе надо будет их принимать. Тихая и незаметная в доме, бабушка и перед лицом смерти так же тихо и незаметно преподала детям свой последний урок... Мы любили бабушку, но, я думаю, не сказали ей при жизни и десятка ласковых слов, не воздали ей всего того, чего она заслуживала.

Кроме Кузнецовых, у нас поселился учитель Курас с женой, дочкой и внучкой Броней. И еще семья старухи Городецкой, помните, я вам рассказывал — бедная вдова со Старого базара, ее дочери повыходили замуж за приятелей своих братьев, тоже, значит, за деповских; между прочим, две вышли замуж за русских и имели детей, но об этом потом... В семье Городецких тоже было двенадцать человек.

Кроме местных, в доме жили еще мужчины и женщины из Сосницы, все работоспособные. Обращаю на это ваше внимание. Четыре тысячи пригнанных из других городов и сел были работоспособные мужчины и женщины, а их дети и старики родители остались на старых местах. В нашем же доме детей было восемнадцать, старшему, Вене Рахленко, сыну дяди Гриши, семнадцать лет, младшей, Тане Кузнецовой, четыре года. У Тани была другая фамилия, но я ее не знаю и всех внуков Кузнецовых называю Кузнецовыми, всех внуков Городецкой — Городецкими, хотя и у них были другие фамилии. Пятерых — Дину, Веню, Сашу, Витю и Броню — уже гоняли на работы, как взрослых.

Немцы не просто уничтожали евреев, они хотели уничтожить их не как людей, а как животных: легче, проще — скот! Но для того чтобы превратить людей в скот, надо истребить в них все человеческое, убить все присущее человеческому существу, и прежде всего достоинство.

Им надели повязки с шестиконечной звездой, заперли в гетто, запретили выходить, только на работу — колоннами, в сопровождении солдат и овчарок, запретили болеть заразными болезнями — больных немедленно уничтожали, запретили рожать — новорожденных умерщвляли, об этом я уже говорил, запретили вносить в гетто продукты и дрова, запретили есть и пить что-либо, кроме хлеба, картофеля и воды, отключили электричество, запретили приносить с поля цветы, обучать детей грамоте, мыться в бане, женщинам употреблять косметику — десятки запретов, за нарушение каждого — расстрел. Мебель в домах переписали, и за пропажу хотя бы табуретки тоже расстрел. Приказали сдать все изделия из золота, серебра, украшения, кольца, брошки, деньги. Сдали, но не все и не все: когда тебя грабят, ты пытаешься что-то спасти. И вот повальный обыск, всем приказано стоять на коленях лицом к стене, и тех, у кого нашли несданные деньги или ценности, расстреляли на месте, среди них дочь старухи Городецкой Симу: у нее нашли грошовое колечко с простым камнем. После Симы остались ее сыновья Витя и Мотя, на их глазах и расстреляли мать.

Эти шестнадцать человек были пятой, на этот раз групповой жертвой немецко-фашистских захватчиков, и на них я кончаю счет, перечислить всех истребленных я не смогу.

17

Итак, шестнадцать человек застрелили «за обман властей», а на остальных наложили контрибуцию — пятьсот тысяч рублей, а до ее уплаты взяли пятьдесят заложников, мужчин, отцов семейств. Из нашего дома заложником взяли зятя Кузнецова, Меера, по профессии пекаря. Внести пятьсот тысяч, полмиллиона, после того, как у местных уже все отобрано, а у пригнанных вообще ничего не было, как вы понимаете, невозможно. И вообще, откуда деньги?.. Были, конечно, богатые люди, например, дядя Иосиф, но это единицы, и они-то как раз ничего и не внесли, почему, вы узнаете потом. Контрибуция не была уплачена, и заложников расстреляли. Расстреляли их в том самом сосновом лесу, куда раньше ходили дачники с гамаками, расстреляли возле веранды, где когда-то аптекарь Орел торговал кефиром, теперь там были вырыты траншеи. Лес был рядом с гетто, все слышали автоматные очереди и знали, что это расстреливают их сыновей, отцов, братьев и мужей. Однако собрать контрибуцию не удалось, гетто было уже обобрано. Но зато, когда было приказано сдать меховые вещи: шубы, шапки, воротники, манжеты, — все было сдано до последней пушинки, хотя люди работали в лесу и какие были морозы, вы знаете сами.

Комендантом гетто был эсэсовец Штальбе, верховный владыка, вершивший вопросы жизни и смерти. Непосредственно же делами гетто управлял назначенный немцами юденрат, его председателем был мой дядя Иосиф Рахленко, единственный из нашей семьи согласился сотрудничать с немцами, пренебрег даже тем, что они расстреляли его родную мать. Он не эвакуировался, это был его просчет, из этого просчета он сделал вывод, что ему с его богатством нельзя оставаться в тени, надо занять видное положение, и он стал председателем юденрата. Надо сказать, что не все руководители юденратов были такими, как дядя Иосиф. Многие саботировали бесчеловечные приказы оккупантов, делали все, чтобы сохранить и облегчить жизнь людей, и были за это казнены. В конце концов все сотрудники юденрата были уничтожены, и хорошие и плохие, но о людях мы судим не только по тому, к а к они умерли, но и по тому, к а к они жили. Смерть многое искупает, когда она является п о с т у п к о м. В случае с моим дядей Иосифом этого не было. К тому же он умер особой смертью, о которой я еще расскажу.

Мой отец, как и все, надел повязку и вместе с матерью и детьми переселился в дом к дедушке — наша улица в гетто не вошла. Но его мать была чистокровная немка, он был, как это официально называлось у немцев, «лицо смешанного происхождения».

В обращении с «лицами смешанного происхождения» у них, по-видимому, не было полной ясности. В одних случаях сразу уничтожали, в других — не сразу, в третьих вообще не трогали, те могли жить вне гетто и не носить желтых повязок.

Протокол «Ванзее»... Вы знаете, что это такое? Не помните... Так вот, в этой папке у меня собраны кое-какие выписки из разных документов, они опубликованы, наиболее интересные я здесь собрал. В каком смысле интересные? В том, до какой мерзости могут опуститься люди. К ним относится и протокол «Ванзее».

По этому протоколу «лица смешанного происхождения» разделялись на две категории: первой степени — полукровки, евреи на пятьдесят процентов, и второй степени — евреи на двадцать пять процентов. Первые приравнивались к евреям и подлежали уничтожению, вторые приравнивались к немцам и уничтожению не подлежали, за исключением следующих случаев (цитирую дословно):

«а) неблагоприятная с расовой точки зрения внешность, которая делает его похожим на еврея;

б) плохая полицейская характеристика, по которой видно, что это лицо чувствует себя евреем и ведет себя как таковой».

В протоколе много пунктов, чтобы, упаси бог, кто-нибудь не ушел бы от расстрела, но протокол «Ванзее» был принят в конце января сорок второго года, и дошел ли он до всех исполнителей, особенно в районе боевых действий, неизвестно. Сомневаюсь. В нашем городе, например, уцелели две женщины полукровки, я их видел, разговаривал с ними. Их было сначала шесть, их арестовывали, допрашивали, выпускали, снова забирали, возили в Чернигов, возвращали, снова увозили... Четырех в конце концов расстреляли, но две остались живы, свидетельство того, что протокол «Ванзее» выполнялся не всюду.

Если уж я нашел этих женщин после войны, то тогда, в сорок первом году, когда всех заперли в гетто, а этих шестерых не заперли, об этом знали, конечно, все. Тем более две дочери вдовы Городецкой были замужем за деповскими рабочими, и их детей, наполовину русских, не отправили в гетто, матерей отправили, а детей нет, оставили с русскими отцами, хотя в конце концов тоже расстреляли.

Мой отец мог заявить, что он наполовину немец, но не заявил, зарегистрировался как еврей и отправился с семьей в гетто. Гитлеровцы сами не искали тех, кому надо оказать милость, милости у них надо было добиваться, а раз не добиваешься, считаешь себя евреем, то и будь им, разделяй их участь.

Как отнеслась к этому мать? По-видимому, не настаивала на том, чтобы отец ушел из гетто. И я ее понимаю. Что такое «окончательное решение еврейского вопроса», они еще не знали. Они видели ямы в лесу, каждый день проходили мимо них, но о том, что эти ямы — их будущее, их судьба, еще не догадывались. Да, смерть подстерегает их на каждом шагу: от голода, от непосильной работы, просто расстрел ни за что... И все же они в м е с т е! Мать, безусловно, знала, что шесть полукровок не пошли в гетто, но, как и все, знала, что их таскают в полицию на допросы, возят в Чернигов, возвращают, снова увозят, и судьба их неизвестна. И мать опасалась за отца: если ему даже удастся уйти, то неясно, что его ждет, — угонят куда-нибудь, и она ничего о нем не будет знать. Пусть лучше будет рядом, и дети будут рядом, ей, наверно, казалось, что она сумеет их защитить. В эти черные дни рухнуло все, осталась только семья, и надо держаться друг за друга, как держались они друг за друга тридцать лет, пережили вместе многое, переживут и это...

Мать, как и отец и Дина, работала в лесу — самая страшная и изнурительная работа. Распределением на работу ведал юденрат, во главе юденрата стоял дядя Иосиф, мамин родной брат, с его помощью она могла работать где-нибудь на фабрике или на заводе. Мать не любила Иосифа, но когда дело идет о жизни и смерти, этим можно поступиться. Однако отец и Дина работали в лесу, мама хотела быть рядом и была рядом.

Каждый день в четыре часа утра в темноте под крики и брань полицейских, под плетками, хлыстами, ударами прикладов, под собачий лай рабочие колонны выстраивались на улице... Быстрее, быстрее, быстрее!.. Не раздумывать! Не размышлять! Построиться по десять человек в ряд, взяться за руки! Замешкался на секунду — пуля! Вперед, марш! Бегом, бегом! Скорее, скорее! Отстал — пуля! И так до леса. И двенадцать часов в лесу. И тому, кто упал в лесу, — пуля! И кто отстал на обратном пути — тоже пуля! Вечером в темноте люди брели обратно, несли тех, кто не мог идти, брели по грязному снегу, по середине пустой темной улицы, по-видимому, действовал комендантский час для всего населения, а возможно, уже не действовал — просто люди опасались выходить вечером из дома.

И вот однажды, когда колонна изможденных людей, подгоняемая полицейскими, тащилась из леса по темной, пустой улице, моя мать увидела на тротуаре Голубинскую. Помните Голубинскую? Я вам про нее рассказывал: жена деповского механика, была влюблена когда-то в моего отца, ходила к нему в ятку... Теперь Голубинская, одетая в хорошее зимнее пальто, в теплый пуховый платок, шла по деревянному тротуару рядом с колонной и смотрела на отца... Это уже не был красавец Яков Ивановский, которого называли когда-то в городе французом, сейчас это был скелет в грязных лохмотьях... И все же Голубинская узнала его, она шла рядом с колонной и смотрела на него. Как смотрела, я не могу вам сказать. С любовью? Какая любовь через тридцать лет? С воспоминаниями о своей любви? Может быть... Иногда такие воспоминания сильнее самой любви. Может быть, она смотрела на него с болью, жалостью, состраданием... Не знаю. Но я знаю, как отнеслась к этому мать. Она громко, так, что слышали многие и, наверно, слышала сама Голубинская, сказала:

— Полицейская подстилка!

Муж Голубинской был начальником полиции.

Но, понимаете, Голубинская искала глазами не только отца...

Конечно, людские судьбы пересекаются иногда самым необычным образом. Но в данном случае ничего необычного не было. Маленький городок, люди прожили рядом жизнь, все знают друг друга, и хотя гетто было изолировано от остального населения, но что творится в гетто, знали все. И в том, что Голубинская оказалась на улице именно когда гнали из леса рабочую колонну, и высмотрела в ней отца и мать, ничего удивительного не было. Необычным и удивительным было другое: Голубинская искала именно мать и взглядом показала, что хочет с ней встретиться. И мать это поняла, и хотя в свое время Голубинская была для матери врагом номер один, пошла на встречу, хотя любые контакты между жителями города и обитателями гетто были запрещены под страхом расстрела.

После войны, нет, во время войны, в сорок четвертом году, когда я приезжал в отпуск, я встретился с Голубинской. Судьба ее была печальной. Муж участвовал в немецких акциях, наши его судили и повесили. И правильно сделали — это был зверь. Самое лучшее для Голубинской было бы уехать куда-нибудь: свидетели ее хороших дел погибли, остались свидетели злодеяний ее мужа, понимаете, как к ней относились люди. И, повторяю, ей следовало уехать. Но она не уехала, возможно, не было сил, это была сломленная женщина, тихая, молчаливая, может быть, немного тронутая, я даже не мог толком выяснить, как им с матерью удалось встретиться, за такую встречу муж мог ее убить.

Но они встретились, и вот что она сказала маме:

— Рахиль, в Чернигове освободили полукровок, есть приказ их не трогать, должны освободить и твоего Якова. В депо нужен завскладом, пусть Яков поговорит с Иваном Карловичем, у него Яков будет в безопасности.

Мать не меняла своего отношения к людям. И все же Голубинской, жене начальника полиции, жене палача и предателя, представьте, поверила. И решила: если Якова возьмут в депо, на склад, на железную дорогу, значит, его никуда не угонят, он будет здесь, в городе. Его можно спасти и надо спасти. Что бы ни ожидало ее саму, Дину, Сашу — отца надо спасти.

И она сказала папе:

— Пойди и скажи, что ты наполовину немец.

— Я не пойду, — ответил папа, — твоя судьба — моя судьба.

Но мать настаивала, даже плакала:

— Умоляю тебя, Яков, не мучай меня! Иди к Ивану Карловичу, уходи отсюда, ты должен жить. Если ты спасешь себя, то, может быть, спасешь и нас.

Она говорила не то, что думала, знала: их спасти невозможно. Но она знала также, что ради себя отец не уйдет, но ради нее, детей и внуков может уйти.

Отец тоже знал, что спасти их невозможно, а спасаться без них не хотел.

И он ответил:

— Рахиль, я сказал. И чтобы больше об этом ни слова.

Но мама поступила по-своему.

В городе было три немецких коменданта. Военный комендант лейтенант Рейнгардт, затем комендант гетто Штальбе и комендант железнодорожной станции капитан Ле-Курт. Казалось, старшим был Рейнгардт — военный комендант города. Это было не так. Штальбе, комендант гетто, подчинялся своему эсэсовскому начальству, судьба евреев была в его руках, у него были свои задачи, в которые Рейнгардт не вмешивался. Что касается Ле-Курта, то он ведал ограниченным участком, железной дорогой, и, следовательно, был как бы третьим лицом. Однако и это было не так. Наша станция была на границе фронтовой полосы, на стыке двух армейских группировок, немцы ее тщательно охраняли, ради нее готовы были пожертвовать всеми предприятиями города и даже заготовкой леса. Интересам железной дороги подчинялось все. Этим и определялась роль Ле-Курта. Он был самым влиятельным в городе офицером, к тому же старший по званию, человек независимый, энергичный и, возможно, не такой изверг и садист, как другие, но задача его была нелегкой. Работники станции, почти весь технический персонал, ушли с нашими войсками, работников-евреев с такого важного стратегического объекта удалили, их пригоняли из гетто только на погрузку и разгрузку вагонов, на расчистку путей после бомбежек. Но станция должна работать день и ночь, эшелоны прибывают один за другим, нужны люди; депо большое — здесь производилась смена паровозов, их ремонт, промывка и так далее. Прислали какое-то количество железнодорожных войск, но все равно специалистов не хватало. Среди тех, кто остался, был Иван Карлович, наш сосед. Иван Карлович был хорошим специалистом, всю жизнь проработал на железной дороге, знал дело, знал людей, к тому же немец, говорит и по-русски и по-немецки, лучшего помощника Ле-Курту и не надо, он его очень ценил и доверял ему во всем.

Что сказать об Иване Карловиче? Работал он за страх или за совесть — не знаю, факт тот, что работал с оккупантами. Положение его, как немца, было сложное, между двух огней, между молотом и наковальней. Не могу о нем ничего сказать, только констатирую: он продолжал работать на железной дороге и пользовался большим доверием коменданта Ле-Курта. К Ивану Карловичу и обратилась мать.

Как я уже рассказывал, дедушкин двор примыкал к саду Ивана Карловича, но их разделял сплошной забор, теперь к тому же наращенный колючей проволокой. И был приказ, запрещающий евреям даже разговаривать с неевреями, опять же под угрозой расстрела.

И все же мать сумела встретиться с Иваном Карловичем.

У Игоря был лаз в его сад, он пришел к Ивану Карловичу и сказал, что бабушка Рахиль ждет его у забора. Иван Карлович подошел. Согласитесь, с его стороны это был поступок, он мог и не подойти, мог передать Игоря полиции и заставить комендатуру так заделать забор, чтобы никто, ни большой, ни маленький, не смог бы проникнуть к нему в сад.

Ничего этого Иван Карлович не сделал, подошел к забору и выслушал маму.

— Иван Карлович, — сказала мать, — вы хорошо знаете Якова... Он отказался заявить, что он наполовину немец, не хочет оставлять нас... Но он пропадет, Иван Карлович, он погибнет через две недели, вы бы только посмотрели на него... Ведь полукровок не трогают, если они сами заявили, кто они. А Яков не заявил, боится, что мы пропадем без него, но это он пропадет из-за нас, он неспособен к такой жизни. Я вам скажу больше, у него не только мать немка, но и отец наполовину русский. Помогите, Иван Карлович!

В данном случае мать повторила легенду о таинственном происхождении старика Ивановского.

— Я подумаю, что можно сделать, — сказал Иван Карлович и добавил: — А вы постарайтесь больше со мной не встречаться, Рахиль Абрамовна, это может плохо кончиться.

Это все, что он сказал матери...

Но через некоторое время, как рассказывала Голубинская, воспользовавшись благоприятным моментом, Иван Карлович заявил Ле-Курту, что местный житель Яков Ивановский, помещенный в гетто, на самом деле наполовину немец, приехал из Швейцарии по романтической причине: влюбился в красавицу еврейку, — поэтому и назвался наполовину евреем, что сомнительно, если судить по его фамилии — Ивановский: самая, мол, распространенная русская фамилия, и в Швейцарии у него влиятельные родственники — немцы, человек он в высшей степени порядочный и честный, много лет проработал на деповском складе, прекрасно знает дело, и было бы хорошо вернуть его на склад, старый завскладом уехал, поставить на его место немца, не знающего русского языка, нельзя: не сможет выдавать запасные части, а среди русских сотрудников он не видит кандидатуры, никому, кроме Ивановского, он склада доверить не может.

Ле-Курт сносится со Штальбе, требует Ивановского, Штальбе возражает — каждый обитатель гетто его добыча. Ле-Курт настаивает, и вот за отцом являются два эсэсовца, все уверены, что его уводят на расстрел, только мать спокойна, понимает, что действует Ле-Курт. И верно, вскоре отец вернулся. С разбитым в кровь лицом, с рассеченным плечом. Отец сказал, будто из гетто его не выпустили, не поверили, что он наполовину немец, и стукнули пару раз за попытку обмана. И все это надо прекратить раз и навсегда. И мать ему поверила: людей избивали по любому поводу и без повода.

Однако, как было в действительности, мне рассказала Голубинская.

Отца привели в комендатуру и допросили. Переводчика не потребовалось. И во время допроса выясняется, что мать моего отца действительно немка из Базеля, урожденная Галлер, и в Швейцарии у него родственники — чистокровные немцы.

Произошло это в ноябре сорок первого года, протокола «Ванзее» еще не существовало, ясности с полукровками не было, а тут не просто полукровка, скажем, наполовину русский или украинец, а в его жилах течет немецкая кровь, и по внешности чистый немец, урожденный христианин-лютеранин, и врач установил, что необрезанный, и к тому же его требует сам капитан Ле-Курт, человек, облеченный чрезвычайными полномочиями.

И отцу объявляют, что он будет работать на железной дороге, может жить вне гетто, но должен еженедельно являться в полицию на отметку.

Отец спрашивает: а как жена, семья?.. Жена?! Семья?! Они останутся в гетто, и он не имеет права с ними общаться. Значит, ему жизнь, им смерть. И отец заявляет: или его выпускают с семьей, или пусть вернут обратно в гетто.

— Твоя жена еврейка, ее место в гетто, — отвечает Штальбе, — твои дети ублюдки, их место в гетто, и сам ты тоже ублюдок, и твое истинное место тоже в гетто. Или, может быть, ты себя считаешь немцем?

И отец, тихий человек, измученный работой на лесоповале, голодом и болезнями, оборванный, грязный, дошедший до крайности, отвечает:

— Если вы, господин Штальбе, немец, то я еврей.

Такой ответ! Понимаете! Штальбе мог застрелить его на месте. Не застрелил. Только вытянул два раза хлыстом, по плечу и по лицу. Что такое их хлыст, вы знаете? Это железный прут, обвитый кожей, таким хлыстом можно убить человека. Но отец остался жив. Штальбе велел ему возвратиться в гетто, а Ле-Курту сообщил: Ивановский от работы на железной дороге отказался, считает себя евреем и как таковой подпадает под действие общих еврейских мероприятий.

Ничего этого отец матери не рассказал, никому не рассказал, сказал только, что из гетто его не выпускают, а за попытку выдать себя за полунемца стукнули пару раз. Но из папиного рассказа мать сделала такой вывод: надо во что бы то ни стало доказать, что отец говорит чистую правду — он действительно полунемец.

Не помню, говорил я вам или нет, что у отца сохранился швейцарский паспорт. Почему сохранился, не знаю. Возможно, он хранил его как единственный документ, связывающий его с родиной, или просто как сохраняют аккуратные люди свои бумаги.

Мать достает паспорт и советуется с дедушкой, как быть. И дедушка сразу оценивает положение: Яков — иностранный подданный. Достаточно это для спасения или нет, дедушка не знал, я сомневаюсь, знал ли он вообще, что Швейцария — нейтральная страна, но то, что это шанс, он понял сразу, тем более за Якова хлопочет сам железнодорожный комендант.

— Я покажу паспорт Иосифу, — решил дедушка.

— Иосиф отдаст паспорт Штальбе, и тогда все пропало, — возразила мать.

— Он не отдаст его Штальбе, — сказал дедушка.

И хотя мать не верила Иосифу, знала ему цену, но доверилась дедушке: другого выхода не было.

Иосиф думал долго. Он лучше дедушки разбирался в политике, понимал, что с этим паспортом Яков не просто лицо смешанного происхождения, но и иностранный подданный, к тому же подданный нейтральной державы. И перед Иосифом встала дилемма: сказать Штальбе об этом паспорте или не сказать?

Допустим, скажет... Штальбе, безусловно, уничтожит паспорт, чтобы потом уничтожить Якова, и, безусловно, в полной мере оценит поступок Иосифа. Но что в к о н е ч н о м с ч е т е это принесет Иосифу? Благоволение Штальбе он и так имеет. И доверие тоже имеет: ему официально выдан пистолет «Вальтер» на случай, если кто-то в гетто нападет на него. Но сегодня Штальбе ему доверяет, а завтра спокойно отправит в лес на расстрел; другие гетто уничтожены вместе с самыми покорными юденратами. Благоволение Штальбе — выигрыш временный, в перспективе он ничего не дает. А вот зять наполовину немец, и в Швейцарии у него богатые и влиятельные родственники — это перспектива, смутная, неясная, но все же перспектива. Соломинка. Но утопающий хватается и за соломинку...

И Иосиф сказал дедушке:

— Я паспорта не видел, ты мне его не показывал. Ты этого паспорта тоже не видел, Рахиль тебе его не давала, так ей и скажи. Пусть передаст его Ивану Карловичу, как — ее дело.

Но мать побоялась отдать паспорт Ивану Карловичу, впервые в жизни не смогла принять самостоятельное решение... Чем кончилось ее вмешательство, ее обращение к Ивану Карловичу? Что, если все это повторится?.. И отдать швейцарский паспорт?.. А если паспорт пропадет?.. Колебания матери можно понять: один неверный шаг — и конец! Каждый день расстрелы, убийства, пытки, ей хотелось бежать к Ивану Карловичу и умолять его вызволить Яшу... Но, с другой стороны, именно она дала тогда повод Штальбе избить Яшу, не даст ли она повод для еще худшего, передав паспорт Ивану Карловичу?

И вдруг в гетто стали просачиваться сведения, что в соседних городах, селах и деревнях евреи истреблены поголовно, в том числе и семьи тех, кого пригнали сюда для работы. Представляете, что делалось? У каждого из четырех тысяч пригнанных сюда остались дети, отцы, матери, братья, сестры. Неужели они расстреляны и сброшены в яму?!

Сначала в эти слухи не верили, не хотели верить, боялись верить, особенно старики. Зачем это немцам? Ведь они нуждаются в рабочей силе, заставляют людей работать, как волов, зачем же убивать? Кто будет валить лес, разгружать составы, очищать пути после бомбежек? Кто будет работать на фабриках и заводах? Да, здесь творятся беззакония, но ведь это кровавый пес Штальбе и его подручные, да, приказы ужасные, но это приказы военного времени, да, бог покарал свой народ за тяжкие грехи его... Но где и когда было видано, чтобы убивали детей и женщин?!

Так говорили старики, но не все старики. Мой дедушка Рахленко так не говорил. И в наш дом эти сведения просочились раньше, чем в другие.

Первый сигнал был от Анны Егоровны — помните, бывшая Олина няня?

Анна Егоровна работала на кухне в немецкой офицерской столовой, в бывшем Доме колхозника. Внизу столовая, наверху — казино, офицерский клуб, в общем, увеселительное заведение для господ офицеров. Обслуживающий персонал был из местного населения, и во главе его начальник полиции Голубинский поставил пани Янжвецкую — помните бывшую владелицу гостиницы? Дама, как я уже рассказывал, аристократическая, представительная, знает этикет, сумеет накрыть и сервировать стол, словом, угодит господам офицерам. В надежности ее Голубинский не сомневался, тем более обещал, что гостиницу ей вернут в собственность, как незаконно реквизированную большевиками. Старуха Янжвецкая подобрала штат, и в числе прочих взяла на кухню и Анну Егоровну.

Однако с пани Янжвецкой получилось не совсем так, как рассчитывал начальник полиции Голубинский.

Дело свое она, безусловно, знала, умела и обслужить и приготовить, аккуратная, требовательная, и действительно своим представительным видом придавала этому заведению известную респектабельность. Но, понимаете, респектабельность тут никому не была нужна. Какая респектабельность, какой этикет, когда господа офицеры по любому поводу и без всякого повода напивались, как свиньи, и считали особым шиком вести себя здесь именно как свиньи!

И вот как-то напившись и придя в свое обычное свинское состояние, они потребовали, чтобы пани Янжвецкая доставила им женщин.

Пани Янжвецкая ответила, что в городе т а к и х женщин нет и не было.

Господа офицеры сказали, что все женщины т а к и е. Сказали это, гогоча и веселясь, в выражениях грубых, безобразных и непристойных.

Тогда пани Янжвецкая выпрямилась и объявила, что за свою долгую жизнь видела много офицеров, и русских и польских, и они никогда не позволяли себе так говорить о женщинах, потому что офицер — это прежде всего рыцарь. Так говорить, да еще в присутствии старой женщины, могут только хамы, только быдло, даже если оно, это быдло, в мундире с офицерскими погонами.

Такую речь выдала им пани Янжвецкая... Может быть, сказала бы еще что-нибудь, накопилось у нее, наверно, много, насмотрелась на эту сволочь... Но господа офицеры не дали ей договорить... Выбросили из окна, со второго этажа. Как вы понимаете, второй этаж для семидесятипятилетней старухи вполне достаточен.

Так завершила свои дни пани Янжвецкая. Достойная, гордая оказалась женщина. Мир праху ее!

Итак, первый сигнал об акциях истребления, сигнал, правда, косвенный, был от Анны Егоровны. Встретившись с Олей и передав ей продукты, она сказала:

— Скажи бабушке: увезу тебя в Диканьку.

— Зачем? — спросила Оля.

— Затем, что с голоду здесь помрешь, вот зачем.

Оля не передала этого моей матери. Анна Егоровна хочет спасти ее одну, а как же другие? Как Игорь?

Но на следующем свидании Анна Егоровна повторила свое требование, даже пригрозила: если Оля не передаст его бабушке, то она больше не будет приносить продукты.

Оле пришлось сказать об этом моей•матери. Мать сказала отцу и дедушке.

Отец сразу решил:

— Пусть увезет ее, здесь она умрет с голода.

И тогда дедушка сказал:

— Прежде чем она умрет с голода, ее убьют. В Соснице и Городне уже убили всех детей.

О том, что в Соснице и Городне убили детей, дедушка сказал впервые, но знал об этом раньше. Дедушка ведал захоронением умерших, немцы тогда еще позволяли хоронить умерших на кладбище, конечно, без похоронного ритуала, просто в порядке санитарии, под наблюдением полицаев. Кладбище было в трех километрах от гетто, каждые похороны были для похоронной бригады выходом во внешний мир, а хоронили, как вы понимаете, по нескольку раз в день, покойников хватало, и полицаям надоело бегать за каждым гробом, ждать, пока старики роют могилы, да и куда денутся эти доходяги, полицаи оставляли их одних и уходили пьянствовать. И там, на кладбище, дедушка встречался с людьми из окрестных деревень и знал все, что происходило вокруг, знал, что евреев уничтожают, но дома ничего не говорил, не отравлял людям и без того отравленную жизнь. Сказал лишь тогда, когда истребление подошло к их гетто. И стало ясно, что Анна Егоровна спасает Олю не от голода, а от расстрела. Ей отдали Олю, и Анна Егоровна уехала с ней в Диканьку.

Итак, слухи стали действительностью, и перед жителями города во всей ясности предстало их будущее.

И мать опять решила действовать.

18

Как раз в это время в гетто появился дядя Гриша. На выходе из леса затесался в колонну возвращающихся с работы, одетый, как и они, в лохмотья, с желтой звездой, пристал не к своим, они бы его узнали, а попадаться ему было нельзя — красноармеец из окружения, пристал к иногородним, они его не знали, такой же обросший, худой, изможденный, как и все. Декабрь, ночь, холод, и часовым холодно, гонят людей, и он прошел незамеченным, прошел благополучно, высмотрел в колонне Дину, догнал, сделал знак, чтобы не подавала вида, что узнала его, и вошел в дедушкин дом.

О себе Гриша рассказал коротко: вышел из окружения, скитается по лесам, завтра опять уйдет в лес. Версия эта выглядела достоверной. На самом же деле Гриша пришел из партизанского отряда Ивана Антоновича Сидорова — помните бывшего директора обувной фабрики? Сидоров жил открыто, немцы его не трогали: судим, обижен Советской властью. Ему даже предлагали какие-то должности, но он отказался, ссылаясь на нездоровье. Однако на оккупированной территории Сидоров остался по заданию райкома партии. В конце концов по доносу немцы дознались, кто он такой, но взять не успели — Сидоров ушел в лес.

О роли партизанского движения вообще и особенно в нашей лесной местности, на стыке Украины, Белоруссии и РСФСР, говорить не буду, эта роль всем известна. Партизаны наносили большой урон врагу, самим фактом своего существования воодушевляли народ, отвлекали на себя боевые части противника, помогали нам в разведке, наиболее успешно действовали на коммуникациях противника, вы, конечно, знаете, что такое партизанская «рельсовая война»...

В нашем районе партизанские, диверсионные и разведывательные группы начали создаваться уже во второй половине июля, недалеко от нас был знаменитый Корюковский партизанский район, куда немцы боялись соваться, поставили щиты с надписями «Зона партизан» и прорубили в лесах широкие просеки, чтобы уберечь свои транспорты от внезапного нападения.

Еще до прихода немцев Сидоров завез в лес продовольствие, кое-какое оружие. Мужик обстоятельный, толковый, людей отобрал тщательно, из местных — кого хорошо знал, а позже — из вышедших из окружения, кого хорошо проверил. Одним из вышедших из окружения и был дядя Гриша, Сидорову нечего было его проверять, он его знал еще по работе на фабрике; мастер на все руки, стал хорошим подрывником, Сидоров его очень ценил. Однако у отряда были свои задачи, он действовал в очень сложной обстановке, в оперативном тылу противника, в районе, где находились его крупные силы, и потому Сидоров разрешил Грише посетить гетто только в январе или феврале сорок второго года, а может быть, сам послал в гетто, у Сидорова были свои виды на наш город, вернее, на нашу железнодорожную станцию.

Гриша подтвердил, что кругом еврейское население истребляется, такая же участь ожидает и наш город. И надо готовиться или к смерти, или к борьбе.

Я думаю, многие были поражены. О какой борьбе может идти речь? С кем бороться? Чем? Палками? Надо сначала достать оружие, научиться обращению с ним и ждать удобного момента, ждать перелома войны.

Но, понимаете, ждать было нельзя, час пробил! Талантливые инженеры, химики и врачи рейха уже создавали первоклассную промышленность с газовыми камерами, крематориями, душегубками, мельницами для размалывания человеческих костей. Уже отправлялись в Германию чулочки и распашонки, снятые с убитых детей, вырванные изо ртов золотые коронки и мосты, женские волосы для набивки матрасов, пепел сожженных — на удобрение, уже изготовлялись из человеческой кожи абажуры и книжные переплеты: ведь Германия — родина книгопечатания. Индустрия смерти набирала силу, и надо было готовиться к обороне, обороне с пустыми руками, в которой они погибнут, но погибнут с честью.

Ночь Гриша провел со своими сыновьями Веней, Толей и Эдиком, с моей сестрой Диной и братом Сашей. Никто из них не остался в живых, и подробностей этого разговора я сообщить не могу. В эту же ночь Гриша встретился еще с несколькими людьми, хорошо ему знакомыми; я думаю, разговор был на ту же тему. Четырех человек Гриша отобрал в отряд, молодых, здоровых, среди них Евсея Кузнецова, мужа Маши Кузнецовой, крепкого мужчину, по профессии шофера. Конечно, ему хотелось взять своего сына Веню, тому уже семнадцать лет, высокий, здоровый, бесстрашный, как все Рахленки, но Веня был нужен здесь. Гриша остался бы в городе сам, но он пришел из окружения, красноармеец, мог быть только на нелегальном положении, а на трех улочках это практически невозможно.

На следующий день Гриша ушел в лес, а еще через два дня с лесозаготовок ушли отобранные им люди, вышли к условленному месту, где их ждал Гриша, чтобы отвести к Сидорову.

С ними пошел и маленький Игорь, Гриша показал ему дорогу в лес, после этого Игорь вернулся в гетто и с этого дня стал связным между гетто и партизанами. Был он отчаянно смелым, по наружности абсолютно русский мальчик, детство его прошло в нашем городе, и говорил он, как и жители нашего города, на смеси русского с украинским. Совершая рейсы из гетто в лес и обратно, он знал расположенные по пути деревни и в случае чего мог отговориться, да и мало ли скиталось тогда по дорогам бездомных мальчишек!

Что касается моего отца, то Гриша сказал, что он должен уйти на железную дорогу заведовать деповским складом, как предлагает Иван Карлович.

— Нам нужен свой человек на станции, — сказал Гриша, — этим человеком будешь ты.

Это была неожиданная постановка вопроса. Отец твердо решил не оставлять семью и, когда придет час, погибнуть вместе с ней. Он не боялся гибели и вне гетто, но вы знаете, что его смущало, что его останавливало?

— Если я попадусь, — сказал отец, — то пострадает Иван Карлович, он хлопотал за меня.

В этом был весь отец: он не мог подвести другого человека, тем более человека, спасающего ему жизнь.

На это Гриша ответил:

— За него не беспокойся, ему ничего не будет: он не может отвечать за каждого служащего депо.

Мать молчала. Она понимала, что Гриша не случайно посоветовал отцу уйти работать на железную дорогу, это задание его, Гришиных, начальников. Яков должен будет помогать партизанам, а она знала, сколько уже перевешали и перестреляли в окрестных селах людей, подозреваемых в связи с партизанами. Она сочувствовала партизанам, ненавидела немцев, но считала нашего отца неспособным к борьбе: сразу попадется, и его замучают. Но остаться здесь — тоже верная гибель. Уйти из гетто надо во что бы то ни стало, а там будет видно. Может быть, его отправят в Швейцарию как иностранца... Пусть уходит, а потом она уговорит Гришу ни во что его не впутывать, пусть оставят его в покое, дадут возможность спасти свою жизнь.

И она сказала:

— Яков, ты должен на это пойти.

Но отец свой долг видел в том, чтобы умереть рядом с женой, дочерью, сыном и внуком. Он не знал, будет ли он полезен для борьбы там, на деповском складе. Он знал, что, уйдя на деповский склад, уйдет из ада, но в аду остаются Рахиль, Дина, Саша и Игорь, и оставить их в аду отец не мог.

Я вам скажу вот что: безусловно, никто не знал мою мать так, как отец, но он знал ее еще такой, какой не знали и не могли знать другие...

Помню, было удивительно грибное лето. Сташенки приносили белые ведрами, сушили, засаливали, жарили, запах разносился по всей улице... Как-то утром, на самой заре, пошли в лес и мы, взяли с собой Дину, ей было, наверно, лет пять-шесть, не больше. Боровики росли за оврагом, но туда было далеко, дети бы устали, и решили по просеке свернуть в молодой сосняк, там могли быть маслята.

Мама с Диной шли впереди, песок еще не просох от росы, мамины следы были глубокие, а следы Дины едва заметные — она и не весила ничего.

И вот они присели на корточки — белый прямо на дороге! Мама привстала, шагнула в сторону: нет ли и рядом гриба, — и тут же закричала, схватила Дину, прижала к себе неловко, поперек, и застыла в испуге...

— Дурочка, — рассмеялся отец, — это уж.

Мама стояла бледная, не отрывая глаз от куста, и тихим, жалобным голосом спросила:

— Правда уж, Яков?

Меня этот голос поразил: такого жалобного, беспомощного голоса я у нее никогда не слышал, — это был голос слабой женщины, а не властной, решительной моей матери. Что она может испугаться, попросить защиты, пожаловаться — такой мы ее не знали. Такой знал ее один человек на свете — отец. И отец запретил матери передавать свой паспорт Ивану Карловичу. И мать на этот раз не посмела его ослушаться.

Отец опять остался в гетто. Как и все, голодный, раздетый, разутый, в фурункулах и язвах, валил на морозе лес, грузил на платформы и разгружал вагоны, чистил пути, подбирал неразорвавшиеся снаряды — делал, что и все: погибал в лесу, погибал в собственном доме, ел, что и все, то есть ничего не ел, возвращался в гетто поздно вечером, нес на себе обессиленных товарищей, чтобы не упали на дороге и их не пристрелили бы охранники. И мать ходила на работу, и Дина, и только Игорек оставался дома, а вскоре вернулась в гетто и Оля...

Кто-то в Диканьке выдал Анну Егоровну, ее арестовали, привезли к нам, предъявили Олю юденрату, и дядя Иосиф признал, что эта девочка действительно из гетто, и тут Иосифа трудно винить: факт был неопровержимый. Олю вернули в гетто, а Анну Егоровну вздернули на виселице, на городской площади, и на груди повесили табличку: «Она укрывала жиденка».

Так умерла Анна Егоровна, великая женщина, вечная ей память!

Я рассказываю факты твердо установленные. Эти факты составляют, как вы понимаете, сотую или тысячную долю того, что происходило в гетто. Все остальное ушло с людьми в могилу. Однако было н е ч т о, что составляло тайну в самом гетто, но именно ради этого нечто я и рассказываю эту историю, иначе мой рассказ не нужен — всюду было, в общем, одинаково, всюду людей уничтожали, а как конкретно уничтожали: заставляли ли сначала ложиться в ров, а потом расстреливали или, наоборот, сначала расстреливали, а потом сбрасывали в ров, — это уже не имеет значения.

О том, что я собираюсь рассказать, я имею очень скудные сведения, они позволяют лишь кое о чем догадываться, кое-что предполагать. Догадки эти и предположения могут быть правильными или ошибочными, точными или приблизительными, но без них окажутся непонятными дальнейшие события, ради которых я вам все и рассказываю.

Наш сосед, шорник Сташенок, дружил с моим дедушкой и пользовался дедушкиными сараями для хранения кожи, вы это знаете, кажется, об этом я уже говорил. В этих сараях были погреба. Их выкопали в гражданскую войну, когда налетали банды, все отбирали и приходилось в этих погребах прятать кожевенный товар. Погреба были хорошо замаскированы, под двойными полами, немцы о них ничего не знали. Даже мы, будучи детьми, не знали об их существовании. И вот в этих погребах взорвались Мотя Городецкий и внучка учителя Кураса — Броня, обоим по четырнадцати лет. Немцы взрыва не слышали, дедушка похоронил ребят на кладбище, а отчего люди умирали, эсэсовцы не интересовались, справок от врачей не требовали.

На чем все-таки подорвались Мотя и Броня? Может быть, играли с найденной миной или гранатой? Им, знаете, было не до игр. И в городе гранаты не валялись, их можно было найти в лесу, но, как известно, прогулки в лес не поощрялись, за прогулку в лес ребенка расстреливали на месте. И если ребята под страхом расстрела искали в лесу бомбы и гранаты, под угрозой расстрела приносили их в гетто, то, как вы понимаете, не для игр они это делали.

И все же, я думаю, эти бомбы и гранаты они находили не в лесу. Они их изготовляли. Не пугайтесь этого слова. Если можно назвать бомбой бутылку керосина, обмотанную тряпкой, гранатой — жестянку с гайками или болтами или просто отрезок трубы, набитый динамитом, то такие бомбы и гранаты они могли изготовлять, даже не пользуясь учебником химии или энциклопедией Брокгауза и Эфрона. И, хотя были детьми, понимали, что это не настоящее оружие. И вот вам второй факт: внуки Кузнецова Витя и Алик попались, когда с машин, оставленных шоферами, стащили автоматы. Если бы Штальбе знал, для чего они их тащили, безусловно, перестрелял бы половину гетто, но он расценил это как детскую шалость, а потому приказал расстрелять только самих шалунишек.

Мамину подругу Эмму Кузнецову, ее дочь Фаню и, наконец, Гришину жену Иду, мать четырех детей, расстреляли у проходной за попытку вынести с фабрики обмундирование. Возможно, они хотели обменять его на продукты. Собственных вещей у них давно не было, их отобрали, а что не отобрали, было давно выменено: за кочан капусты надо было отдать новое пальто, за десять картофелин — модельные туфли, хорошие часы ценились в буханку хлеба... Но обмундирование, сапоги, кожу на базаре не обменяешь. Это можно обменять у полицаев, у солдат, и не только на продукты.

Повторяю, факты скудные, смутные, их можно толковать по-разному, но вывод можно сделать только один: в недрах гетто, в глубине этого ада, зарождалось сопротивление, на первых порах неумелое, примитивное, наивное, но люди готовились к борьбе, и это главное! Семена, брошенные дядей Гришей, не пропали, и какие всходы они дали, вы еще увидите.

Но вот факт уже достоверный: я имею в виду разговор дедушки Рахленко с его сыном Иосифом, председателем юденрата, он дошел до меня почти дословно.

Дедушка пришел к Иосифу и сказал:

— Иосиф, ты знаешь, что сделали в Городне и Соснице?

— Знаю, — ответил Иосиф.

— То же самое сделают у нас.

— Что ты предлагаешь? — спросил Иосиф.

— Уходить в лес.

Иосиф знал, что до леса не дойдешь, а если дойдешь, то в лесу погибнешь, и это хорошо известно дедушке, и не для такого совета дедушка к нему явился.

— Еще что ты предлагаешь? — спросил Иосиф.

Это означало: выкладывай, зачем пришел.

— Есть мужики...

— Какие мужики?

— Хуторские.

— И что?

— Могут сховать за золото.

— Золото возьмут и выдадут.

— Мужики надежные.

— А где взять золото?

— У тебя нет?

— Для Гриши нет! — сказал Иосиф. — Думаешь, я не знаю, кто тебя прислал? Но имей в виду: Гриша партизан. Если Штальбе узнает, расстреляют вас всех, весь дом, — это в лучшем случае. В худшем — каждого десятого в городе.

— Я не видел Гришу с того дня, как его взяли в армию, — сказал дедушка, — где он и что с ним, не знаю.

— Я тоже не знаю и знать не хочу! — отрезал Иосиф. — Но зачем ты ищешь золото, знаю. Так вот: не впутывайся. С кем драться? С н и м и ?! Они взяли всю Европу и возьмут весь мир. Чем драться? Берданками, ржавыми махновскими обрезами? Против танков и пулеметов? Если они найдут у вас хоть один пистолет, они перестреляют все гетто. Грише легко ставить на карту вашу жизнь — он в лесу. Его сыновья — сопляки, хотят умереть героями, за это невинные люди пойдут на верную смерть.

— Их все равно ждет смерть, — сказал дедушка.

— Откуда тебе это известно? — возразил Иосиф. — Да, в Городне, в Соснице что-то было... Что именно — мы не знаем. Я спрашивал у одного человека. «Да, — говорит, — расстреляли». За что? «Исдэлали попытку на немцив». Тоже, наверно, собрались мальчишки с пистолетами. За это расстреляли всех. То же самое случится у нас. Если наши сопляки не образумятся, я их сам образумлю. У нас еще ничего не было, никаких акций, и не будет! Мы им нужны и долго будем нужны — леса много, а весной они будут строить дорогу, до будущей осени мы продержимся, а там они возьмут Москву, война кончится, наступит мир, а то, что делают во время войны, нельзя делать в мирное время. Надо выждать, надо продержаться.

— У тех, кого сюда пригнали из Сосницы и Городни, убили детей. Чего им еще ждать? — сказал дедушка.

— Еще неизвестно, кого убили, кого нет, — возразил Иосиф. — Могли вывезти в Польшу, здесь близко фронт, и они опасаются, что евреи будут помогать красным. Так вот, скажи всем: не надо сеять панику, распространять слухи. Если Гриша еще раз сюда придет, я передам его Штальбе, это моя обязанность, если я ее не выполню, меня самого расстреляют. И его сыновей, если попробуют хоть пальцем шевельнуть, тоже передам Штальбе. Я отвечаю за семь тысяч жизней и обязан так поступать.

— От семи тысяч уже осталось пять, — сказал дедушка.

— Пять тысяч тоже люди, — сказал Иосиф. — И не лезь в это, отец! Если про тебя узнают, то расстреляют не только тебя, но и всех стариков.

Дедушка понимал, что скрывалось за этим предупреждением: истребляют не только детей, но и стариков. Дедушка знал об этом и без Иосифа. Он видел его насквозь: врет, будто детей увезли в Польшу, — детей расстреляли; врет, будто где-то еще сохранились гетто, — они уничтожены вместе с их обитателями; врет, будто немцы возьмут Москву и война скоро кончится, — они обещали взять Москву еще в октябре. И жизнь им здесь никто не сохранит, все врет, скотина, думает только о своей шкуре, а не о спасении людей. Прежний дедушка все это выложил бы Иосифу, прежний дедушка вытянул бы его палкой. Но палкой он не узнал бы того, что ему надо узнать: откуда известно Иосифу о том, что приходил Гриша, и о том, что мальчики что-то затевают?

— Кто тебе сказал, будто приходил Гриша?

— Так ведь ты говоришь, что не приходил...

— Я не видел, но, может быть, кто-нибудь другой видел. Интересно — кто? Ведь Гриша мне сын.

— А я тебе не сын?

— Вы все мне сыны, и ты, и Лазарь, и Гриша. Но о тебе и Лазаре я знаю, а о Грише — нет, и хочу знать.

— Ты знаешь больше меня, и говорить об этом не будем. Иди, отец, и запомни: я отвечаю за людей и не дам их погубить ни Грише, хоть он мне и брат, ни Вене и Дине, хоть они мне и племянники, ни даже тебе, хоть ты мне и отец. Вы не одни на улице, на вас смотрят чужие глаза... Рядом с вами живут люди... Живет Алешинский, Плоткин... Живут Ягудины...

Нарочно так сказал Иосиф или обмолвился, но дедушке этого было достаточно.

— Добре! — сказал дедушка и ушел.

Как вы знаете, соседом дедушки был шорник Афанасий Прокопьевич Сташенок. Старший его сын, Андрей, как я вам рассказывал, работал в депо и жил в железнодорожном поселке с женой Ксаной — помните, за которой пытался ухаживать дядя Иосиф? Старший их сын, Максим, был на фронте, а дочь Мария и сын Костя работали в депо. Со стариками же Сташенками жила семья второго сына, Петруся, его жена Ирина и три дочки: Вера, Нина и Таня — шестнадцать, тринадцать и десять лет. Сам Петрусь был на фронте.

Немцы приказали Сташенкам убраться с Песчаной, как вошедшей в черту гетто, они переехали в наш дом на соседней улице, а их дом заселили евреями, пригнанными с других улиц и из других городов, впхнули туда человек, наверно, семьдесят или больше. Жил тут аптекарь Орел с дочерью и четырьмя внуками, жил несчастный мясник Кусиел Плоткин — помните, тот, у которого в ятке работал мой отец? Жена его уехала в эвакуацию с его бывшим приказчиком. И, между прочим, такое совпадение: жил старик Алешинский, бывший москательщик, у которого отец тоже служил в магазине; после нэпа Алешинский работал кровельщиком, у него, между прочим, было припрятано кое-какое добро, дедушка это знал. В доме шорника Сташенка жила и семья застреленного немцами Хаима Ягудина, его дети, внуки и правнуки, кроме тех, конечно, кто ушел в армию или эвакуировался.

Среди дочерей Хаима Ягудина я хочу обратить ваше внимание на Сарру, ту, что занималась бриллиантами и была в молодости похожа на Веру Холодную. Теперь ей было за пятьдесят, и, как вы понимаете, с Верой Холодной уже не было ничего общего, большую часть своей жизни провела в тюрьмах и лагерях, была и на Соловках, и на Беломорканале, и как уцелела, понятия не имею. Появилась она у нас перед войной, курила, хлестала водку, ругалась матом — словом, законченная уголовница-рецидивистка, и называли ее уже не Верой Холодной, а Сонькой Золотой Ручкой. Осталась она потому, что как пострадавшая от Советской власти ждала себе от немцев много хорошего и, пройдя огни и воды и медные трубы, не пропав в тюрьмах и лагерях, решила, что и здесь не пропадет. Но первое, что она получила, — это публичную порку на площади, пятнадцать палочных ударов, извините за выражение, по заднице, за то, что вышла на улицу с накрашенными губами, думала, по своей старой привычке, соблазнить кого-нибудь из полицаев, а может быть, даже из немцев, не захотела считаться с приказом, запрещающим красить губы и употреблять косметику, и за это ее наказали пятнадцатью палочными ударами так, что она месяц не могла сидеть. И немцы предупредили, что в следующий раз за накрашенные губы и вообще за косметику будут расстреливать на месте. Но это наказание ничему не научило Сарру, наоборот, только обострило ее подлую уголовную сущность. Она сумела втереться в доверие к немцам, ее назначили бригадиром, и она, законченная негодяйка и сволочь, издевалась над подчиненными ей людьми и требовала от них взятки, чтобы не посылать на тяжелые работы. А какую взятку можно взять с умирающего? Последнюю крошку хлеба, последний кусочек картошки. И эта дрянь брала и оставляла людей умирать. В общем, служила и себе и немцам верой и правдой, могла продать кого угодно... И дедушка понял, что именно она донесла Иосифу на Гришу. Она могла бы сообщить и в комендатуру, но что она имела бы от этого? Лишнюю пайку хлеба... Нет, она донесла Иосифу, председателю юденрата, донесла, что его родной брат, незарегистрированный военнослужащий Красной Армии, являлся в гетто и ушел из гетто; она шантажировала этим Иосифа, поэтому Иосиф оставил ее бригадиром, оставил без последствий многочисленные жалобы на нее, боялся, что Сарра расскажет Штальбе о том, что он, Иосиф, скрыл от комендатуры приход в гетто своего брата, красноармейца и партизана.

Я допускаю, что Иосиф не случайно намекнул дедушке про Сарру, знал, что дедушка этого так не оставит, но вступать в прямой сговор с дедушкой опасался; хотел избавиться от Сарры, но не хотел попадать в зависимость от дедушки и потому отдаленно намекнул ему про Сарру, знал, что дедушка поймет самый отдаленный намек. Дедушка понял. Мало того, проверил. И убедился, что Сарра знает о приходе Гриши, догадывается еще кое о чем, и принял свои меры.

19

Но свои меры дедушка принял не сразу. Не успел. Вскоре после его разговора с Иосифом в гетто была проведена первая акция уничтожения. Случилось это, по-видимому, в феврале или марте сорок второго года; одни говорят — зимой, другие — весной. Скорее всего, я думаю, в конце февраля или начале марта.

За неделю или за две была объявлена реквизиция ломов, заступов и лопат якобы для строительства дороги. О строительстве дороги слухи шли давно, это, по-видимому, должна была быть рокадная дорога, с севера на юг, именно о ней дядя Иосиф говорил дедушке. Реквизиция никого не насторожила, к реквизициям давно привыкли. Собранный инструмент полицаи погрузили на машину и увезли, как потом оказалось, в лес, на бывшую веранду аптекаря Орла. После нэпа здесь помещался буфет райпо, были пристроены кухня, кладовая и дровяной сарай.

Первой акции была подвергнута Прорезная улица. В четыре часа утра рабочие колонны ушли в лес, а в половине пятого в полной темноте эсэсовцы и полицаи с собаками выгнали людей на улицы, якобы для дезинфекции домов против тифа; выгоняли плетками, хлыстами, прикладами, выбрасывали из постелей; люди не успевали одеться — старики, женщины, мужчины, дети...

Больных выносили на носилках или на себе, калеки прыгали на костылях; брань, ругань, мат; тех, кто не мог подняться, застрелили там, где они лежали. Но несмотря на эту спешку, на брань, ругань, лай собак, хлысты, плетки, стрельбу, никто, ни один человек, не догадался, что это конец, что жить осталось несколько часов. Любое мероприятие сопровождалось бранью, побоями, плетками, хлыстами, расстрелами на месте, эсэсовцы требовали быстроты, быстроты, быстроты, скорее, скорее, скорее, не раздумывать, не размышлять, бегом, бегом, бегом! Задержался на секунду — пуля! Быстрее! Построиться в колонну, по десять человек в ряд, быстрее, быстрее, взяться за руки! Некоторые женщины не могли взяться за руки, у них на руках были грудные дети, солдаты выхватывали детей, разбивали их головы о мостовую, об углы домов; быстрее, вам говорят, скоты, свиньи! В живых остались только те младенцы, которых матери успели привязать к себе платками или полотенцами. Главное: быстрей, быстрей, быстрей! Менее чем за полчаса восемьсот человек выгнали из домов, построили в колонну по десять человек в ряд, все это под крики, ругань, собачий лай, выстрелы, свист хлыстов и плеток. На соседних улицах все слышали, гетто не спало, все боялись выходить, заперлись, хотя какие запоры тут могут помочь?

Солдаты окружили колонну и погнали в лес. Быстрее! Бегом, бегом, бегом!.. Люди бежали, дети бежали, калеки прыгали на костылях, старые, больные, немощные падали, их тут же пристреливали... Дорога к лесу, не более трех километров длиною, была выложена трупами застреленных; когда их потом закапывали, замерзшие трупы звенели, как стекло...

В лесу, перед поляной, где была веранда Орла, колонну остановили, разбили на четыре группы, по двадцать рядов в каждой, группы развели по четырем сторонам поляны и велели сесть на снег, так, чтобы между группами оставались проходы. Люди сели, на них скалились клыкастые собачьи морды, никто еще не понимал, зачем их сюда пригнали. Если дома хотят подвергнуть дезинфекции, то должны были бы переселить их на другие улицы... Зачем же сюда?

Зачем их пригнали сюда, они начали догадываться, когда немного отдышались от бега, успокоили детей, осмотрелись и в темноте, в предрассветной морозной дымке увидели сооруженные между деревьями сторожевые вышки с приставленными к ним лестницами, на вышках — солдат с пулеметами, увидели вокруг поляны эсэсовцев и полицаев с автоматами и в проходах

между группами тоже солдат и полицаев с автоматами и собаками...
Восемьсот человек были окружены, были в ловушке, были в капкане. Штальбе, педантичный школьный учитель, хорошо продумал и хорошо организовал свою первую акцию уничтожения. В соседних городках и селах акции уже были проведены, Штальбе тщательно изучил опыт боевых коллег, коллеги своим опытом с ним щедро, бескорыстно, по-товарищески, по-рыцарски поделились, ничего не утаили, ни достижений, ни ошибок, и Штальбе лично руководил акцией, стоял на веранде, окруженный своим штабом, и с удовлетворением наблюдал, как четко выполняется его план. Главное — это точный график для исполнителей и быстрота, не дающая жертвам опомниться.

Эсэсовцы отобрали пятьдесят мужчин, приказали им взять на веранде ломы, заступы и лопаты, очистить и углубить ров. Ров был противотанковый, вырытый для защиты железнодорожной станции от легких и средних танков, а потому был треугольной формы, выражаясь военным языком, «не полностью отрытый трапецеидальный ров». Полностью открытый трапецеидальный ров предназначен для задержки тяжелых танков, а здесь предполагалась атака средних и легких танков. Длина его для предстоящей акции была хорошая — семьдесят метров, ширина — пять с половиной метров — более чем достаточно, но вот глубина, два метра, — мало, наилучшая глубина — три метра. Итак, ров следовало углубить, расширить внизу, очистить от снега, земли, хвороста, листьев.

И когда пятьдесят мужчин спустились в ров и стали приводить его в порядок, люди уже отчетливо поняли, для чего они здесь.

Предутренняя луна освещала поляну, людей, сидевших на темном снегу, пулеметчиков на вышках, полицаев с винтовками, собак на натянутых постромках, эсэсовцев с автоматами, наведенными на мужчин, молча работавших во рву.

Луна освещала и самого Штальбе, стоявшего на веранде и молча наблюдавшего эту картину. Все идет зер гут, порядок образцовый. Главное, не превращать акцию в бойню, германский солдат должен участвовать не в бойне, а в хорошо организованной операции. Скажу вам как бывший разведчик, перевидавший немало немцев, они очень любили такие словечки: акция, операция, экзекуция. Для них порядок был символом закона, а во имя закона они могли спокойно убивать женщин, стариков и детей. Но если порядок нарушен, если дети, женщины и старики сопротивляются, то они ставят под сомнение справедливость этой меры. И Штальбе понимал, как важно добиться беспрекословного повиновения, добиться, чтобы люди безропотно легли в ров, легли с сознанием неотвратимости этой меры, — тем они сами подтвердят ее законность.

Мужчины кончили копать, выбрались изо рва, сложили у веранды ломы и лопаты и уселись, где им указали, на снегу, под охраной автоматчиков; после акции они должны будут закидать ров.

Затем первой группе приказали раздеться догола и сложить одежду на край поляны: обувь отдельно, верхнее платье отдельно, нижнее белье отдельно... И так как люди не выполняли приказа, понимали, что каждое их движение, каждый снятый ботинок, стянутый рукав — шаг к яме, шаг к смерти, и сидели на снегу оцепенев, то опять пошли в ход ругань, хлысты, нагайки, приклады, собаки; поляна пришла в движение, люди выли, кричали: «Палачи!», «Убийцы!», дети плакали, цеплялись за матерей: «Мамочка, не оставляй меня!», вопли, стоны; и в ответ опять хлысты, нагайки, приклады, брань, собачий лай; кто-то бросился в лес и упал застреленный — отсюда не убежишь; мужчины и женщины кидались на эсэсовцев, пытались вырвать оружие, боролись, кусались; и тогда по приказу Штальбе эсэсовцы отступили в цепь автоматчиков, окружавших поляну, цепь дала залп по толпе, толпа заметалась, с вышек застрочили пулеметы, поляна обагрилась кровью, и люди упали на землю и прижались к земле...

Штальбе дал приказ прекратить огонь — опять в толпу врезались солдаты, нагайками, хлыстами, прикладами заставили людей подняться, опять разделили их на четыре группы, приказали раздеться догола, и опять — быстрей, быстрей, без задержки! Не расшнуровывается ботинок — пуля! Ребенок не выпускает из рук куклу — пуля! И люди заторопились, рядом лежат убитые и недобитые, хрипят и корчатся раненые, и перед тобой дуло автомата, над тобой хлыст и плетка!

Теперь Штальбе приказал раздеться всем до единого! Видит бог, он хотел провести акцию организованно, хотел, чтобы дожидались своей очереди к яме одетыми, не мерзли бы; хотел быть гуманным, насколько позволяли условия, но они не заслуживают гуманности, пусть сидят на морозе голыми, пусть сидят среди трупов, пусть сидят на снегу, смешанном с кровью.

Порядок был восстановлен, и график, хотя и с опозданием, снова вошел в силу, однако с некоторыми коррективами; по плану экзекутируемые должны были аккуратно и плотно ложиться в ров, сверху их расстреливают из автоматов, на этот ряд ложатся другие, и так все. Но из-за их саботажа от этого плана пришлось отказаться: голых людей подгоняли ко рву, стреляли им в спину, люди падали в ров, а тех, кто падал возле рва, сталкивали туда сапогами; на их место подгонялись другие, стреляли и им в спину; не все пули попадали в детей, ведь дети маленькие, детей сталкивали в ров живыми, на них падали убитые, раненые, громадная окровавленная человеческая куча во рву шевелилась — главное, быстрее, быстрее, еще быстрее!

Наступила тишина, нарушаемая только автоматными очередями и пистолетными выстрелами; люди молчали, пришел их последний час, ничто их не спасет; они подходили ко рву семьями, прощались друг с другом, матери обнимали детей, отцы успокаивали сыновей, старики и старухи бормотали молитвы, вознося их богу, который и на этот раз не пришел им на помощь. Это была не тишина оцепенения, это была тишина мужественного прощания с жизнью, презрения к смерти, презрения к убийцам, только хлопали выстрелы, трещали автоматы, лаяли собаки и с веранды в рупор раздавались команды Штальбе.

Часто я слышу разговоры: как это, мол, так — подходили, спускались в яму, ложились, ждали свою пулю?.. А что могли они делать? Бегать по поляне, как зайцы? Показать врагу свой страх — животный страх?! Нет! Им была суждена смерть, неизбежная, неотвратимая, и надо умереть достойно. Молчание было их достоинством.

Когда все были расстреляны, пятидесяти мужчинам, исполнявшим роль могильщиков, приказали сбросить трупы в ров и закидать землей.

Они взялись за лопаты, это были сильные мужчины, понимали, что их ждет, терять им было нечего, они обо всем сговорились, сидя на снегу, когда расстреливали их жен, детей и матерей; и вот, снова взяв в руки ломы и лопаты, они вдруг бросились на солдат, прорвали цепь, веранда защищала их от вышек, они были вне досягаемости пулеметов и, прорвав цепь, кинулись в лес врассыпную. Эсэсовцы с собаками, стреляя из автоматов и пистолетов, кинулись за ними... И все же некоторым удалось уйти, двоих я видел после войны, лично встречался с ними, на их рассказах основывается кое-что из того, что вы от меня слышите. Но многих бежавших застрелили, трупы их остались в лесу, эсэсовцам некогда было ими заниматься, они вернулись на поляну и заставили полицаев закидать ров землей; и хотя потерь среди немцев не было, были легко раненные лопатами, искусанные и исцарапанные и один тяжело раненный — ломом пробита голова, все же Штальбе как честный офицер был вынужден указать в рапорте, что план экзекуции был нарушен сопротивлением экзекутируемых и несколько человек были застрелены при попытке к бегству. Реляция выглядела не слишком победной, и никакой награды Штальбе и его помощники, вероятно, не получили.

В гетто были слышны выстрелы, автоматные очереди, поляна была всего в трех километрах. Но люди, работавшие в лесу, на другой стороне железной дороги, километрах в восьми, ничего не слышали, и когда поздно вечером вернулись в гетто, то не увидели не только своих родных и близких, но и своих домов, выходы на Прорезную улицу были огорожены колючей проволокой. Песчаная и Госпитальная улицы и переулки между ними и были теперь гетто, жило в них тысячи три. Менее чем за полгода было уничтожено, расстреляно, погибло, умерло от голода и болезней около четырех тысяч человек.

Дома на Прорезной вместе с жалким скарбом были проданы жителям окрестных деревень. К сожалению и к стыду нашему, нашлись охотники купить дома и имущество невинно загубленных.

Одежду и белье расстрелянных привезли на швейную фабрику, обувь на обувную фабрику, рассортировали, починили и пустили в продажу через немецкий магазин. Разбирая эти вещи, работницы фабрик узнавали одежду и обувь своих родных и знакомых.

Юденрату Штальбе предъявил счет в сумме восьми тысяч рублей за патроны и прочие расходы, понесенные властями во время акции.

Так была проведена первая в нашем городе акция уничтожения. После нее многие повесились — веревки еще не реквизировали. Повесились отцы и матери, у которых были уничтожены дети; покончили с собой несколько семей, не желавших дожидаться, пока то же сделают с ними; муж убивал жену и детей, потом кончал с собой, или мать убивала своих детей, потом убивала себя, вешалась. Повесился и дядя Лазарь: не мог вынести этой жизни, не хотел валить лес для немцев, не хотел закапывать живых детей, не хотел спускаться в яму — и вот нашел в себе мужество умереть, повесился ночью в сарае; дедушка вынул его из петли и похоронил на кладбище, рядом с бабушкой. Некоторые убежали в лес, за это эсэсовцы расстреляли их семьи, а у кого семей не было, расстреляли в бригаде, где они работали, каждого пятого и ввели утренний а п п е л ь, перекличку.

На первом же аппеле Штальбе объявил, что в дальнейшем за побег будет расстреляна не только семья, но и все жители дома, где жил убежавший, и каждый третий в бригаде.

«Не уходите к партизанам, — сказал Штальбе, — в лесу вы погибнете от холода и голода, партизаны не принимают евреев, бросают их в лесу на произвол судьбы. Честно работайте, и акции больше не будет. Акция была вызвана зимними затруднениями с доставкой продовольствия, пришлось сократить численность гетто — тяжелая мера, но идет война, немецкие юноши погибают на фронте, население Германии тоже терпит лишения, надо это понять. Теперь вопрос с продовольствием решен, и акции больше не будет. Работайте! А о партизанах сообщайте. За каждое такое сообщение будет выдана награда».

Вскоре после аппеля в гетто снова пришел дядя Гриша и в подробностях рассказал об акции, рассказал со слов спасшихся мужчин, примкнувших к отряду Сидорова, и добавил, что судьба гетто решена: следующую акцию можно ожидать в любой день; надо уходить в лес, но в лес без оружия не пробиться, кордоны усилены, оружие нужно и для тех, кто не успеет уйти в лес, чтобы в случае акции оказать сопротивление.

Как я теперь понимаю и как мне впоследствии рассказал Сидоров, предполагалось создать из жителей гетто партизанский отряд, сначала боевой, потом семейный, где под опекой бойцов можно будет сохранить жизнь женщинам и детям. Замысел малореальный, утопический, вы сами понимаете: весной сорок второго года, когда перевес был еще на стороне немцев, переселить в лес сотни женщин, детей — фантазия! Но разве мало великих дел рождалось из фантазии?

Однако для выполнения этого фантастического плана нужно оружие. Самоделки, несколько украденных гранат и пистолетов — это не оружие. Нужно настоящее оружие, и много. Его можно захватить на станции, где разгружаются эшелоны с боеприпасами. Но для этого на станции нужен свой человек.

Было ясно, о ком говорил Гриша, он говорил о моем отце, прямо ему ничего не сказал, не хотел неволить, не хотел принуждать. Путь борьбы, на который встал он и встали его дети и товарищи его детей, был опасный путь, на него можно ступить только добровольно. В прошлый раз мой отец отказался от этого пути, и Гриша не хотел больше на этом настаивать, не хотел даже заговаривать об этом. Заговорила мать.

— Яков! — сказала мама. — Ты должен помочь нашим детям. Если не поможешь ты, никто не поможет.

С тяжелым сердцем сказала, знала, что ни о чем не станет просить Гришу. И отец по тому, как дрогнул ее голос, понял: мать говорит искренне.

Мой отец, моя мать не были бойцами. Они были людьми мужественными, но мужество их было отдано утверждению и защите их любви, их семьи. Любовь была их жизнью, и они должны были умереть вместе; единственное, чего они хотели, — вместе подойти к яме. Теперь им предстояло умирать отдельно и умирать по-разному. Но в ту минуту, когда мама произнесла эти слова, она была уже другим человеком, знала, на что посылает мужа, и ко всему была готова сама.

Опять же через Игоря отец послал Ивану Карловичу свой швейцарский паспорт и записку о том, что будет хлопотать о выезде в Швейцарию, а пока просит устроить его на работу в депо.

Не знаю, что произошло по этому поводу между Штальбе и Ле-Куртом, но отца выпустили из гетто и назначили заведующим деповским складом.

Как отец уходил из гетто, каким было это расставание, не могу сказать. И как он вышел из дома, и как шел по нашей улице, увязая в тяжелом песке, — тоже не знаю... В общем, это был конец... Появляться в гетто, видеться с кем-либо из гетто отцу запретили. Каждую неделю он был обязан являться в полицию на отметку, а его документы как подданного Швейцарии были отосланы в Берлин, в 4-й отдел гестапо, которым ведал Адольф Эйхман. Жил отец в маленькой каморке при складе. Склад этот и каморка сохранились. Мы с женой посетили ее в первый же свой приезд...

Да, я женился во второй раз... Как? Боюсь, эта история отвлечет вас от главной. Какой может быть секрет, что вы? Хотите узнать, пожалуйста...

20

Жена моя, Галина Николаевна, а тогда, в войну, просто Галя, служила телефонисткой в батальоне связи. Пошла в армию с первого курса пединститута. Это довольно редко: в связь шли с восемью, а то и шестью классами, а она, с таким образованием, пошла даже не в радистки, а в простые телефонистки. Курсы радисток — шесть месяцев, телеграфисток — четыре, а телефонисток — всего один. Галя стремилась скорее на фронт, отучилась месяц, и ее отправили в часть, она стояла там же, где и были курсы, — в Сталинграде.

Из литературы и из кинофильмов у нас сложился образ девушки-фронтовички: ладная, плотная девчонка в гимнастерке, юбке, сапожках, пилотке, зимой — ушанка и полушубок, лихая регулировщица с флажком. Были, конечно, и такие, но далеко не все. Галя была высокая, худощавая. К тому же в сорок первом — сорок втором годах нашим девушкам, случалось, выдавали не только мужское обмундирование, но и мужское белье... Рубашка, кальсоны, стеганые брюки, стеганая фуфайка, валенки... Такое обмундирование спасало жизнь, но, как вы понимаете, девушка в нем не могла выглядеть Венерой Милосской. Однако, с другой стороны, во что ни одень Венеру Милосскую, она останется Венерой.

На фронте бывала и настоящая любовь, бывало и так, что «война все спишет». Что такое девушка в войсках? Одно дело — госпиталь, где большинство персонала женщины и есть горячая вода, постельное белье и тому подобное, а мужчины — это раненые, больные, за которыми нужен уход, женщина от них не зависит. Другое дело — батальон связи: сплошь мужчины, девушки даже живут не вместе, а рассылаются на КП и НП, в корпуса, дивизии, полки, батальоны. Девушка одна, и иногда потребность в защите, сильной мужской руке, элементарном уюте берут верх... Как ни говори, даже у командира роты отдельная изба или блиндаж.

Но знаете, Галя, как говорится, пронесла свое знамя... Их таких было две: Галя и ее подруга Нина Полищук, обе из одного города, из одного института, вместе пошли в школу, стали телефонистками и попали в одну часть. Они себя поставили так, что никто к ним не подкатывался и не смел подкатываться. Нине это было легко: некрасивая, остроносенькая девочка. А Галя высокая, видная, глазастая, многим нравилась, но, понимаете, самостоятельная. Не имела того, что имели некоторые ее подруги по батальону, но солдаты ей помогали, берегли, она была смелая девочка, сидела на своем коммутаторе до последнего, получила два ордена Красной Звезды — для связистки это немало.

У нас, опять же по книгам и кинофильмам, сложилось мнение, что главная фигура в войсках связи — это радист, а о радистке и говорить нечего — она-то и есть самая героиня. Должен вам заметить, что это тоже не совсем так.

Радио не имеет проводов, для радиста уязвимо только то место, где он сидит. А телефонист тянет провод по полям сражений, часто на виду у противника, подвергается огневому воздей ствию и с воздуха, и артиллерией, и прицельным огнем снайперов. И нарушенную связь надо немедленно восстановить, войска не могут оставаться без управления, и восстанавливать приходится опять же на виду у противника. Связист маскируется, использует складки местности, но не всегда это удается, особенно на подходе к КП, где провод надо приподнять.

Вы скажете: телефонистка, мол, на коммутаторе, а связь тянут и исправляют мужчины, линейщики... Да, в основном так. Но если случилась беда, оператор обязан помочь восстановить линию. В боевых условиях женщины и тянули связь и ходили с катушкой. Узел связи располагается, как правило, на КП, скажем, в блиндаже, а какие, спрашивается, блиндажи были в Сталинграде? Там телефонистки сами рыли щели, укрывались в них с аппаратами, сами тянули провод, сами выходили и исправляли его под огнем. И хотя после пятнадцатого октября сорок второго года был приказ всех девушек отправить на левый берег: условия стали невыносимыми, — но к Чуйкову пришла делегация девушек, среди них Галя, и попросили оставить их наравне со всеми на правом берегу. И остались, и воевали, и гибли. Ни один город не знал столько героев, как Сталинград, а много ли сталинградцев получили это звание? Звания Героев стали щедро давать потом, когда пошли вперед, когда побеждали, а не тогда, когда оборонялись, а тогда-то и погибали неизвестные солдаты... И много девушек-связисток осталось в сталинградской земле, вечная им память!

Опять вы можете сказать: если телефонная связь представляет такую опасность, то не лучше ли воспользоваться радио, ведь радио надежней. Да, надежней. Но не забывайте, что в войну, особенно вначале, оно было еще несовершенным; к тому же противник слышит радио, значит, надо зашифровывать, потом расшифровывать, на это уходит время, а где его взять в боевых условиях? И вообще я вам скажу: любой командующий предпочитал телефон. По телефону воздействие на подчиненного прямее, непосредственнее, просто даже психологически, самим тоном разговора, характером командующего. Для боевого командира после личного общения на втором месте стоит телефонный разговор. Что же касается артбатареи, то телефон просто единственная связь: когда ведешь огонь, не до расшифровки радиограмм.

Именно в артиллерийской батарее Галя и начала службу, хотя туда, как правило, девушек не посылали, как ни говори — огневая позиция. Но с Галей так получилось: попала в артиллерию, там я с ней и познакомился. Потом, как я вам рассказывал, меня перевели в разведку, ее — в батальон связи, но дивизия была одна, и мы хоть не часто, но все же виделись...

И вот, понимаете, однажды, в ноябре или декабре сорок второго года, в Сталинграде еще, попали мы оба ночью в подвал разбитого здания, не то склада, не то пакгауза, возле разрушенной железнодорожной ветки; здание было разбито вдребезги, но этот кусок цел, и подвал под ним цел, народу набилось жуть, пройти негде, забрались сюда из разных частей те, кто имел право вздремнуть несколько часов. Ребята едва нашли мне место возле стены, сухое, подальше от двери. И тут появляются Галя с Ниной, бедные девочки, продрогли до костей, прямо из пурги, из боя, и нет им места, лежат все, повернуться нельзя. Но, знаете, как сказал генерал Гудериан, нет отчаянных положений, есть отчаявшиеся люди. Неплохо сказал. Пришлось потесниться, потеснить людей и уложить девочек. Как вы понимаете, спали в чем были, в стеганых брюках и ботинках, пол цементный, я постелил свою плащ-палатку, накрыл Галю своей шинелью, обнял бедняжку, она пригрелась, посмотрела на меня, улыбнулась и заснула крепко-крепко, хотя над нами грохотало, стены сотрясались, а она тихо спала, дышала рядом со мной, дыхание ее было как запах свежескошенной травы; он был особенным, этот запах, тем более здесь, где пахло мокрыми шинелями, талым снегом, махоркой и табаком, а лицо ее было рядом с моим, во сне оно было совсем детским, и губы были детские и реснички, — бедная девочка, воробышек, попавший в эту мясорубку. Такое у меня к ней было нежное чувство, я и спал как будто и не спал, задремывал, слышал ее дыхание, видел ее детское лицо и детские губы...

Под утро у дверей крикнули:

— Токарева, Полищук, на выход!

Галя проснулась, лицо ее было такое же детское, как и во сне, она доверчиво улыбнулась мне, встряхнулась, встала, и Нина Полищук встала, подобрали они свои винтовки, свои телефонные коробки, попрощались с нами и ушли. Ее лицо, глаза, доверчивая улыбка, ее дыхание, пахнущее свежескошенной травой, врезались мне в сердце.

Потом мы по-прежнему изредка виделись, она мне нравилась, и, как мне казалось, я тоже ей не был безразличен, хотя она не подавала виду. В сорок третьем году ей было двадцать лет, мне тридцать один, и я простой лейтенант-разведчик, ни черта у меня нет, кроме нашивок за ранения... А ей ничего не надо, бескорыстная, но, видно, дала зарок держаться, и ухаживать за ней я не мог, не хотел в ее глазах выглядеть одним из тех, кому нужна баба. Относился к ней по-дружески, и она была со мной приветлива. Она вообще была приветливая, но ее приветливость держала мужиков на расстоянии: знаете, есть такое умение у умных женщин, а у Гали к тому же профессия такая: во время боя телефон нужен всем, боем надо управлять. Особенно в штабе корпуса. Телефонных линий всего две: прямая и обходная, а точек на коммутаторе — сорок, и на каждой точке — крупный начальник, и он требует соединить с той или иной дивизией или частью. Всем надо! А как выйти из положения? Это искусство. Положим, говорит командующий артиллерией, в это время звонит начальник штаба. Командующего артиллерией не прервешь, но и начальнику штаба нельзя отказать в связи. Значит, надо как-то его успокоить... Одну, мол, минутку, товарищ полковник, сейчас вас соединяю, положите пока трубочку, ждите, сейчас соединюсь с дивизией и вам позвоню... Потом так это вежливо командующему артиллерией: «Василий Федорович, большая очередь выстроилась, ругают меня...» Таких ситуаций много, надо всех успокоить, никого не обидеть, знать подход к каждому, в двадцать лет девчонка должна быть дипломатом!.. Думаете, случайно на коммутаторе только женщины? Если на коммутаторе оказывается мужчина, то командир корпуса, только услышав его голос, уже начинает нервничать, начинаются всякие претензии, капризы. В боевой обстановке телефонистка — то же самое, что медсестра в госпитале. Когда пройдешь такую школу, научишься обращению с людьми и себя сумеешь поставить.

Вы помните май сорок третьего? Первый послесталинградский май? Великий перелом в войне... И неожиданное затишье на фронтах; мы приходили в себя после победы, немцы не могли прийти в себя после поражения. Май сорок третьего был особенным во всех отношениях, не был похож ни на какой другой. Вы скажете, был еще один великий май — сорок пятого года! Да, победа всенародная, всемирная! И все же для нас, фронтовиков, в мае сорок третьего было что-то неповторимое, мы почувствовали себя другими людьми, ощутили свою силу, уверенность, впервые вздохнули, привели себя в порядок, помылись, почистились после двухлетней изнурительной, кровавой дороги. Это была первая настоящая передышка, мы добыли ее кровью и жизнью своей. Впервые за войну могли отметить Первомай, имели право на праздник. А тут получаем приказы: мне звание старшего лейтенанта и орден Красного Знамени, ребятам тоже ордена и медали.

Стояли мы западнее Воронежа, в направлении Курска, в деревне, представьте, почти целой. Воронеж разбит вдребезги, окрестные села и деревни пожжены, а эта каким-то чудом уцелела — большая, избы целые, бани топятся, начпрод кое-что подбросил по случаю праздника, у нас трофейный ром и трофейный шоколад... Ну а главное, в этой же деревне связисты и среди них Галя, свободная от дежурства. И уже не сорок первый, а сорок третий, на Гале не стеганка с ватными брюками, а как раз гимнастерочка, юбка, сапожки и прическа... Видная девочка! И вот пришла к нам, к разведчикам, украсила наш скромный праздник.

И я за столом не последний человек, рота моя, за столом мои солдаты, я здесь старший. Я не кадровый военный, я человек штатский, не люблю, знаете, субординации, но армия есть армия, как ни говори, я им командир, мне везло в разведке, и ребята хотели со мной служить. Я, безусловно, требовал, без этого нельзя, но разных придирок себе не позволял: пуговица, подворотничок, как козыряет, какая выправка... Бывает невзрачный мужичишка, а он-то и есть настоящий солдат, а не тот, что вытягивается и смотрит вам в рот...

Но это к слову. Короче, первое мая сорок третьего года, обстановку я вам доложил: праздничный стол, ром, тушенка, сало, шоколад, за столом Галя, как королева, тут же и я — за старшего, и выходит, мы п а р а... И ребята мои так это и воспринимают, тем более именно ко мне она пришла в гости, ребята сообразительные, и как-то так получается, что все понемногу расходятся, куда-то исчезают, как бы по своим личным делам, оставляют нас вдвоем, хотя, можете мне поверить, я их не только к этому не вынуждал, но даже никак не намекал, мне, может быть, и хотелось остаться с Галей, но не могу же я портить остальным праздник... Праздник — это праздник для всех... И я, как старший, мог приказать людям сидеть за столом и продолжать веселиться. Но, с другой стороны, пожелай того Галя, она сама могла бы изменить ситуацию, могла бы тоже подняться и сказать, что если все расходятся, то и она уйдет, и тогда бы я сделал так, чтобы люди остались. Но Галя не встала, не заставила меня задержать людей. И мы остались вдвоем...

Вместе с тем я вижу: несмотря на праздничное настроение, Галя чем-то озабочена, что-то такое, знаете, мелькает в ее лице, промелькнет, исчезнет, снова промелькнет.

И я спрашиваю:

— А где Нина?

Раз на такой праздник она пришла одна, без подруги, с которой не расстается всю войну, и чем-то озабочена, то, возможно, в подруге все и дело.

На мой вопрос она отвечает:

— Не знаю.

Как может она не знать, где сейчас ее ближайшая подруга, ведь они живут вместе! Что-то между ними, по-видимому, произошло, поссорились, повздорили, бывает, но какое мне, спрашивается, дело? Подруги ссорятся, мирятся, это в порядке вещей... Мое внимание было направлено на другое, мысли мои были заняты другим, и ее озабоченность я отнес за счет ситуации: осталась наедине со мной, понимала, что-то должно произойти, возможно, решилась. Я беру ее руку в свои и сочувственно спрашиваю:

— Повздорили?

— Да, повздорили, — отвечает она, но руку не отнимает. Рука немного дрогнула, но я держу ее крепко, ее рука осталась в моей.

— Ничего, — говорю я, — помиритесь...

Чувствую тепло ее руки, мягкость ее ладони и ее близость. Я уже столько лет не дотрагивался до женской руки! Притягиваю Галю к себе и целую.

— Не надо, товарищ старший лейтенант! — говорит она.

Девушке положено сопротивляться, хотя бы символически. И я хочу снова ее поцеловать...

Но она освободилась из моих рук.

— Я же вам сказала, товарищ старший лейтенант, не надо!

Меня задело не ее официальное обращение, не раздраженный тон, не то, что отстранила меня, а то, каким привычным, умелым, как мне показалось, движением она это сделала. Нехорошее чувство шевельнулось во мне, несправедливое... Раз она умеет так уверенно и сильно освобождаться от мужчины, значит, умеет, когда надо, и не освобождаться.

Все же я примирительно говорю:

— Ну, Галя, зачем ломаться?

Она встала.

— Я думала, вы другой, а вы такой же, как и все. Эх вы, старший лей-те-нант!

В этом «Эх вы, стар-ший лей-те-нант!» мне почудилось желание меня задеть: мол, на КП она имеет дело с генералами, а тут новоиспеченный старший лейтенант, только сегодня получил звание и решил, что теперь ему все дозволено.

Мозги у меня свихнулись набекрень, что ли?! Ничего подобного со мной никогда не бывало, клянусь вам! И отчего — сам не пойму.

И я грубо спрашиваю:

— Лейтенант тебя не устраивает?

— Вы не такой, как другие, вы хуже, те хоть не притворяются, не лицемерят, — сказала Галя.

И ушла.

Я выпил еще полстакана рома и лег спать.

На следующий день все анализирую и понимаю, что вел себя как ничтожество. Надо извиниться, зря обидел девушку. Конечно, ничего уже между нами быть не может, это ясно, но все же почти полтора года знакомы, оказывали один другому уважение, и нельзя расстаться так по-свински, надо остаться людьми; скажу: мол, выпил, нахамил, извини, прости, забудь, будем дружить, как прежде. Ты вела себя правильно, а дала бы мне по морде, поступила бы еще правильнее. Она девочка умная, поймет меня и простит. И оттого, что я решил перед ней извиниться, стало легко на душе. И с такой легкой душой я отправился на другой конец деревни, где жили связистки.

Прихожу, Гали нет, есть ее подруга Нина Полищук, я о ней вам рассказывал, и еще какая-то девочка, связистка.

Я вызываю Нину, спрашиваю, где Галя. Нина пожимает плечами:

— Не знаю.

И я чувствую, что это «не знаю» означает «знать не хочу». Так же, как вчера у Гали... Только у Гали это было встревоженное, обеспокоенное, а у Нины раздраженно-злое, непримиримое.

У Нины Полищук тоже была хорошая репутация и как девушки и как связистки, но совсем другая, чем у Гали. Маленькая, черненькая, длинноносенькая, замухрышечка, хорошая телефонистка, но опять же не как Галя, а совсем по-другому. Дипломатии, обходительности, мягкости — никакой! Но она, понимаете, была зато очень точная, сообразительная и исполнительная. Говорила сухо, официально, резковато даже, но никогда ничего не забывала и безошибочно ориентировалась в штабной обстановке, решительная была, и ее решения, как правило, оказывались верными, и потому все пасовали перед ее категоричностью, и хотя вначале были конфликты и недоразумения, и ее даже убирали с главного коммутатора, но постепенно к ней привыкли, особенно командир корпуса, из всех телефонисток он больше всего любил работать именно с Ниной, потому что для него Нина делала все. Для командира корпуса и Галя делала все, но Галя делала это мягко по отношению к другим, мол, извините, закругляйтесь, генерал требует провод, а генералу: «Одну минуточку, товарищ генерал, сейчас вызову», — то есть дает одному закончить, а командира заставляет немного подождать. Нина для командира корпуса незамедлительно прервет любой разговор, но зато, когда он кончит говорить, никогда не забудет того, кого прервала, позвонит ему сама и предложит продолжить.

В общем, такой у нее был независимый и категоричный характер, характер довольно неуживчивый, к ней надо было приспособиться, но если уж приспособишься, то ладить можно. Во всяком случае, с Галей они дружили, и вот на тебе — поссорились...

И я напрямик спрашиваю:

— Из-за чего вы поссорились?

Нина, в свою очередь, спрашивает, откуда я знаю про их ссору и что по этому поводу говорила мне Галя, и так далее и тому подобное, чем не буду вас затруднять, тем более мы и так уже слишком задержались на этой истории, и потому передам ее суть.

Все дело оказалось в писателе Достоевском. Представьте себе! Но, между прочим, гораздо серьезнее, чем можно подумать в первую минуту. Не в том дело, что они поспорили о Достоевском. Девочки образованные, начитанные, с первого курса пединститута, собирались стать учительницами литературы, знали кого угодно, в том числе и Достоевского, которого, признаюсь, я тогда почти не знал, ни в какую программу он не входил, а я читал прежде всего то, что требовала программа. Достоевского она не требовала.

Как у всякого писателя, были у него поклонники, были противники. Галя, например, признавала его крупным художником, однако утверждала, что герой его одинок, беспочвен, эгоцентричен, у него больная душа и разорванная психика. Крыла Достоевского марксистскими критиками, которые, мол, давно разоблачили реакционные тенденции в его творчестве, говорила, что он обращен к плохому в человеке в отличие от Льва Толстого, который возвеличивает в человеке хорошее, доброе, благородное. А Нина Полищук, наоборот, утверждала, что только Достоевский по-настоящему раскрыл человеческую психологию. У Нины, понимаете, отец был ученый — филолог, специалист по

Достоевскому, и за это его в свое время здорово прорабатывали: мол, защищает реакционные взгляды. Таким образом, для Нины Полищук Достоевский был великий писатель, за которого ее отец пострадал, и потому всякую критику Достоевского она воспринимала болезненно, и Галя, как ее ближайшая подруга, старалась этой темы не касаться.

Но тут как раз немец сбросил листовки. Сбрасывал он их все время, мы на них не обращали внимания, глупости, ерунда, но, понимаете, на этот раз они сбросили листовку с текстом Достоевского «О жидах», одна такая листовка попалась Гале, и она показала ее Нине: смотри, мол, каков твой Достоевский.

Нина, конечно, на дыбы: не может этого быть, это немцы выдумали, это подлог.

В общем, они поспорили, Галя и Нина, спор был в избе, в присутствии девочек, листовка ходила по рукам, этот факт дошел до уполномоченного особого отдела лейтенанта Данилова; Данилов, как и я, Достоевского вряд ли знал, а вот что листовки полагается сдавать, знал хорошо, и что не полагается передавать их другим и делать предметом обсуждения, тоже знал. Он вызвал и опросил девушек, в том числе Нину и Галю, все подтвердили, что Галя принесла листовку, и она сама не отрицала, хотя понимала, что ей грозит и чем все это может кончиться. Этим и объясняется ее вчерашнее встревоженное состояние. И я, конечно, все понял, оценил обстановку, сообразил, чем все пахнет.

Иду к Данилову и говорю ему:

— Слушай, лейтенант... Эта листовка моя, я ее подобрал... Зачем сохранил? Видишь, в ней ссылаются на писателя Достоевского... Я показал ее Гале Токаревой, она ведь с филологического. А она спросила у Полищук, у той отец профессор, специалист. Все получилось из-за моего любопытства, хотелось, понимаешь, выяснить... Но мог ли я распространять немецкую листовку, как ты думаешь?

— А почему Токарева (это Галя) не сказала мне, что ты ей дал листовку? — спрашивает Данилов.

— Данилов, — говорю я, — а т в о я девушка сказала бы про тебя? Ты Галю не знаешь? Пожалуйста, я тебе дам любые объяснения, хоть в письменном виде, хоть как... А еще лучше, порви ты эту гадость к чертям собачьим, вон их сколько в поле валяется, не порть жизни ни мне, ни девчонке.

— Нет, — говорит, — так просто ее порвать нельзя.

Поднимает трубку, звонит на коммутатор, говорит Гале:

— Токарева! Оставь вместо себя подмену и немедленно приходи ко мне.

Является Галя, садится, Данилов ее спрашивает:

— Так откуда у тебя эта листовка?

— Я вам уже объяснила, — отвечает Галя, — подобрала на улице.

Данилов показывает на меня:

— А вот старший лейтенант утверждает, будто он тебе ее дал.

— Я не знаю, что утверждает старший лейтенант, и знать не хочу, — стоит на своем Галя.

Тогда Данилов берет листовку, сворачивает трубкой, чиркает спичкой и поджигает. Когда листовка сгорает, затаптывает сапогом пепел и говорит:

— То, что ты выгораживаешь с в о е г о старшего лейтенанта, это по-человечески понятно, но в другой раз советую: ни от старшего лейтенанта, ни от кого другого таких подарков не принимай. А вы, товарищ старший лейтенант, таких подарков впредь не делайте.

— Это не подарок, — говорю, — обратился в порядке консультации по поводу Достоевского.

— И поступили неправильно, — поучает он меня, — поставили сержанта Токареву в ложное положение, но, принимая во внимание, что вы боевой офицер, я это дело прекращаю, рассматриваю как непродуманный поступок, но предупреждаю вас на дальнейшее. Все, идите, ребята, и больше мне не попадайтесь!

Между прочим, позже Данилов мне сказал, что сразу понял, что я вру, хочу выручить Галю, и он был этому рад, сам не хотел гробить такую хорошую девочку, только не знал, как прекратить дело, так что мое заявление пришлось кстати. Правду говорил или нет — не знаю, но, во всяком случае, вел он себя в этом деле хорошо, попадись на его месте другой, Галя могла бы здорово пострадать.

Но все обошлось, мы с Галей выходим, она усмехается:

— Спасибо! Чем теперь я вам обязана?

— Галя, — говорю, — зря ты так... Не надо, я вчера вел себя как свинья...

— Я не о вчера, я о сегодня, — перебивает она меня, — вчера было и прошло. А сегодня вы явились сюда как м о й старший лейтенант, ведь Данилов так и сказал: «Выгораживаешь с в о е г о...» Может быть, вы заявили ему, что я ваша «пепеже»?

— Нет, этого я ему не заявлял, — отвечаю, — так заявлять у меня нет оснований. Просто ты даже не понимаешь, насколько это серьезно и чем могло кончиться.

— Не беспокойтесь, — говорит, — обо мне есть кому побеспокоиться.

— Ну что ж, — отвечаю, — тем лучше, пригодится тебе в следующий раз, передай ему привет, а сама будь здорова!

На этом мы расстались. Я не обратил внимания на ее намеки о защитнике, я его знал: это был наш генерал, командир корпуса, он ценил ее и, вероятно, защитил бы. Не в нем дело... Конечно, два года фронта, нервы истреплются и в двадцать лет, но она была рассудительная и умная девочка, я, наверно, смог бы ее убедить, что я искренне раскаиваюсь в своем вчерашнем поступке. Однако разубеждать ее не было возможности. Вскоре начались бои на Курской дуге, мы пошли вперед, летняя кампания — Белгород, Орел, Харьков, зимняя кампания — Киев, Корсунь-Шевченковская, Ровно, Луцк, Проскуров, Каменец-Подольский, потом опять летняя кампания, мы идем по Белоруссии, входим в Польшу, в конце июля — начале августа сорок четвертого форсируем Вислу и захватываем плацдармы в районе Мангушев. За эти год с лишним я раза два видел Галю, так, мельком, в штабе корпуса, потом командира батальона связи перевели в штаб армии, он забрал в штаб армии и Галю. Ну, а поскольку она в штабе армии, то, сами понимаете, видеть я ее не мог. И, как я потом узнал, сразу же по окончании войны она демобилизовалась и уехала: бывших студентов демобилизовывали для продолжения учения, а я еще год служил в Германии в оккупационных войсках.

Стояли мы тогда в Райхенбахе, неподалеку от Хемница, ныне Карлмаркскштадт, жизнь продолжалась. Но Галя не выходит у меня из памяти, крепко врубилась в сердце, я не мог забыть той ночи, когда мы спали вместе в сталинградских руинах, ее детское лицо, доверчивые глаза и запах свежескошенной травы — всего этого я забыть не мог, все это осталось во мне на всю жизнь. Правда, там, в Райхенбахе, у меня был роман с врачом Комиссаровой — капитан медицинской службы, видная женщина двадцати восьми лет, такая же одинокая, как и я, умная, интеллигентная, воспитанная, корректная, с достоинством! Ездила ко мне из Эрфурта, где стоял их госпиталь, и я ездил к ней, была у меня машина «опель-олимпия». Любила ли она меня? Думаю, да! Но, как я уже сказал, была сдержанна вообще, и в проявлении своих чувств особенно. И ее сдержанность была, если хотите, ответом на мою сдержанность, все понимала, а я был сдержан потому, что между нами незримо стояла Галя... Роман с Комиссаровой ничем не кончился. В июле сорок шестого года я демо-

билизовался, вернулся в Союз и поехал в Москву; в Москве, в Нарко-
мате легкой промышленности, работал один мой фронтовой друг,
Вася Глазунов, обещал работу, может быть, даже и в Москве, хотя в
Москве, конечно, трудно с пропиской, но все же, мол, приезжай,
подумаем, пораскинем мозгами, чего-нибудь сообразим.

У своего фронтового товарища я встретился с другими, всех
нас пораскидало, все рвались домой, не у всех он оказался, этот
дом. Каждый перестраивал свою жизнь на новый лад, завязывал
новые связи, но все же не забывались и старые, скрепленные
кровью и тяжелым солдатским трудом.

И вот как-то сидим у моего приятеля, вспоминаем, перебира-
ем, кто, мол, и где, и тут один говорит:

— Ребята, помните Галю Токареву, телефонистку, была у нас в
Сталинграде, потом в штаб армии перешла?

У меня сердце замерло.

— Так вот, — продолжает он, — я ее видел, встретил на Ярославском вокзале, она где-то под Москвой живет, а в Москве работает.

— Где живет, где работает? — спрашиваю.

— Не знаю, — отвечает, — мы с ней были мало знакомы, она
даже меня не узнала, я ей напомнил наш корпус, батальон связи...
Спросил: как, мол, ты? Ничего, отвечает, хорошо. В шубке, в ша-
почке меховой, дамочка дай бог!

Что вам сказать? Весь январь сорок седьмого года я провел на
Ярославском вокзале. Каждый день, без выходных. С семи утра
встречал пригородные поезда, вечером с пяти и до двенадцати
ночи их провожал. Бывало, и весь день стоял. А морозы — январ-
ские, и народу — тысячи, и платформ — не одна, и светает поздно, и темнеет рано... Гиблое дело... Нет Гали... Я и в справочном
бюро узнавал: Токарева Галина Николаевна, родилась в Сталинграде в двадцать третьем году... Нет, не значится, нет такой в
Москве. Значит, живет где-то под Москвой... А где?

Наступил февраль, я и в феврале стою, хотя и понимаю: зря!

И все же я ее встретил! Да, да, встретил! Представьте себе! В
воскресенье утром. Приехала из Тайнинки, где жили ее родители
и где была она прописана, хотя фактически жила в Москве, снимала с подругой комнату, училась в Московском университете, на
филологическом факультете, на третьем курсе, на воскресенье
уезжала к родителям в Тайнинку, а тут приехала — в магазин.

И я говорю:

— Если не возражаешь, и я с тобой, как раз собирался, тем более человек я приезжий.

— Давно в Москве? — спрашивает.

И что-то не случайное послышалось мне в ее вопросе.

— Да уж с месяц, — отвечаю. — А почему ты спрашиваешь, видела, что ли?

— Видела.

— Где?

— Здесь, на вокзале, два раза видела.

— Почему не подошла?

— Ты кого-то искал, боялась помешать.

— Я тебя искал.

Она помолчала, потом сказала:

— Я знала, что ты меня ищешь. Но зачем?

— Галя, — говорю, — вот я весь перед тобой, какой есть, я люблю тебя, всегда любил только тебя одну, и искал тебя, и нашел.

— И я тебя люблю, — отвечает, — и знала, что мы встретимся, но ты как был мальчишкой, так и остался...

Живем мы уже почти тридцать лет, и все эти тридцать лет как один день. У нас три сына — Яков, Александр и Генрих, внук Игорь и внучка Дина, так их назвали в честь тех, кто лежит в сырой земле...

Почему мои сыновья записались евреями? Из уважения ко мне? Мать они уважают не меньше. Но, понимаете, сын грузина и русской, как правило, пишется грузином, сын узбека и русской — узбеком. И, знаете, все же не муж принимает фамилию жены, а жена фамилию мужа и дети фамилию отца. Я думаю, мои ребята поступили правильно. И Галя тоже так думает.

Ну вот вам история моей женитьбы, и я снова могу вернуться к нашей главной истории.

21

Весной сорок второго года в гетто умирало, как рассказывают, человек пятнадцать — двадцать в день, свирепствовала дизентерия. Штальбе заставлял хоронить всех немедленно, получил приказ «О захоронении валяющихся на дорогах трупов лошадей, скота, собак и евреев». Весна, трупы разлагаются, и трупы было приказано закапывать на глубину не менее двух метров. Что же касается гробов, то выручили еврейские обычаи, предписывающие хоронить покойника без гроба, завернутым в саван, гробы приносили обратно в гетто для новых покойников, гробов хватало, а вот когда стало не хватать саванов, то Штальбе приказал хоронить покойников без них, возвращать саваны в гетто и заворачивать в них других покойников. Приказ был выполнен. В гетто возвращались и гробы и саваны.

К тому времени, как я понимаю, у нацистов прошел, так сказать, первый пыл, первый энтузиазм массовых умерщвлений, избиений, глумлений и издевательств, все это превратилось в привычку. В первые дни перед ними были несколько тысяч человек, правда, в большинстве женщин, детей и стариков, но здоровых, сильных, полных жизни и энергии. И потому на первых порах пришлось быть особо бдительными, проявлять крайнюю жестокость, чтобы превратить этих людей в рабочий скот. Теперь они видели перед собой не семь, а тысячи три доходяг, истощенных, обессиленных, грязных, отупевших, оборванных, обмороженных, искалеченных, едва передвигающихся по земле существ, которых никак не назовешь людьми. Эти существа подыхали в гетто, подыхали в лесу, согбенные до земли, и, главное, теперь, после акции, знали, что их неминуемо ждет смерть, твердо это знали, примирились, свыклись с тем, что могут умереть в любую минуту, готовы безропотно умереть, на них не надо даже тратить патрона, они падают от одного удара плеткой. Цель достигнута, режим соблюдается автоматически, страх вбит крепко и навсегда. И если раньше всех возвращающихся с работы тщательно обыскивали, то теперь обыскивали кое-как, с ленцой, с отвращением: противно прикасаться к этим вшивым, покрытым язвами существам, даже смотреть на них тошно, особенно сейчас, в апреле, когда томительное весеннее солнце горячит кровь, тянет на травку, к выпивке, мимо едут в отпуск солдаты с трофеями, с русским барахлом, с железными крестами, а ты тут ковыряйся в дерьме и вони. Можно, конечно, для развлечения заставить их раздеться догола и валяться в грязи или заставить делать гимнастику, скажем, приседания, всем вместе, под команду: «Присесть! Встать! Сесть! Встать! Десять раз!.. Двадцать!.. Тридцать!.. Пятьдесят!.. Сто!..» Пока не рухнут мертвые. Или заставить танцевать... Голыми, конечно... После работы, конечно... Вальс, например... Один эсэсовец виртуозно исполнял на губной гармонии «Сказки Венского леса» Иоганна Штрауса, сбиться с такта мог только болван, сволочь, саботажник, за что и получал последний удар плетью... Но еще лучше их танец, фрейлэхс... Ну и потеха, ну и умора! Цирк! Кино! Кабаре! Вы бы посмотрели, как эти скелеты подпрыгивают, вскидывают ноги и руки, заправляют большие пальцы под мышки, и выпячивают свои цыплячьи груди, и опять, конечно, падают, и опять приходится хлыстами отправлять их на кладбище. Но и такие зрелища надоедают. Что же тогда говорить об осмотрах и обысках... Если раньше заставляли нести гроб отдельно, крышку отдельно, то сейчас в крайнем случае приказывали приподнять крышку, а чтобы развернуть саван, и речи не было, тем более в эти саваны заворачивали покойников, умерших от заразных болезней.

Однако, как рассказали мне те два человека, которым, помните, удалось бежать во время акции, именно в саванах и проносили в гетто оружие.

Дедушка жил на кладбище. Когда хоронишь в день по пятнадцать человек, то пятнадцать раз не будешь бегать три километра туда и обратно, и дядя Иосиф доказал Штальбе необходимость разделения труда: одни собирают трупы в гетто, другие несут их на кладбище и возвращаются с пустыми гробами и саванами, третьи роют могилы и закапывают трупы, эти третьи и жили на кладбище в сторожке. К похоронной бригаде были прикреплены два полицая из наших местных, я их знал: один бывший уполномоченный Госстраха Морковский, другой — Хлюпа, ветеринарный фельдшер, молодой еще, между прочим. Оба, как вы понимаете, законченные негодяи, но дедушка их купил с потрохами за самогон и сало.

Самогон? Сало?! Откуда у дедушки самогон и сало? Он сам, его дети, его внуки погибают от голода. О каком сале, о каком самогоне может идти речь?

И все же дедушка имел самогон, имел сало, имел кое-что посущественнее сала и самогона. Я имею в виду золото. Где он взял золото? Отобрал у тех, кто его имел. Чего не могли добиться немцы расстрелом заложников, автоматами и пулеметами, сумел сделать дедушка. Голодный, холодный и бесправный, он ежедневно закапывал по десять-пятнадцать покойников, похоронил жену и сына и сам одной ногой стоял в могиле. И я скажу вам так: если старик восьмидесяти двух лет в э т и х у с л о в и я х находит в себе силы доставать оружие, в э т и х у с л о в и я х делает все, чтобы отстоять достоинство своих сограждан, то бог и природа наделили его могучим духом и могучей волей.

Как я рассказывал вам, дедушка рассчитывал взять золото у своего сына Иосифа, это тогда не удалось, зато удалось убедиться, что Сарра Ягудина знает о приходе в гетто дяди Гриши, знает, что мальчики что-то затевают. шантажирует этим Иосифа

Иосиф, председатель юденрата, ее боится. Дедушка рассказал об этом моей маме, и они решили принять меры. Однако произошла акция, расстреляли восемьсот человек, и свои меры они приняли уже после акции и после еще одного события, о котором сейчас расскажу.

Безусловно, в войне с гражданским населением немцы достигли многого, на этом фронте они знали одни победы — естественно, перед ними был безоружный противник... Миллионы убитых... Не все они были мужественны, но среди них были и герои, имен их мы не знаем или почти не знаем... Но если говорить о гетто, то первый памятник — детям гетто: они были самые бесстрашные. Они доставляли в гетто продовольствие, проявляя при этом невиданное мужество и отвагу, многие поплатились жизнью за кусок хлеба, горстку муки, за одну картофелину, за одну свеклу, и все равно это их не останавливало. На ста двадцати пяти граммах хлеба в день и ста граммах гороха в неделю обитатели гетто вымерли бы за три месяца. Они не вымерли, их пришлось уничтожать. Первое сражение было с голодом, первыми это сражение начали дети — и выиграли его. Они знали лазейки на соседние улицы, пролезали в любую щель, рылись на свалках, воровали на складах, в бункерах, тащили с немецких автомашин, обменивали на хлеб вещи, покупали, если имели деньги, — и все, до единой крошки, приносили в гетто... Знаете... когда голодный человек достает кусочек хлеба, первое побуждение съесть его. Что же сказать о голодном ребенке? Но, повторяю, они все, до единой крошки, приносили в гетто. Эти дети в семь лет становились людьми, в восемь умирали, как люди.

Наша семья была в несколько лучшем положении. Одно время помогала Анна Егоровна, подкармливала Олю. Но Анны Егоровны уже не было, вечная ей память! Да разве могло хватить на всех того, что она приносила? Она сама голодала. Главную помощь оказывали Сташенки. Если наша семья и пережила эту страшную зиму, то только благодаря Сташенкам. Они жили в бывшем нашем доме, раньше из него к дедушке мы ходили через сад Ивана Карловича, теперь ходить было нельзя: увидит часовой — пуля! Но у Игоря был лаз в сад Ивана Карловича, а оттуда — другой лаз под забором в наш двор. Игорь ночью прокрадывался к Сташенкам, они снабжали его чем могли, и тем же путем Игорь возвращался обратно. Кстати, у них в доме встречались и Оля с Анной Егоровной. Узнай об этом полицаи, они расстреляли бы всех Сташенков до единого. Но Сташенки были настоящими людьми, они не согнулись перед немцами, свой человеческий долг поставили выше страха.

Но у Сташенков не было ни продовольственного склада, ни продуктового магазина, они отрывали от себя, делились своей скудостью, снимали с себя последнее, чтобы помочь друзьям, погибающим в гетто. А ведь у них три внучки — тоже надо кормить.

Еще одна поддержка, хотя и временная, но существенная, пришла с другой стороны.

Дедушкин дом был первым на Песчаной улице, дом номер один. Но Штальбе устроил ворота в конце Песчаной улицы, на выходе в лес, а дедушкин край закрыл. Дедушкин дом стал последним. За ним сплошной забор и колючая проволока. А за забором плодовоягодная база, конечно, заброшенная, ни о каких овощах и плодах уже не могло быть и речи. Что было съедобного, разобрали жители, да и наши власти раздавали, чтобы не досталось врагу. Все остальное сгнило, валялось между пустыми бочками и ящиками.

Но опять же весна, командование требует строгих санитарных мероприятий, и юденрат получил приказ выделить на очистку базы двадцать человек во главе с бригадиром, который головой отвечает за сохранность пищевых продуктов. Каких продуктов? Гнилой капусты, промерзшей картошки, сгнивших яблок? Вот именно! Все это вонючее и сгнившее надо рассортировать, собрать в кучи, оно будет выдано юденрату в счет нормы питания.

Дядя Иосиф поставил бригадиром зятя Городецкой — Исаака, до войны он работал на этой базе заготовителем, разбирался в овощах и фруктах, и хотя все сгнило, протухло и воняло, но, может быть, сумеет что-нибудь извлечь полезного и для гетто.

На этой базе раньше из клубники изготовляли начинку для конфет, закладывали клубнику в бочки, заливали каким-то составом, она превращалась в белую массу, не портилась, в этих бочках ее отправляли в Чернигов на кондитерскую фабрику. И вот в одном из подвалов, под грудой пустых ящиков, Исаак обнаружил несколько закупоренных бочек с начинкой. Может быть, знал об их существовании, возможно, сам запрятал, точно сказать не могу. И как об этом узнали наши мальчики, тоже не знаю, факт тот, что узнали и решили эти бочки раздобыть, в каждой бочке восемьдесят килограммов начинки, одна такая бочка могла спасти от голодной смерти несколько десятков людей.

И вот из дедушкиных погребов ребята прорыли ход на базу, добрались до бочек и в бидонах и ведрах по ночам переносили конфетную начинку в гетто.

Я потом осмотрел этот ход, вернее, его остатки; он был длиною метров в пять, рыли его в темноте, рыли достаточно широким, чтобы проносить ведро, крепили, чтобы не обвалилась земля. Можете считать это чудом, но ребята прорыли ход, доставляли начинку, жители дома варили из нее кисель, продержались на нем почти месяц. Но всему приходит конец, пришел конец и спасительному киселю. Эсэсовцы что-то пронюхали и ночью, когда мальчики брали начинку, ворвались на базу.

В рейд ребята ходили по двое: один спускался в подвал, пробирался к бочкам, наполнял бидоны и подавал их наверх второму, потом вылезал из подвала, и с наполненными бидонами они ползли обратно. На этот раз пошел мой брат Саша и внук Кузнецовых — Илья. И вот облава... А у ребят было договорено: если попадутся, то ни в коем случае не выдавать подземного хода, умереть, но не выдать: если эсэсовцы обнаружат погреба и то, что в погребах, то расстреляют всех жителей дома. И, когда мальчики увидели немцев, они стали уходить не к подземному ходу, хотя достаточно было нырнуть в него, чтобы спастись, — они уходили в дальнюю противоположную сторону, уходили, прячась между пустыми ящиками и бочками. Эсэсовцы шли за ними, стреляли и настигли их, когда Саша уже взобрался на забор и помогал вскарабкаться Илье. Илью пристрелили внизу, а Саша так на заборе, мертвый, и повис. Саше было четырнадцать лет, Илье — двенадцать. Немцы нашли и бочки с конфетной начинкой, но подземного хода не нашли.

Так погиб мой младший брат Саша, нежный, хрупкий голубоглазый мальчик. Я напрасно беспокоился за него, он оказался мужчиной. Вечная ему память! Вечная память всем погибшим и замученным!

Между прочим, во времена к о н ф е т н о й н а ч и н к и Сарра явилась в наш дом и потребовала клубничного киселя. Когда в одном доме пятьдесят человек целый месяц питаются таким киселем, то, конечно, соседи об этом не могут не знать, тем более когда этим соседям нечего есть. Но даже в этих условиях люди не выхватывали друг у друга кусок изо рта. Каждый ел, что мог достать, обменять, украсть, купить за стенами гетто. Общий котел был у юденрата, но крошка хлеба, которую, рискуя жизнью, доставал себе человек, — это была его крошка, он мог с кем-то ею поделить-

ся, мог и не поделиться, его дело, его право. А тут к тому же в о р о-
в а н н а я конфетная начинка; если всем ее раздавать, то немцы
сразу все откроют. И потому жители нашего дома держали это в
секрете, но, как я уже сказал, держать это в секрете в тех условиях
было невозможно; соседи знали, но молчали, не расспрашивали,
понимали, что без взаимной солидарности они все пропадут. И
только Сарра не пожелала быть солидарной, нарушила тайну, нахально явилась к моей матери и потребовала себе киселя или того,
из чего варят кисель. Маме было не жалко тарелки киселя, она,
между прочим, посылала начинку больным в другие дома, но тут
она видела перед собой нахалку, шантажистку, уголовницу, дай ей
палец — отхватит руку, и мама прогнала ее. А ночью ребят накры-
ли охранники и Сашу застрелили, и у мамы появилось твердое
убеждение, что и тут без Сарры не обошлось.

Про первый приход дяди Гриши я рассказывал, уже тогда дедушка и мама поняли, что Сарра донесла об этом в юденрат. А
когда Броня Курас и Мотя Городецкий взорвались в подвале, из-
готовляя самодельную бомбу, Сарра спросила мать:

— Слушай, Рахиль, отчего умерли Броня и Мотя? Я их в то
утро видела совсем здоровыми.

— Открой пошире глаза, — ответила мать, — ты не знаешь,
как тут умирают люди? Вот он жив, а через час мертвый.

— Да, — согласилась Сарра, — только ничего не гремит и не
взрывается.

— Ты слышала?

— Люди говорят.

— Люди говорят глупости.

— Если эти глупости дойдут до Штальбе, то кое-кому несдоб-
ровать! — пригрозила Сарра.

— Тому, о т к о г о это дойдет, тоже не поздоровится, — пре-
дупредила мать.

Это предупреждение не подействовало на Сарру.

Когда после акции в гетто опять пришел дядя Гриша, Сарра в
тот же вечер явилась в наш дом, рыскала глазами, и хотя дядю
Гришу не увидела, он с сыновьями сидел в погребе, но у мамы
спросила:

— Где же твой партизан?

— Тебе он нужен?

— Он не мне, он Штальбе нужен.

— Ты стала очень нервная, Сарра, — сказала мама, — это не-
хорошо для твоего здоровья. Я тебе дам успокоительных капель.

И достает из кармана бутылочку, такую аптечную бутылочку граммов на двести, и протягивает Сарре:

— Попробуй, хорошо действует.

Сарра с подозрением смотрит на нее:

— Сама сначала попробуй!

— От собственной доли отказываешься, — замечает мама и делает глоток.

После нее Сарра делает глоток. И, представьте, обнаруживает самогон, настоящий самогон! И высасывает бутылочку до дна и еще долго не может оторваться, донюхивает... Самогон в гетто, где за спиртное положен расстрел! Черт с ним, с расстрелом, все равно расстреляют, а тут самогон! Са-мо-гон! Такое чудо ей перепало. Получит она его от Штальбе, от Иосифа, от дерьмового юденрата?!

— Запомни, Сарра, — сказала мама, — никаких партизан тут нет, не было и быть не может. Выбрось из головы и не повторяй этих глупостей.

Сарра повеселела от водки.

— Ладно, Рахиль, мы с тобой поладим, ни о чем не беспокойся!

Однако на следующий день или, может быть, через день Сарра является опять и требует еще самогона, и мало того, требует махорку.

— Махорки у меня нет и не было, — отвечает мама, — я некурящая. И водки тоже нет, всё, что было, тебе отдала.

— Врешь! — говорит Сарра. — Я тебя насквозь вижу. Откуда у тебя водка?

— Еще с довойны...

— Опять врешь! Это свежий самогон, меня не проведешь. Где достала?

— Этого я тебе не скажу, — отвечает мама, — впутывать кого-либо не могу и не желаю.

— Ну что ж, мне не скажешь, Штальбе скажешь! И про самогон, и про брата своего партизана, и что дети твои и племянники в подвале делают.

— Чего ты хочешь, Сарра?

— Водки хочу, курить хочу! — отвечает Сарра. — Чтобы был самогон, чтобы была махра, иначе с тобой будет то же, что с твоим сыном!

Понимаете?! Сама, гадина, призналась, что приложила руку к убийству Саши и Ильи, навела немцев на овощную базу, поэтому они к ней так милостивы, поэтому ее боится Иосиф.

— Слушай меня внимательно, Сарра, — сказала мама, — смерти я не боюсь, мне давно пора на тот свет. И если ты хочешь так со мной разговаривать, то никакого разговора между нами быть не может. Иди к Штальбе, может быть, он поднесет тебе рюмку. От меня таким образом ты ничего не добьешься. Отваливай!

— Ладно, — примирительно сказала Сарра, — ладно, Рахиль, не заводись... Давай как человек с человеком. Достань мне вина и курева.

— Курева я достать не могу.

— Хрен с ним, вина достань.

— За спасибо водку не дают.

— Что надо?

— Не знаешь, что нужно в деревню?.. Чулки, туфли, кофточки...

— Кофточка будет, — объявила Сарра, видно, сообразив, с кого она эту кофточку снимет.

— Пронести сюда я не берусь, поймает охрана — расстреляют, — сказала мама. — Придешь завтра ночью на кладбище к моему отцу, принесешь кофточку и получишь свое.

Следующей ночью Сарра пришла на кладбище, где ее ждал дедушка и шесть стариков из его похоронной бригады. Полицаев не было, ушли ночевать в город, они всегда уходили спать в город.

И семеро стариков во главе с дедушкой судили Сарру Ягудину за поборы с голодных людей, за доносы, за гибель Саши и Ильи и приговорили ее к смерти. И дедушка привел приговор в исполнение: задушил ее вожжами. И старики закопали ее за оградой.

Эсэсовцы тягали Саррину бригаду, всех, кто жил с ней в доме, хотели дознаться, куда делась Сарра, но не дознались: никто в бригаде, в доме не знал, куда она исчезла. Эсэсовцы решили, что Сарра сбежала, в этом их убедил дядя Иосиф. Чему удивляться? Уголовница-рецидивистка, бегала из настоящих мест заключения, а уж отсюда... Раз плюнуть. И Штальбе поверил, однако предупредил, что в следующий раз за побег будет истреблена вся семья сбежавшего и вся его бригада.

Но жители гетто... Те, кто еще был способен думать и соображать, те поняли, куда девалась Сарра, поняли и убедились, что, кроме немцев, кроме Штальбе, в гетто есть еще другая сила. И эта сила карает предателей.

Как, у кого именно, что именно, сколько достал дедушка денег и ценностей, я сказать не могу, не знаю, свидетелей этого не сохранилось. Свидетель сохранился только того, что происходило в нашем доме, кто он, этот свидетель, вы узнаете позже. Что происходило в других домах, мне неизвестно, и как взял дедушка золото у своего сына Иосифа, мне тоже неизвестно. По одной версии, дедушка пришел к Иосифу и сказал:

— Твоя помощница Сарра ушла в лес. Я ей показал туда дорогу. Могу показать и тебе.

И Иосиф испугался и отдал дедушке свое золото.

По другой версии, на мой взгляд, более достоверной, Иосиф вовсе не испугался, отказался наотрез, золото у него выкрала его дочь Рая по приказу моей матери и передала дедушке. Что и как собрал еще дедушка в гетто, не знаю. Это были не бог весть какие драгоценности, не бриллианты из английской короны и не золотые чаши из Алмазного фонда. Обручальные кольца, сережки, брошки, запонки, столовое серебро, золотые коронки, золотые царские десятки. И все это не ящиками, не сундуками, наскребли кое-что после того, как все отобрали немцы, а что не отобрали, выменяли на продукты. И все же кое-что дедушка собрал и сумел выменять на оружие. У кого и через кого дедушка доставал оружие, сказать не могу — это ушло с дедушкой в могилу. Во всяком случае, менялось сложным путем, через дедушкиного доверенного человека, жившего в деревне Петровка, в семи километрах от кладбища.

Я, конечно, не могу утверждать определенно, но думаю, даже уверен, что это имеет какое-то отношение к побочному сыну дедушки, возможно, он и был доверенным лицом. Все же не случайно он из Петровки! Но поскольку это не доказано, будем называть его просто дедушкиным доверенным лицом. Этот человек покупал оружие в городе, какой-то немецкий солдат не устоял перед золотом. Золота было немного, и оружия было немного. Самое ценное — четыре немецких автомата, ш м а й с е р ы, очень хорошие автоматы, легкие, вместо нашего диска рожок на тридцать два патрона, потом несколько винтовок, пистолетов, гранаты-колотушки... Мало для войны с Гитлером, и все равно они сыграли решающую роль: на них ребята выучились обращению с оружием. Ведь они совершенно не знали, как его применять... Патрон в обойму? А потом? Что это за цифры: сто метров, двести, триста? Это что? Ствольная коробка? А это? Ах, крышка ствольной коробки... А если оружие дало осечку? Как бросать гранату, чтобы самому не попасть под осколки?

И в третий и в четвертый раз приходил дядя Гриша, показывал, учил своих сыновей Веню и Эдика, мою сестру Дину, а они уже учили других. Сопротивление начинается с того дня, когда человек берет в руки оружие. Первое оружие дал дедушка. Немного дал. Но без него люди были бы бессильны тогда, когда в их руки попало много оружия.

Полицаи, конечно, догадывались, что дедушка производит на кладбище обменные операции. Самогон, сало, хлеб, не из гетто же он их приносит, в гетто кошек и собак давно поели, выпивку и закуску ему сюда приносят ночью, покупает или меняет, значит, есть деньги, есть барахло! У них и в мыслях не было, что старик приобретает оружие. Жратву заготовляет, сволочь, и много жратвы, раз им столько отваливает. Весь день они стерегут этих иудейских кляч, может быть, они барахло в гробах проносят заместо покойников, нет, покойников вынимают, снимают саван и опускают в яму, бормочут по-своему и засыпают землей; покойники голые, таков приказ комендатуры. И все же не с воздуха все это, не манна небесная. Хоть и алкаши и негодяи, но считать умели; Морковский — страховой агент, Хлюпа — ветеринарный фельдшер, образованные, раскинули мозгами, сообразили, если такой х а б а р старик им выставляет, с к о л ь к о же отправляет своим жидам, сколько за это платит и ч е м платит?

Этого следовало ожидать. Знаете, сколько веревочке ни виться... И упрекать в чем-либо дедушку нельзя, он нигде не допустил промашки, но условия были сильнее его. Может быть, он и почувствовал что-то в полицаях, он кожей чувствовал людей, но и полицаи были не дураки, продувные бестии, обманули дедушку, провели.

Вечером, как обычно, они ушли якобы в город. Но недалеко ушли. Притаились, выждали, когда ночью дедушка вышел из сторожки и направился в лес. Полицаи за ним... Но дедушка что-то почувствовал, может быть, услышал шаги, хруст веток, остановился, прислушался, и полицаи остановились, затаились. Дедушка постоял, снова пошел, но теперь, видно, уже понял, что за ним следят, повернулся и двинулся обратно. Полицаи преградили ему путь...

Что там произошло в действительности, сказать не могу. До меня дошло описание этой сцены, но соответствует ли оно истине, не знаю...

Полицаи обыскали дедушку, но ничего не нашли. Отметим этот факт: дедушка шел за оружием, но платы с собой не нес. Все было уплачено раньше: собранные золото, драгоценности, деньги — все это дедушка сразу и сполна отдал своему доверенному человеку. И правильно сделал: где он мог все это прятать, как частями выносить из гетто? Чем дольше прячешь, тем чаще выносишь, тем скорее попадешься. Дедушка все отдал доверенному человеку в Петровке, в деревне это было в безопасности, во всяком случае, в гораздо большей безопасности, чем в гетто. Но как должен был дедушка доверять этому человеку, если отдал в его руки судьбу гетто. И это второй довод в пользу того, что доверенным человеком был сын дедушки.

Итак, полицаи ничего не нашли при дедушке и приказали ему идти дальше, туда, куда он шел, то есть привести их к человеку, с которым он должен встретиться, стали толкать его прикладами, и дедушка пошел по лесной тропинке, за ним пожилой полицай, Морковский, бывший агент Госстраха, а за Морковским — Хлюпа, ветеринарный фельдшер.

Дедушка прошел, сколько ему нужно, и вдруг неожиданно обернулся, выхватил у Морковского винтовку и крикнул на весь лес:

— Тикай, Микола!

И опустил ее на голову Морковского, тот упал, но Хлюпа успел взвести винтовку и выстрелил...

И дедушка упал...

Но прежде чем упал, успел второй раз крикнуть:

— Тикай, Микола!

Хлюпа выстрелил в него, в лежащего, в мертвого, потом поднял Морковского: тот был еще живой, хотя и с проломленной башкой, — и потащил его к кладбищенской сторожке. За плечами у него были обе винтовки, а на руках — соратник по полицейской службе.

Но, понимаете, какое дело, — Микола не утек! И это третий довод в пользу того, что он был сыном моего дедушки: у него был дедушкин характер. Он настиг полицаев, застрелил, забрал винтовки, патроны, ножи, снял форму ихнюю, забрал документы и ушел.

Понаехали на другой день эсэсовцы, гестаповцы с собаками, прибыл лично Штальбе: убиты два полицая, исчез старый еврей Авраам Рахленко, ушел, конечно, с партизанами. Но собаки обнаружили дедушкино тело. Дедушка лежал на спине, с закрытыми глазами, закиданный прелым весенним листом, со сложенными на груди руками... Обратите на это внимание! Значит, Микола вернулся, копать могилу было нечем, некогда и незачем — исчезновение дедушки повлекло бы за собой смерть его семьи... И то, как лежал дедушка, — четвертый довод в пользу того, что это был дедушкин сын.

После войны я ездил в Петровку, хотел найти этого человека, фактически моего дядю, или его детей, фактически моих двоюродных братьев, хотел найти женщину, которую в давние свои молодые годы дедушка любил и от которой имел сына. Но вместо деревни я нашел обугленные печные трубы, деревня была дотла сожжена немцами в сорок третьем году, и жители ее все до единого расстреляны за связь с партизанами. И если этот человек был сыном моего дедушки, то он пережил своего отца только на один год, и оба они, отец и сын, были уравнены в своей судьбе.

Итак, тело дедушки нашли, закопали, и хотя не было никаких доказательств, что дедушка причастен к убийству полицаев, наоборот, все говорит за то, что он убит вместе с ними, несмотря на это, всю похоронную бригаду — четырнадцать человек — расстреляли; среди них были мясник Кусиел Плоткин, кровельщик Алешинский, — как видите, дедушка подбирал бригаду по знакомству. Извините, юмор при таких обстоятельствах неуместен, но факт остается фактом: дедушка подбирал в похоронную бригаду своих людей, оружие приобретал он, а заворачивали его в саваны, клали в гробы и проносили в гетто другие, и эти другие должны были быть верными людьми.

22

Между тем дядя Гриша продолжал формировать отряд. Было решено, что шесть человек ему дает Сидоров, десять Гриша возьмет из гетто. Гриша отобрал в гетто десять человек и опять не взял своих сыновей, никого не взял из владевших оружием — они нужны здесь; взял тех, кто еще не овладел оружием, в лесу он их обучит; ребята молодые, относительно здоровые, с обувной фабрики, с кожзавода, иногородние.

Но встал вопрос: как увести их из гетто? Уйти ничего не стоит, но что потом? Многие запреты в гетто ослабли, кое на что смотрели сквозь пальцы, но побег, любой побег — это связь с партизанами. И за побег из гетто жестоко наказывали оставшихся.

Выход был один: юденрат должен показать их в списках умерших. В юденрат мама послала Дину. Почему не пошла сама? Мне сейчас трудно об этом судить. Но я думаю так: после гибели дедушки в ее руках сосредоточились все нити, и, по-видимому, ей нельзя было быть, так сказать, на поверхности событий.

Неверный шаг — и провал, провал одного — провал всех, две улицы, несколько переулков, на них три тысячи народа, все всё видят, все всё слышат... Может быть, мама не могла иметь дела с Иосифом, ведь именно она, как выяснилось, заставила его дочь Раю выкрасть золото и отдать его дедушке... В общем, факт тот, что в юденрат, к Иосифу, отправилась Дина.

Истощенная голодом, холодом, непосильным трудом, оборванная и грязная, Дина все равно оставалась красавицей... Представляете, что ее ждало среди этих зверей и насильников? Но надо отдать справедливость Штальбе, он был верен «двенадцати заповедям поведения немцев на Востоке»... Вы их не знаете? Я вижу, вы не слишком осведомлены... Впрочем, кто осведомлен? Специалисты по истории фашистского рейха. Все это стало предметом науки... а зря! Этот урок истории надо бы изучать в школах...

Так вот, восьмая заповедь гласила:

«Держитесь подальше от русских, они не немцы, а славяне. Не устраивайте попоек с русскими. Не вступайте ни в какие связи с женщинами и девушками. Если вы опуститесь до их уровня, то потеряете свой авторитет в глазах русских. Исходя из своего многовекового опыта, русский видит в немце высшее существо».

Заповеди были составлены уполномоченным по продовольствию статс-секретарем Бакке, и все равно эсэсовец Штальбе их полностью разделял. Если так ставился вопрос о русских женщинах, то что говорить о еврейских! Расстрел — это порядок, насильничание — беспорядок. И этим Дина до некоторой степени была защищена. Но от всего другого она защищена не была. Больше того! Она была в поле зрения Штальбе: дочь Ивановского, ублюдка, которого Ле-Курту удалось вырвать отсюда, и к тому же певица.

Петь в гетто запрещалось, за пение полагался расстрел; за громкий разговор — пятнадцать палочных ударов, а за пение — расстрел: если запоет один, то может запеть и другой, запоют все, песня делает их людьми, а они насекомые, насекомые, как известно, не поют.

Между прочим, в некоторых гетто немцы создавали оркестры, они играли популярные мелодии «Колнидре», «Письмо матери», а в Вильнюсском или Минском гетто, не помню точно, заставляли известного певца Горелика петь еврейские песни. Заключенных выстраивали на площади, тысячи, десятки тысяч, Горелик пел перед ними, оркестр играл с детства знакомые мелодии, люди стояли и плакали... А потом их вели на расстрел. И в Освенциме, как вы знаете, тоже был оркестр из заключенных, перед отправкой людей в газовые камеры играл им «Танго смерти».

Но Штальбе был чужд сантиментов, да и масштабы не те и задачи не те; из семи тысяч осталось только три, скоро пришлют электропилы, и с этими тремя тысячами будет покончено. Уж тогда он, Штальбе, не допустит беспорядка и саботажа! Уж тогда-то они лягут аккуратно: нога к ноге, голова к голове.

Словом, не до песен! А тут этот слюнтяй Рейнгардт, военный комендант города, попросил у Штальбе разрешить Дине Ивановской, дочери лица смешанного происхождения Якова Ивановского, выступить в клубе на концерте.

Про наш клуб, бывший клуб промкооперации, я вам рассказывал: там в свое время на концертах самодеятельности выступала Дина. И вот, с разрешения военного коменданта, городская управа устроила при клубе самодеятельный театр для местного населения. Руководили театром муж и жена Кулики, старые местные учителя, я, между прочим, учился у них в школе, и вот, пожалуйста, занимались при немцах культурной работой. Ставили главным образом пьесы Старицкого, «Цыганку Азу» и разные переделки из Гоголя и Панаса Мирного. Между прочим, затея с театром кончилась хорошеньким спектаклем. Во время одного представления полицаи окружили клуб, задержали молодежь, а в клуб ходила в основном молодежь, и всех отправили на работу в Германию, поскольку добровольно ехать мало кто хотел. После этого никто в театр не ходил, да и некому было ходить... Но это произошло позже, а тогда, весной сорок второго года, немцы велели приготовить большой праздничный концерт для немецких военнослужащих. Но ведь немецким военнослужащим пьесу Старицкого не покажешь, украинского языка они не знают, значит, надо играть на музыкальных инструментах, плясать, танцевать, петь... И возникла идея позвать Дину Ивановскую, только таким голосом можно удивить немцев. Конечно, она заключена в гетто, но ее родной отец живет вне гетто, живет вольно... В общем, Кулики уговорили бургомистра, бургомистр — Рейнгардта, Рейнгардт обратился к Штальбе... Представляете ярость Штальбе?! Выцарапали из гетто отца, теперь подбираются и к дочке?

Штальбе тут же приказал доставить к нему Дину. Доставили. Штальбе через переводчика спрашивает:

— Ты умеешь петь?

Надо вам сказать, что Дина говорила по-немецки, как я, то есть говорила свободно. В нашем доме немецкий был как бы третьим языком. К тому же Дина много времени проводила в доме Ивана Карловича, занималась музыкой с его женой Станиславой Францевной, а в доме Ивана Карловича говорили по-немецки, и в школе был немецкий. Но здесь, у Штальбе, Дина и вида не показала, что знает язык: в гетто это было опасно. Людям, знающим немецкий, могли дать не слишком приятные поручения, скажем, переводить жителям гетто бесчеловечные немецкие приказы и, значит, быть в какой-то степени их помощниками.

И когда переводчик перевел ей вопрос Штальбе, Дина почуяла в этом вопросе ловушку и ответила:

— Ничего я не умею.

— А мне говорили, что ты хорошо поешь, — сказал Штальбе.

— Пела в школе, все уже забыла давно.

— А вот твои бывшие учителя хотят, чтобы ты пела в клубе.

— Я не могу петь, разучилась, и у меня голос сломался, я хриплю...

Она действительно хрипела, все они хрипели и кашляли: полуголые, валили лес зимой на морозе, весной под дождем.

— А где твой отец? — спрашивает Штальбе.

— Работает на железной дороге.

— Он разве не еврей?

— Нет...

— Наверное, он и хлопочет за тебя, — как бы размышляя, произнес Штальбе.

Это замечание, я думаю, заставило Дину на минуту растеряться. Неужели отцу нужно, чтобы она выступила в клубе? Чтобы пела?! Чтобы она пела перед н и м и ?! Неужели отец хочет им угодить?

Знаете, нам сейчас легко рассуждать за Дину, приводить тезисы и контртезисы, принимать за нее то или иное решение. Ей было труднее. Истинное положение вещей ей не было известно. Отец работает на станции, но д л я ч е г о он там, об этом знали только мама, Сидоров, дядя Гриша и дедушка. Теперь, когда дедушка погиб, знали лишь мама, Сидоров и дядя Гриша. Мама доверяла Дине, но вы должны понять те условия. Ведь немцы, что-то заподозрив, могли ее подвергнуть т а к и м пыткам, которые развяжут язык кому угодно. Дина знала только, что отец выпущен из гетто, дело его в Берлине, мама надеется, что его отпустят в Швейцарию, и я думаю, что для Дины, как бы ни любила она отца, он уже был вне ее жизни, все, кто не был в этом аду, тот был вне ее жизни, отец спасся, и слава богу! Он не хотел спасаться, мать его заставила, его не в чем упрекнуть, но он уже вне ее жизни. Она не думает, что отец хочет, чтобы она пела в клубе; но если даже хочет, все равно перед н и м и она петь не будет! Никогда! Она знала, что от одного неверного слова зависит ее жизнь, и все же сказала:

— Не знаю, кто за меня хлопочет, только я все песни позабыла и петь давно разучилась.

— Значит, не хочешь петь в клубе?

— Нет!

С этим Штальбе отпустил ее и сообщил Рейнгардту, что публичные выступления евреям запрещены, а если бы и были разрешены, то Дина Ивановская выступать в клубе отказалась. И Рейнгардт не настаивал, ему самому такая самодеятельность не слишком нравилась: еще неизвестно, что бы выкинула на сцене эта Дина, хотя отец ее, лицо смешанного происхождения Ивановский, ведет себя на железной дороге как будто лояльно.

На этом и кончилось. Ни о каких песнях не было больше речи, Дина продолжала работать, где прикажут: в лесу, на расчистке путей, дорог, разгрузке составов, на уборке казарм, а ночью вместе с Веней Рахленко учила ребят разбирать и собирать оружие. Как рассказывают, сама она очень быстро и здорово это освоила. Конечно, полигона у них не было, тренироваться негде, но было ясно: когда придется применить оружие, они сумеют его применить. А Веня еще до войны имел значок «Ворошиловский стрелок».

И вот Дине мама поручает добиться у дяди Иосифа, чтобы он списал как умерших десять человек, которых дядя Гриша уведет в партизаны...

— Кого надо показать в рапорте? — спросил Иосиф.

Дина назвала десять человек.

Иосиф записал их имена и фамилии на бумажке.

— Хорошо, я подумаю.

— Нет, — возразила Дина, — первых пять надо списать сегодня; они ночью уйдут, остальных завтра, они уйдут завтра ночью.

— Я их спишу не сегодня, не завтра, а когда сочту нужным, — ответил дядя Иосиф, — а если не сочту нужным, то и не спишу вовсе. Если их поймают, что будет со мной?

— Ты мог так сказать сразу. Зачем же ты записал их фамилии?

— Надо было, вот и записал. Хочу знать, за кого у нас будут расстреливать каждого пятого.

— Верни мне этот список и забудь о нем, — сказала Дина.

— Нет! — возразил Иосиф. — Он останется у меня. А ты, если хочешь еще немного пожить на свете, больше этим не занимайся. А теперь иди!

— Отдай список!

— Убирайся! — закричал Иосиф. — В яму захотелось? Я тебе это быстро устрою.

— Отдай список! — повторила Дина.

— Тебе список?.. А этого не хочешь?

Иосиф вынул из ящика стола «Вальтер». Иосиф был бешеный по натуре человек и был способен на все, тем более здесь, где он был безнаказан и где человеческая жизнь стоила не более комка грязи.

— Положи свою пушку, — сказала Дина. — Я тебе предлагаю другое: если ты их покажешь в рапорте умершими, я верну тебе твое золото.

Я думаю, это было неожиданно для Иосифа; свое золото он считал потерянным. И вдруг, оказывается, нет, не потеряно, может вернуться к нему, а с ним и надежда на спасение. На своего зятя Якова он больше не надеялся: что-то долго не откликается его швейцарская родня. И в партизан Иосиф не верил — их перебьют. А с золотом можно спрятаться на каком-нибудь хуторе; есть знакомые, не выдадут за золото. И он уйдет один, дочь-предательница ему не нужна, жена не выдержит хуторского погреба — не все ли равно, где она умрет, здесь или там. И если он уйдет, то и юденрат расстреляют, но ведь все равно расстреляют; днем позже, днем раньше — какая разница? Надо вырвать у Дины золото, оно у нее есть, зря бы не говорила, а потом избавиться от нее, свидетели ему не нужны.

Я уверен, что именно таков был ход мыслей Иосифа, я его достаточно хорошо знал. Он, конечно, понимал, что, предлагая вернуть золото, Дина хочет исправить свой промах, свою оплошность: назвала людей, которые хотят уйти к партизанам. Ей надо выручить список, но списка-то как раз она и не получит. Иосиф положил на список свой «Вальтер» и теперь уже спокойно, по-деловому сказал:

— Показать этих людей умершими я не могу: если они попадутся, меня расстреляют. Но если ты вернешь мне золото, я обещаю тебе список уничтожить и забыть о нем.

— Отдай мне список, и я принесу тебе твое золото, — сказала Дина.

— Нет, — возразил Иосиф, — принесешь золото, и я тут же, при тебе, сожгу эту бумажку.

Дина протянула руку... Однако Иосиф был настороже и прижал список ладонью. Но Дина схватила не бумажку, она схватила «вальтер».

— Положи пистолет, дура! — закричал Иосиф.

Хоть и подлец, но был не робкого десятка: Рахленко все-таки. К тому же пистолет стоял на предохранителе. Но он не знал, что Дина умеет обращаться с оружием. Она услышала, как за ней открылась дверь, кто-то вошел в комнату; Иосиф через стол попытался выхватить у нее пистолет, и она выстрелила Иосифу в голову; обернулась: в дверях стоял помощник Иосифа — Хоня Брук, и, когда Дина с еще поднятым пистолетом обернулась, он захлопнул дверь. Дина схватила со стола бумажку с фамилиями десяти, скомкала ее и проглотила... Она услышала топот сапог, дверь открылась, она выстрелила, бедная, неопытная девочка, ее выстрела ожидали, она выстрелила в пустоту, за дверью никого не было, а в нее в саму выстрелили через окно... И опять скажу: бедная девочка, ее не убили, ее только ранили. Если бы ее сразу убили, какое это было бы для нее счастье, какая удача!

Штальбе было наплевать на Иосифа Рахленко. Но все же — должностное лицо, председатель юденрата, назначенный немецкими властями и лояльно выполнявший свои обязанности. Следовательно, это акт возмездия, акт саботажа и сопротивления. Кто его вдохновители, организаторы, соучастники? Убийца — дочь ублюдка Якова Ивановского, усилиями капитана Ле-Курта освобожденного из гетто. На воровстве попался его сын, теперь на убийстве — дочь. Девчонка молчит, несмотря на к р а й н ю ю с т е п е н ь допроса. Ее мать, Рахиль Ивановская, утверждает, что Иосиф Рахленко приставал к племяннице и, защищаясь, она выхватила у него пистолет и застрелила его. Пистолет действительно выдан лично им, комендантом Штальбе, Иосифу Рахленко как председателю юденрата, но объяснения его никак не устраивали.

Рахиль Ивановскую Штальбе допрашивал сам. Как утверждал местный фольксдойче, инженер из депо, эта стоящая перед Штальбе седая еврейка была предметом романтической любви мерзавца Ивановского, якобы из-за нее он переехал из Швейцарии в Россию, из-за нее пошел в гетто, из-за нее отказался уйти из гетто.

Этот рассказ Штальбе воспринял как личное оскорбление. У евреев нет любви, есть только размножение, размножаясь, они сохраняют себя как расу. Библейскими мифами любви, как и другими сказками, они веками притупляли бдительность человечества, прикрывали свое стремление покорить мир. Эта женщина ради конфетной начинки послала на смерть своего сына, спокойно смотрела на него, висящего на заборе, теперь не хочет избавить свою дочь от пытки, признавшись, кто ей приказал убить председателя юденрата. Как она держится, с какой ненавистью смотрит, выдумывает, врет, считает его дураком, они всех считают дураками — высокомерные ничтожества!

И вот площадь, выстроены обитатели гетто, и на площади крест. Выводят на площадь голую Дину, избитую, окровавленную, лицо синего цвета, привязывают к кресту, и Штальбе говорит матери:

— Вот твоя дочь. Если ты скажешь, кто послал ее убить председателя юденрата, мы ее просто повесим. Если не скажешь, мы сделаем так, что она сама признается.

И мать ответила:

— Ей не в чем признаваться. Никто ее не посылал, и она никого не собиралась убивать. Он сам хотел ее убить. Она защищала себя.

И тогда, по знаку Штальбе, палач вбил первый гвоздь в руку Дины. Дина потеряла сознание, и Штальбе приказал облить ее водой.

Ее облили водой, она пришла в себя, и Штальбе сказал:

— Будешь говорить?

Дина молчала.

— Может быть, споешь что-нибудь?

Дина молчала.

Он ударил ее хлыстом.

— Может быть, все-таки споешь?

И Дина запела... Нет, не запела... Из ее груди вырвался хрип, из горла пошла кровь — ей отбили легкие, она захлебнулась, опять что-то прохрипела, еще раз, все тише и тише... Не могу сказать вам точно, что она пыталась спеть. Может быть, еврейскую песню, может, украинскую или русскую, а может, «Интернационал», гимн нашей юности, наших надежд...

И она продолжала бормотать, бессвязно, неслышно, даже в этой мертвой тишине. Палач вбил гвоздь в правую руку, потом в левую, а она что-то бормотала, пока не смолкла, не затихла, и висела, распятая на кресте. Все стояли на своих местах, все смотрели на нее, и моя мать смотрела на нее, на свою дочь, распятую на кресте, и маленькая Оля смотрела, и маленький Игорь...

Я думаю, это была та минута, когда мальчики и девочки, уже обученные владеть оружием, подняли бы его, чтобы отомстить за Дину и, если надо, погибнуть рядом с ней. Но такого приказа у них не было, а они были уже бойцы и без приказа действовать не могли.

Мертвая Дина висела на кресте три дня.

После этого председателем юденрата был назначен Хоня Брук, бывший заместитель Иосифа. Хоня Брук подписывал все, что требовала от него моя мать, боялся ее, а возможно, и сочувствовал. Десять человек, списанных Хоней как умершие, ушли в лес, уходили по двое, по трое, провожал их маленький Игорь, знавший дорогу.

Так погибла наша Дина. Вечная память ее мужеству и отваге! Вечное проклятие палачам!

23

Знал ли отец о гибели Саши и Дины?.. Немцы изолировали гетто, пресекали любые связи с местным населением, и все же — маленький городок, и что творится в гетто, люди знали. Но знали в общем: каждый день расстрелы, казни, убийства, а кого именно убили, при таком массовом истреблении уже не имело значения. И люди, с которыми общался отец на станции, могли сами этого не знать. К тому же отец жил обособленно. Свидетелей его пребывания на станции я потом, после войны, нашел довольно много, гораздо больше, чем свидетелей жизни моей матери, но о его жизни знаю гораздо меньше. «Працував на складе» — вот все, что рассказывали мне о нем железнодорожники. Он работал и жил на складе, выдавал части и ни с кем вне работы не общался.

И все же я думаю, отец знал о гибели своих детей. Дядя Гриша вряд ли скрыл бы от него этот факт, это было не в его характере. С дядей Гришей отец имел контакт через связного Андрея Сташенка, старшего сына Афанасия Прокопьевича. Андрей, жена его Ксана, дочь Мария и сын Костя жили в железнодорожном поселке, работали в депо и снабжали партизан Сидорова информацией о положении на станции, о проходящих эшелонах и прочем, что необходимо знать нашему командованию, и получали от Сидорова задания для моего отца.

Замысел изменился: для покупки оружия не оставалось времени. Акция может быть в любой день, и не будет ли она последней: поляна в лесу вместит и три, и четыре тысячи человек, в других местах справлялись за один прием с десятками тысяч. Покупать оружие не было времени, оружие надо было захватить.

Хранить оружие в пакгаузах немцы не имели права: железнодорожная станция — объект воздушных налетов. Как, впрочем, и мы, они обязаны были разгружать эшелоны где-нибудь на разъездах и полустанках. Но порядок порядком, а война войной, война сама по себе большой беспорядок в человеческой жизни. Эшелоны разгружались на товарном дворе, вагоны стояли на путях, оружие лежало в пакгаузах по нескольку дней, а то и недель. Но станция охранялась специальными частями, была окружена вышками с пулеметами, все подъезды перекрыты. Налет на станцию невозможен. Возможной оказалась другая операция.

На станцию прибыли тылы какой-то пехотной дивизии, и хозяйство начальника боепитания, по-немецки Munitionsoffizier или Munitionsgruppenführer, точно не помню, разместилось не на товарном дворе, а в одном из деповских складов. Отцово казенное имущество повыкидывали, отгородились и устроили склад-мастерские, распаковывали ящики, проверяли оружие — не побилось ли, не сдвинулись ли мушки, фабричную смазку меняли на обычную, прочищали каналы стволов; неподалеку, в лощине, устроили даже небольшой полигон, пристреливали оружие — словом, готовили оружие к бою, в боевых условиях, как вы понимаете, с этим возиться некогда.

Охраняли склад, или мастерские, называйте их как хотите, простые солдаты из тылов дивизии, с ними было легче найти общий язык, чем с эсэсовцами. Оружейные мастера, проверявшие оружие, брали у отца инструмент, то, другое, не остерегались его, принимали за фольксдойче. И склад выходил не на городскую сторону, а к железнодорожному поселку, где не было ни комендатуры, ни войск. И к складу подходит шоссейка. В общем, условия есть. Операция дерзкая, отчаянная, но, знаете, смелость города берет. И надо торопиться: в любую минуту тылы дивизии, в том числе и склад, могут передислоцироваться. И представится ли еще такой удобный случай?

Начальник мастерских, писаря, кладовщики, оружейные мастера жили на частных квартирах. На ночь оставалась только охрана — шесть человек, караульный начальник — седьмой, караульное помещение на втором этаже, в служебных кабинетах. Шоферы, приезжающие за оружием, ночевали в поселке, их машины стояли возле склада, тут и был наружный пост охраны, второй пост, внутренний, — в коридоре, перед дверьми склада. Смена караула — каждые четыре часа.

Я вам скажу: задумано было великолепно. Вы бывали когда-нибудь в большом паровозном депо? Нет... Но хоть снаружи, проезжая, видели? Большие здания со стойлами для паровозов, поворотные круги... Депо — это крупное предприятие, на большой территории, с многочисленным персоналом, прибывают паровозы, отбывают, меняются бригады, и не так уж сложно провести туда пять человек, одетых, как ремонтники, тем более когда заведующий складом — свой человек. И они прошли по одному, по два, и под спецовкой у них были ножи, пистолеты, и отец их укрыл на складе. А еще двое, чтобы снять наружного часового, спрятались в доме Андрея Сташенка, дом был неподалеку.

Повторяю, и вы сами в этом убедитесь, операция была прекрасно задумана, тщательно разработана, и первая ее половина успешно осуществлена: вооруженные люди проникли в депо и были готовы к налету... Но!.. Как вы знаете, всего не предусмотришь, никто не гарантирован от случайностей...

Являются два полицая, приказывают отцу следовать за ними. Куда? В комендатуру. Зачем? Там тебе скажут зачем. Впрочем, отец знал — зачем: его часто туда таскали, для него это была не новость. Но он никак не ожидал, что именно сегодня.

Представляете положение? Отца уводят, и неизвестно, когда он вернется и вернется ли, а в складе остаются запертыми Гриша и его люди, и если их обнаружат, перебьют всех до единого.

Отец пытается отговориться: надо выдать запасные части второй смене, невозможно закрыть склад, нельзя ли перенести явку на завтра; говорит громко, чтобы слышал Гриша, но полицаи ничего не желают знать — приказано доставить Ивановского в комендатуру, и весь разговор!

Что будешь делать! Отец запер склад и ушел, а Гриша со своими людьми остался. Обстоятельства изменились к худшему, но счастье все-таки было на их стороне: около полуночи отец вернулся.

Немецко-фашистская система безопасности сложная: гестапо, СС, СД, разного вида полиции и армейские разведки и контрразведки. Когда приходили новые армейские части, то их службы безопасности начинали все сначала, и прежде всего выяснение личности лиц смешанного происхождения, в том числе, значит, и моего отца. И были, конечно, сволочи, писавшие доносы, будто отец не лицо смешанного происхождения, а чистокровный еврей, и каждый такой донос разбирался. Что-то в этом роде было и на этот раз. Тем более в город прибыло какое-то высокое начальство, а с ним новое гестапо или СД, черт их разберет, и отца продержали весь вечер, допрашивали и в конце концов отпустили. Но отец потребовал, чтобы полицейские проводили его обратно: в городе уже действовал комендантский час. И полицейские проводили отца до самого депо, их видели патрули в городе и охранники на станции, и при полицейских отец отпер ворота склада, вошел и запер изнутри. Все в порядке: Гриша и его люди на месте.

В двенадцать часов караул сменился, сменился и караульный в коридоре. В этот коридор из отцовского склада была дверь, отец пользовался ею, чтобы проходить в служебные помещения. Расчет был на то, что часовой зайдет к нему, они часто заходили; на складе было уютнее, чем в пустом, длинном, мрачном коридоре; часовые болтали с отцом, дверь в коридор была открыта, они видели свой пост, а видеть свой пост — все равно что стоять на нем, и можно сослаться на то, что, мол, заходил закурить, да и никто внутреннюю охрану ночью не проверял, все на запоре, караульный начальник спал, он даже не разводил караула, они сами вставали, или их будили те, кто кончал дежурство.

Вернувшись, отец сел за стол, зажег лампу и начал оформлять накладные. И часовой, немного потолкавшись в коридоре, действительно зашел к нему, присел на табурет возле столика и затеял с отцом беседу, о чем — не знаю, я при этом не был, а те, кто был, не понимали немецкого языка.

В этой операции мне труднее всего представить именно отца. Что поделаешь, я знал его совсем другим человеком. Дядю Гришу и его ребят я отлично представляю, сам поснимал порядочно немецких часовых. Вся эта операция у меня как на ладони, повторяю: она была гениальна в своей простоте. Но отец в роли диверсанта, больше того — в роли человека, который должен мирно беседовать с часовым, чтобы отвлечь его внимание, усыпить его бдительность, зная, что этого часового схватят, зажмут рот и задушат, и до последней минуты спокойно смотреть ему в глаза, — для этого отец должен был стать другим человеком.

Убив часового, они перерезали телефонные и сигнальные провода, один с автоматом остался внизу у лестницы, а четверо вместе с отцом поднялись наверх. Обувь они сняли; кто был босиком, кто в носках.

Охрана размещалась в четырех комнатах. В одной жил караульный начальник, в остальных по два человека охраны, одна комната была пуста — караульные в наряде. Запирал свою комнату изнутри только караульный начальник. Вы, наверно, знаете: немцы, особенно в первый период войны, любили устраиваться с удобствами, тем более устраивались они с комфортом там, где для этого были условия. Тут условия были. Не землянка, не блиндаж, даже не деревенская изба, а просторные, светлые кабинеты, с реквизированной мебелью, широкими, удобными кроватями, чистым постельным бельем, рядом теплый сортир, душ, кухня. Даже в землянках и блиндажах они спали в одном нижнем, а уж тут, в таких условиях, тем более вдали от фронта, в тылу, правда, на вражеской территории, но на крупной, хорошо охраняемой станции, в большом населенном пункте, где есть войска, полиция, они опасались только бомбежек. К тому же в это время, как я уже говорил, в городе остановилось какое-то высокое начальство, а в присутствии высокого начальства немец чувствует себя гораздо уверенней. такая у них психология: немецкий солдат свято верит во всемогущество своего начальства, — во всяком случае, тогда, в сорок втором году, безусловно верил. Сталинграда еще не было, миф о войне, как о прогулке, еще не развеялся.

В общем, ребята взяли их спящими, закололи в постелях, те и не пикнули. Когда с караулом было покончено, отец постучал к караульному начальнику:

— Ганс, открой!

Тот спросонья не разобрал, кто к нему стучит, подумал, наверно, стучит один из его солдат, встал с постели и открыл дверь. Тут же дядя Гриша заколол его ударом ножа. Затем, как было условлено, они чуть отогнули на окне маскировочную штору, и по этому сигналу спрятавшиеся у Андрея Сташенка партизаны сняли наружного часового тоже без единого выстрела.

Спустились вниз, открыли двери склада, они были на простой задвижке с накинутой пломбой, открыли изнутри ворота на площадь. Машины стояли подогнанные вплотную, еще днем заправленные и готовые в путь. Евсей Кузнецов и второй шофер, парень из Сосницы, соединили зажигание напрямую. Погрузили в машины ящики с автоматами, винтовками, патронами, гранатами; отец показал кладовку, где под замком хранился ящик со взрывателями, замок сбили и ящик тоже погрузили в машину; погрузили шесть ручных пулеметов МГ-42 и к ним ящики с лентами, четыре миномета; несколько ящиков с мясными консервами, они случайно были на складе, — все это погрузили, сели в машины и умчались. Как мне потом рассказывали, вся операция с того момента, как убили часового в коридоре, и до того, как обе машины уехали, заняла не более пятнадцати — двадцати минут. Скажете — фантазия... Нет, это был факт.

Итак, машины умчались, а отец остался. Гриша предлагал ему уехать, но отец отказался. Его бегство доказало бы его причастность к налету, и тогда схватили бы мою мать, и мучили бы ее, и пытали, выместили бы свою злобу, отыгрались бы на ней, и не только на ней, но и на Оле, на Игоре, на всей родне, на всем гетто. Такого повода отец давать не хотел. И Гриша, вероятно, понимал его и не настоял на отъезде, хотя первое подозрение должно было пасть именно на отца: он ближе всех был к месту происшествия, но прямых доказательств не было, все было сделано чисто и аккуратно. И в эту ночь внизу, в депо, работали дежурные бригады ремонтников, но ведь и они тоже ничего не знали и ничего не слышали. Повторяю: все было сделано очень здорово, говорю это как разведчик; труп наружного часового спрятали за стеной так, чтобы его не заметил проходящий патруль, а труп внутреннего часового положили даже не в коридоре, а в самом складе, немцы хватились только утром, часов, может быть, в пять или шесть.

И как только хватились, тут же вся станция, все военные и полицейские части в городе были подняты по тревоге: убито семь солдат, угнаны две автомашины с оружием. Представляете, что творилось?!

Сообщили в штаб дивизии; оттуда явилась рота солдат, бросились в погоню и к вечеру в лесу, километрах в сорока от станции, нашли сгоревшие машины, собаки рвались в лес, но углубляться в лес солдаты побоялись и вернулись ни с чем.

Сразу же утром, как только обнаружили налет, немцы оцепили станцию, оцепили депо и задержали всех, кто работал ночью, а потом вообще арестовали всех деповских, произвели повальный обыск в домах железнодорожного поселка, задержали подозрительных, присоединили к арестованным — в общем, загребли человек сто, а может быть, и больше: пытались найти тех, кто помогал налету, понимали, что без помощи деповских такой налет невозможен и помогал, конечно, не один, помогали многие, помогала организация; таскали людей на допросы, мучили их и пытали, требуя выдачи участников и пособников.

Моего отца тоже забрали, но он доказал свое алиби; вот гестаповцы, которые допрашивали его в тот вечер, продержали до двенадцати часов, вот полицейские, которые привели его, потом отвели и видели, как он отправился спать в свою каморку, на их глазах он открывал и закрывал склад. И отец как лицо смешанного происхождения находился под наблюдением полиции. И кто же будет связываться с человеком, за которым наблюдает полиция? И вот вам парадокс: отец был первый, кого они выпустили как непричастного к налету.

Но был и другой парадокс: на гетто не пало и тени подозрения. Немцы знали, что в этих местах действует Сидоров, но никак не связывали его с гетто. Гетто в городе, по другую сторону железной дороги далеко от депо, в депо евреи не работают, а главное, немцы не могли допустить мысли, что они способны на что-либо подобное. И много полицейских было переброшено для охраны станции и в железнодорожный поселок, как «зараженный партизанами», в результате охрана гетто ослабла, гетто выиграло пусть короткое, но драгоценное время, ведь акция была не за горами: прибыли электропилы, прибыли немецкие рабочие команды для заготовки леса, гетто было накануне уничтожения, приближался роковой час.

Немцы нашли сгоревшие машины в сорока километрах от станции, в лесу. Но оружие для гетто было разгружено почти рядом со станцией, километрах в двух-трех, не более. В условленном месте машины ожидал Веня Рахленко с товарищами, дядя Гриша отдал им тридцать автоматов с патронами, десяток пистолетов, ящик гранат и взрыватели. Все это ребята перенесли через железнодорожное полотно на овощную базу, а оттуда по подземному ходу благополучно доставили в погреба на дедушкином дворе.

Эсэсовцы свирепствовали на станции, пытаясь обнаружить пособников налета. Людей пытали специально прибывшие палачи, мастера своего дела: избивали до полусмерти, пытали электрическим током, жгли паяльной лампой, выкалывали иголками глаза, опускали головой в холодную воду, пока не наступало удушье, потом искусственное дыхание — и снова головой в бочку; подвешивали с грузом в пятьдесят килограммов на каждой ноге, выкручивали и ломали руки и ноги, подвешивали женщин за волосы, мужчин за ноги вниз головой или за связанные сзади руки, плоскогубцами вырывали ногти... Конечно, не все могли вынести такие пытки, бывало, оговаривали других, оговаривали себя, и винить их нельзя, винить надо палачей; но палачи опытные, умели отделять правду от вымысла, им не нужны липовые признания, им надо найти подлинных участников налета; оговоры и самооговоры только запутывали, затемняли дело, и несчастных людей, возводивших напраслину на себя и на других, чтобы избавиться от мучений, мучили за это еще больше.

И все же гестаповцам удалось напасть на след. Во время допросов и пыток кто-то назвал имя Андрея Сташенка. Как и почему назвал, в какой связи, не знаю, но назвал. Тут же арестовываются Андрей, Ксана, их дети Вера и Костя; конечно, пытки, истязания, но они держатся стойко: ничего не знаем, ничего не видели, в эту смену в депо не работали, они вообще ночью не работают, только днем.

Доказательств никаких, только подозрения. Старика Сташенка тоже подозревали, что он связан с гетто, полицаи уже заглядывали к нему, хотя ничего и не обнаружили. Но если тебя подозревают, значит, ты все равно виноват, они истребляли миллионы людей, ни в чем вообще не подозреваемых. Найти пособников налета решили во что бы то ни стало, этого можно добиться только страхом. Арестовали всех Сташенков и объявили, что если жители поселка не выдадут остальных пособников налета, то все арестованные, а их около ста человек, будут расстреляны. Если же и после этого не выдадут, то поселок будет сожжен, а жители его уничтожены, пусть партизаны помнят, во что обходятся их налеты, а жители знают, чего стоит пособничество партизанам.

Теперь представьте состояние моего отца, примите во внимание его характер, иначе вы не поймете его поступка. Он знал, как пытают и мучают людей, знал про арест Сташенков, знал, что ожидает сотни невинных. Конечно, расстрелы заложников, истребление мирного населения, уничтожение городов и деревень беззаконие и варварство. Но если прекратить сопротивление, то, значит, враг достиг своей цели и победил. Отец это понимал. Но он понимал и другое: от него зависит жизнь ста человек. Чтобы их спасти, избавить от пыток, мучений и смерти, надо только одно — назвать человека, помогшего партизанам. Этим человеком был он, и только он. Если он признается, его убьют, но он умрет с чистой совестью; убьют его жену, внука и внучку, но у тех ста тоже есть жены, дети и внуки...

Таким представляю я себе ход мыслей отца. Отец явился в комендатуру и заявил, что он провел партизан в депо, спрятал на складе, помог уничтожить караул и захватить оружие.

Сначала ему не поверили, алиби его очевидно, но не принимает ли он вину на себя, чтобы выгородить истинных виновников? Если так, значит, явился он сюда по приказу диверсионной группы, не для спасения заложников, а для спасения диверсантов. Значит, ты их знаешь и должен назвать!

Что они делали с отцом! Боже мой, что они делали с ним, привязанным к столу в камере пыток! Три дня, трое суток, нескончаемых, как история человеческих страданий. Отец никого не назвал, не выдал, никого не оговорил. Пришли люди, переодетые рабочими, приказали спрятать их на складе, он их спрятал, потом, когда вернулся из комендатуры, открыл им дверь в коридор, они убили часового, уничтожили караул и увезли оружие. Никто, кроме него, этого не видел.

Привезли его в депо, избитого, окровавленного, он показал, как все было: где обрезали телефонные и сигнальные провода, откуда было взято оружие и приблизительно что было взято, в том числе ящики с консервами. Все совпадало с действительно похищенным.

Это убедило гестаповцев. Да, он помог налету, но не был же он один! Кто же другие?

И снова три страшных дня, три страшных ночи, каких, я думаю, мало кто испытал на этой земле.

На седьмой день из ворот комендатуры вышла процессия. Гестаповское начальство, за ними эсэсовцы с автоматами, а на телеге обрубок человека, обрубок еще живого человека, — он еще был жив, мой отец, он еще дышал. Его подтащили к виселице, стоять на переломанных и сожженных ногах он не мог. И повесили его не в гетто, а на площади перед гетто, чтобы видели все, и на груди его висела табличка: «Партизан».

Так погиб мой отец Яков Ивановский, пятидесяти двух лет, уроженец города Базеля в Швейцарии.

К сожалению, его признания, его смерть никому не помогли.

На Базарной площади сооружается еще одна виселица, уже с десятью свисающими с перекладин петлями, сгоняют жителей города и железнодорожного поселка и выводят на площадь всех Сташенков: Афанасия Прокопьевича, его жену, сына Андрея, невесток Ксану и Ирину, внука Костю, внучек — Марию, Веру, Нину и Таню; Афанасию Прокопьевичу — семьдесят два года, Тане — десять лет, все со связанными за спиной руками, и у всех на груди таблички: «Они помогали партизанам», — и ставят на табуреты под виселицами.

Знаете, что сделали наши садисты полицаи? Они поставили Сташенков под виселицами так, в том же порядке, в каком те стояли на сцене клуба промкооперации, когда пели свои белорусские песни: с края Афанасий Прокопьевич, за ним его жена, потом Андрей, Ксана, Ирина и дальше дети, все белоголовые, босые, в белых рубахах... И табуретки из-под их ног вышибали по очереди, с паузами, пока не вышибли последний табурет из-под ног десятилетней Тани.

Вечная им память! Вечная слава мужественным сынам и дочерям белорусского народа!

24

Мать видела труп повешенного отца. Он висел три дня — фашистская норма, фашистский стандарт. В этом смысле отца постигла участь других публично повешенных. Но эти три дня были последними днями гетто.

Немцы были большие мастера камуфляжа. На воротах Освенцима висела надпись: «Arbeit macht frei» — «Работа делает свободным». Работа была одна — задыхаться в газовых камерах, свобода тоже одна — освободиться от этой страшной жизни. Но сентябрь сорок второго уже не сентябрь сорок первого — теперь люди знали истинную цену этим изречениям.

И потом, маленький городок, все очень близко. Вот гетто, а рядом «арийская» улица; вот живут порядочные люди, а рядом полицай, и что знает полицайка, часто знает жена порядочного человека. И во многих домах офицеры из «виршафткоманды» — учреждения по эксплуатации хозяйства района — и просто солдаты, и могут случайно, а иногда и не случайно обронить слова, которые позволяют о многом догадаться. И юденрат связан с городской управой, и там, представьте, тоже попадались порядочные люди. И у работающих на предприятиях все чаще отбирают рабочие карточки, значит, завтра в лес, если ты на это годен, а если не годен, жди, когда тебя отправят на поляну, в яму. Как птицы чувствуют приближение бури, как звери ощущают первые подземные толчки, так и эти люди поняли, что наступает их час, готовится последняя, окончательная акция.

Тринадцатого сентября двадцать женщин были направлены в бывшее ФЗУ на уборку — мыли, скоблили, чистили, приводили в порядок отхожие места, перетаскивали со склада кровати, постельное белье, столы, стулья и шкафы, вешали умывальники. Готовилась казарма. Для кого? И сведущие люди подсказали: для «зондеркоманды А» из Чернигова. «Зондеркоманда» означала уничтожение гетто.

Тут же моя мать дала знать об этом дяде Грише... Но как?

После налета на станцию режим опять ужесточился, немцы усилили охрану, патрули, кордоны, перекрыли дороги, хватали каждого; дядя Гриша опасался появляться в гетто, не посылал своих людей, связь на некоторое время нарушилась. Но сообщить о предстоящей акции надо во что бы то ни стало. И встал вопрос: кого послать? Не в лес даже, в лес при таких условиях добраться невозможно, а хотя бы в ближайшую деревню, там был человек Сидорова, мама, видимо, его знала. Но и до ближайшей деревни тоже невозможно добраться: все дороги, все тропинки блокированы. Единственный, кто мог добраться, только маленький Игорь. До сих пор все его рейды проходили благополучно, но, повторяю, условия изменились, хватали каждого, кто находился вне своего населенного пункта, будь это даже ребенок. Мама понимала, какому риску она подвергает Игоря, из всех решений, которые она принимала, это было самое страшное. Но другого выхода не было. Ночью мама отправила Игоря. Он добрался до деревни и передал кому следует, что наказывала бабушка.

Но на обратном пути, уже почти в городе, патруль задержал Игоря.

— Ты знаешь дорогу к партизанам, — сказали полицаи.

— Я не знаю никаких партизан, — ответил Игорь.

— Куда ты ходил?

— В деревню.

— Зачем?

— Поесть просил.

— Тебе дали?

— Дали.

— Кто дал?

— Тетенька одна дала.

— Пойдем, покажи нам эту деревню, покажи нам эту тетеньку.

— Не пойду. Она мне хлеба дала, а вы ее за это убьете.

— Не убьем, ты только покажи ее нам, тогда мы поверим, что ты не ходил к партизанам.

— Нет, не покажу, вы убьете ее.

Его и нагайками и плетьми, а он, понимаете, уперся, ни в какую: не покажу, и все, она мне хлеба дала, а вы ее убьете.

Восемь лет мальчишке, а вот такое придумал и твердил одно: «Она мне хлеба дала, а вы ее убьете»...

И опять площадь, опять изможденные существа, напоминающие людей, опять моя мать, уже только с Олей. И в середине площади Игорь на коленях, с завязанными за спиной руками. И за ним эсэсовец с секирой. Где они ее раздобыли — понятия не имею. Старинная секира, клинок в виде полумесяца. Знаю только, что она служила эсэсовцам для потехи, во дворе комендатуры, они забавлялись ею следующим образом: ставили ребенка на колени с завязанными сзади руками, приказывали наклонить голову и ударяли секирой. Пари выигрывал тот, кто с одного удара разрубал ребенка точно пополам. Так они забавлялись во дворе комендатуры, теперь устроили забаву для всех.

Штальбе сказал моей матери:

— Твой внук ходил к партизанам. Если он покажет дорогу, то будет жить, если не покажет — умрет.

— Он не знает дороги к партизанам, — ответила мать.

И тогда Игорь закричал:

— Бабушка, я боюсь!

И мама ответила:

— Не бойся, Игорек, они тебе ничего не сделают, опусти голову и закрой глаза.

Игорь наклонил голову и зажмурился, палач поднял секиру и разрубил Игоря точно пополам, мастер был. Ударила кровь, но на палаче был кожаный фартук, и он не запачкался.

И Штальбе, бывший школьный учитель, объявил:

— Так будет с любым ребенком, обнаруженным вне гетто. Запомните!

Потом сказал моей матери:

— Подбери своего внука, никто за тебя этого делать не будет.

Мать сняла с себя лохмотья, завернула в них окровавленные останки Игоря, отнесла домой, и в этот же день похоронная бригада забрала его и похоронила на кладбище.

А перед дядей Гришей встал вопрос: что делать?

Сказать, что это был серьезный вопрос, серьезная проблема, — значит ничего не сказать. Это был неразрешимый вопрос, неразрешимая проблема.

Восстание? Но во всем гетто всего два-три десятка людей, умеющих кое-как владеть оружием, кучка подростков против регулярных войск. И где они будут обороняться? На двух улицах? В деревянных домах? Достаточно поджечь один дом, чтобы сгорело гетто со всеми его обитателями.

Пробиваться в лес? Как? Трехтысячным табором, толпой беженцев, сквозь кордоны и заградительные отряды, по открытой местности? Даже если допустить фантастическую возможность того, что удастся выйти из гетто и пробиться в лес, то что делать дальше? Как кормить людей, содержать, защищать? Надвигается осень, а за ней зима.

Остается одно: безропотно пойти навстречу своей судьбе, своей участи, лечь в яму рядом с сыном или дочерью, подставить затылок немецкой пуле, не оказав пусть безнадежного, но достойного сопротивления, не подняв руки против убийц... Из всех вариантов этот был самый неприемлемый. В тех вариантах терялась только жизнь, в этом — и жизнь и честь.

Итак, восстание и уход в лес. Цель нереальная, но без цели нет действия. Восстание завтра же утром, пока не прибыла «зондеркоманда». А в это время Сидоров нанесет отвлекающий удар по железнодорожному мосту, тому самому, с которого я когда-то прыгал в воду, рисуясь перед Соней Вишневской. Ле-Курт пошлет на мост помощь и тем ослабит охрану станции, отвлечет силы от города.

План фантастический, отчаянный, но другого быть не могло. План гибели, но гибели достойной — это будет счет, который жители гетто предъявят за свою смерть и который гитлеровцы оплатят своими жизнями.

Вечером Гриша со своими бойцами, шестнадцать человек, затесался в рабочие колонны, часовые их уже не проверяли, не пересчитывали, не обыскивали, готовили себя к другой, более важной акции, копили для нее злобу и беспощадность, смотрели на входящих в гетто с холодным равнодушием убийц, для которых эти люди уже мертвы.

В полночь Гриша собрал в подвале дедушкиного двора человек двадцать наиболее авторитетных людей, способных повести за собой остальных.

Но Гриша многого не рассчитал. Он мыслил как солдат, боец и не учел того, что перед ним не солдаты, не бойцы: год беспримерного рабства и унижений убил в этих людях волю к сопротивлению, внушил животный страх перед немцами... И некоторые сробели...

Да, люди способны на отпор, но в том случае, если их погонят на расстрел. Но пока не погнали, и, возможно, казарма готовится не для «зондеркоманды» и никакой акции не будет. Если они восстанут, их перебьют всех до единого. Люди могут сопротивляться, когда их убивают, но если их не убивают, зачем же им, безоружным, бросаться на вооруженную охрану, на вооруженных солдат, бежать в лес, где их все равно ждет гибель?

Так говорили некоторые, притом, заметьте, авторитетные люди, и это отражало настроение гетто, во всяком случае, значительной его части. План Гриши рушился у него на глазах.

Гриша был отважный человек, и пришли с ним тоже отважные люди. Они были готовы на отчаянный шаг: стать во главе трех тысяч безоружных людей и броситься на вооруженного до зубов противника. Каков бы ни был исход, это будет попыткой, это будет действием, это будет боем; для боя они и пришли, и если суждено погибнуть, то они погибнут в бою; солдатская судьба, солдатская смерть. Но погибнуть без боя, пойти на смерть из солидарности они не могли, не имели права, их жизнь принадлежала не им, их жизнь принадлежала борьбе.

И Гриша поставил вопрос так: или восстание немедленно, сегодня, в четыре часа утра, при построении рабочих колонн, или он и его люди уходят, уходят сейчас же, прямо отсюда, из подвалов... И вот, значит, решайте, я вас заставить не могу!

Моя мать, как, бывало, дедушка, молча слушала эти прения, потом сказала:

— Вы не мужчины, вы крысы! Немцы правы — вас следует истреблять. Вы хотите попрятаться по углам, но таких углов нет, они найдут вас всюду! Вы говорите: акции не будет? А где восемьсот человек с Прорезной улицы? Вы не знаете дорогу к яме? Вам ее послезавтра покажут, пройдете по ней в последний раз. Вы говорите: люди не поднимутся? В моем доме сорок шесть человек, они поднимутся как один, слабый пойдет за сильным, невооруженный за вооруженным. Мы будем драться, нам суждено погибнуть, но мы погибнем в своем доме, а не в яме.

Это она сказала тем, кто возражал против восстания. А Грише и его людям она сказала:

— Вы хотите уйти — уходите! Вы хотите оставить здесь на смерть ваших жен и детей — оставляйте! Мы будем биться сами, нам есть чем драться; у наших детей есть оружие, у нас есть топоры, молотки, ломы, лопаты, колья, ногти, зубы, мы перегрызем им глотки!

Она повернулась к Вене Рахленко, сыну Гриши:

— Веня, ты уйдешь с отцом или останешься защищать нас?

И Веня сказал:

— Я останусь здесь и буду драться.

И Гриша и его люди поняли, что уходить нельзя: восстание все равно будет. Это поняли и те, кто колебался. Ночью моя мать обошла дома и сказала, что утром всех поведут на расстрел, надо готовиться к отпору и уходить в лес. Она была полна спокойной властной решимости, не знаю, передалась ли эта решимость людям, я думаю, многим передалась, тем более мать говорила и действовала открыто, открыто переходила из дома в дом, и охрана не обращала на нее внимания.

В четыре часа утра под наблюдением сонных полицаев люди начали выходить и строиться в рабочие колонны, у многих, как было условлено, под одеждой были топоры, молотки, ножи, ломики, а у бойцов пистолеты и автоматы.

Но из многих домов люди не вышли, никто не вышел, даже те, кому надо в лес, на работу: заперлись, забаррикадировали двери и окна, их обуял страх, они боялись выйти на улицу, где их ждет смерть. Не будем их осуждать: эти люди были безоружны и запуганы, то, что они не вышли на улицу, заперлись, уже было актом сопротивления, первым нарушением правил, которое они себе позволили.

И это положило начало восстанию. Полицаи начали вламываться в закрытые дома, произошла сумятица, она и послужила сигналом. Первым выстрелил в полицая Веня Рахленко, за ним другие ребята, и люди, увидев упавших полицаев, набросились на остальных. Это было как взрыв детонатора: услышав пистолетные выстрелы, снайперы повели прицельный огонь по часовым на вышках, ребята забросали гранатами караульное помещение и автоматным огнем добивали выбегающих из него эсэсовцев; другие напали на полицейский участок возле горуправы, третьи ворвались в дом, где жил Штальбе, и убили его, четвертые — в дом коменданта Рейнгардта, убили его ординарца, но сам Рейнгардт успел выскочить в окно, преследовать его не было времени; и наконец раздается оглушительный взрыв: летит в воздух водонапорная башня на железнодорожной станции — это сделали партизаны Сидорова. И при взрывах, стрельбе, криках, стонах, ругательствах люди двинулись из гетто...

Однако некоторые полицаи успели убежать, отстреливаясь, кое-кого убив и ранив, и многие эсэсовцы спаслись, тоже отстреливаясь и уходя на станцию; один часовой на вышке успел открыть по толпе пулеметный огонь, и комендант станции Ле-Курт поднял по тревоге железнодорожные войска, мобилизовал военных, едущих в отпуск или возвращающихся из отпуска, всех поставил под ружье, но не двинул их на преследование беглецов, а бросил на охрану станции, немедленно радировал куда следует, и вскоре на автомашинах прибыли части СС и «зондеркоманда».

Но, пока все это происходило, путь был открыт, и моя мать, держа за руку Олю, повела людей из гетто, повела не через главные ворота, главные ворота выходили к железной дороге, там были немцы. Вышли с другого конца Песчаной улицы, взломав забор у дедушкиного дома, разрезав колючую проволоку; прошли окраиной города, потом мимо кладбища на дорогу, ведущую в дальние леса.

Из гетто вышло человек шестьсот, остальные остались. Остались те, кто сразу забаррикадировался в домах, и, когда с вышки застрекотал пулемет и улицы обагрились кровью, многие из тех, кто вышел из дома, вернулись. И, конечно, остались калеки, инвалиды, больные, немощные, старики и старухи, все, кто не мог идти, и не было носилок, чтобы их нести.

Гриша торопил людей: немцы быстро опомнятся, прибудут их части, организуют погоню, важно успеть дойти до леса, до условленного места, где ждут два человека с пулеметом; там можно будет организовать оборону и задержать противника, а до этого места, между прочим, двенадцать километров. И Гриша не мог дожидаться, пока соберутся все бойцы, многие ребята не уходили со своих мест, продолжали вести огонь из укрытий, им хотелось перебить побольше эсэсовцев и полицаев; мальчики и девочки, что они знали, у них хватило смелости напасть, но не было умения вовремя отойти; они думали, что задерживают немцев, на самом же деле они уже здесь были не нужны, здесь все было кончено: они были нужны там, на марше, а они остались и уже не смогли уйти, погибли или присоединились к тем, кто заперся в домах.

А Грише был важен каждый боец; шестьсот человек — это большая колонна, и не воинская колонна, а толпа беглецов, объятых ужасом; для ее охраны нужно много людей, а с ним был десяток партизан и несколько вооруженных подростков.

И все же Гриша выставил охранение и головное, и боковое, и тыльное — все, что положено. У кладбища оставил первый заслон, через три километра второй, они встретят погоню, каждый на своем рубеже. Конечно, их перебьют, конечно, смертники, и все же на какие-то спасительные минуты они задержат противника. Усилить заслоны Гриша не мог, надо было охранять беспомощных, объятых страхом людей, идущих в неизвестность, людей, у которых позади смерть и впереди смерть, и каждый думал о собственном спасении; при первой же панике они могут разбежаться, вернее, разбрестись, бежать они были не в состоянии.

Но кто был сильнее, те шли быстрее, торопились достигнуть леса; слабые спешили за ними, у них не хватало сил, они садились на обочину или падали на дороге, их надо было поднимать и тащить; если оставлять их на поругание врагу, то колонна превратится в стадо зверей, звери не уносят раненых, это делают люди, и до той минуты, пока остаются людьми. Оставляли только тех, кто был уже мертв... Хоронить мертвых не было времени, тащить мертвых не было сил, силы были нужны для тех, кто был еще жив. И колонна все больше и больше растягивалась: длинная цепочка бредущих скелетов, падающих и вновь подымающихся или уж не подымающихся, — каждый брел сам по себе.

И вдруг люди остановились. Они услышали за собой стрельбу и увидели языки пламени, взвившиеся в небо. Это горело и истреблялось гетто.

Да, горело и истреблялось гетто. Конечно, с этим можно было подождать, ведь гетто никуда уже не уйдет, следовало сразу броситься в погоню. Но ярость и жажда мести пересилили, их выместили на оставшихся. Прибывший на автомашинах взвод СС оцепил мятежное гетто и приступил к его уничтожению здесь, на месте, на этих улицах. Эсэсовцы попытались вломиться в забаррикадированные дома, оттуда раздались выстрелы; они забросали дома гранатами, люди выбегали на улицы, были пущены в ход автоматы, и Песчаная и Госпитальная залились кровью. И все же люди, вооруженные чем попало, пытались прорвать цепь — никому это не удалось... И когда сопротивление было сломлено, патроны у бойцов кончились, и сами бойцы были убиты, и звуки выстрелов перестали заглушаться криками и стонами раненых, тогда каратели ворвались в дома и добили оставшихся там стариков, больных и калек; собаки обнюхивали дворы, эсэсовцы пристреливали спрятавшихся детей. За несколько часов все было кончено, гетто уничтожено, почти две тысячи человек нашли свою могилу в лесу, в яме, на поляне. Но они не сами пошли в лес, не сами легли в яму! Их трупы грузили на машины, везли в лес и там уже сваливали в яму; обитателей гетто пришлось уничтожать в их собственных домах, гетто оказало сопротивление, взяло выкуп за свою жизнь и было стерто с лица земли; гитлеровцы о нем никогда не упоминали: это был их позор, их поражение, — оно не вошло даже в список пятидесяти пяти известных нам гетто. Но оно существовало, оно боролось и погибло с честью.

Покончив с гетто, немцы бросились в погоню за беглецами, но люди уже приближались к лесу, оба заслона снялись со своих засад, присоединились к главным силам и заняли оборону на опушке леса. Теперь у них был пулемет. Вскоре появились и солдаты, им не пришлось искать дорогу: дорога была обозначена трупами. Но когда они подошли к лесу, их встретил пулеметный, автоматный и ружейный огонь.

А беглецы между тем углубились в лес. Впереди шли два партизана, Евсей Кузнецов и Коля Городецкий, они должны были провести людей к другому, глухому Брянскому лесу, где их ждали партизаны Сидорова и куда немцы не посмеют сунуться. Беглецов было не более четырехсот человек — бойцы остались на опушке леса, а остальные, не выдержав дороги, усеяли своими телами этот скорбный путь. Но и лес, который предстояло пересечь, был большой, километров десять, а люди уже прошли двенадцать — без остановки, без привала, и они не могли идти, тем более ушли с открытого места, чувствовали себя в некоторой безопасности, им говорили: «Лес, только бы добраться до леса», — и вот они в лесу и не могут остановиться...

И моя мать сказала Евсею Кузнецову:

— Люди должны передохнуть. Они не могут идти дальше.

— Нет, — ответил Евсей, — Гриша долго не продержится. И если люди сядут, они уже не встанут.

Они продолжали свой путь, но люди все чаще и чаще падали на лесных тропинках или останавливались, прислонясь к деревьям.

И тогда мать сказала Евсею:

— С теми, кто может идти, иди дальше. Я останусь с теми, кто должен хотя бы немного передохнуть, пусть со мной останется Коля, он нам покажет дорогу, через полчаса я подниму людей.

И в ком были еще силы, пошли дальше с Евсеем Кузнецовым, а остальные присели на поляне, мать вернулась за отставшими и тоже довела их до поляны.

И мать при Коле Городецком сказала Оле:

— Попросишь у дяди Сидорова, чтобы отвели тебя в Чернигов к адвокату Терещенко. Скажешь Терещенко, что ты внучка Рахили Рахленко. Коля, ты передашь это Сидорову?

— Передам, — сказал Коля.

Потом мама сказала людям:

— Вставайте, здесь больше нельзя оставаться, надо идти дальше. Некоторые поднялись, но большинство нет — не было сил.

И тогда мама сказала:

— Вы слышите выстрелы? Это ваши дети умирают, чтобы вас спасти. Теперь вы свободные люди, вы будете мстить за кровь своих родных и близких, заставите этих извергов заплатить за ваши мучения, будете истреблять их, как бешеных собак, потому что бешеных собак надо истреблять. Найдите в себе силы идти. Идите! Коля, веди их!

И люди нашли в себе силы подняться и побрели дальше. А мать не пошла, она продолжала стоять, люди проходили мимо нее, и каждому она придавала силы своим пронзительным взглядом. В этой женщине, которой было всего сорок девять лет, трудно было узнать прежнюю Рахиль Рахленко. От прежней Рахили остались только рост и осанка. Высокая, прямая, она стояла, не двигаясь, не сходя с места, но для каждого проходящего мимо нее человека все дальше отодвигалась в глубину леса, ее облик стирался — она как бы растворялась в воздухе и постепенно исчезала; и когда люди оглянулись, ее уже не было. Никто не слышал звука ее шагов, хруста веток под ее ногами, она растворилась в лесу, среди неподвижных сосен, растаяла в воздухе, пропитанном терпким сосновым запахом, как был он пропитан тогда, когда она, шестнадцатилетняя девочка, сидела в лесу со своим Якобом, голубоглазым мальчиком из города Базеля, Швейцария.

Фантазия? Мистика?.. Может быть... И все же никто никогда больше не видел мою мать ни живой, ни мертвой. Она исчезла, растаяла, растворилась в воздухе, в сосновом лесу, вблизи маленького города, где она родилась, прожила жизнь, где она любила и была любима, где, несмотря на все невзгоды, была счастлива, вырастила детей, воспитала внуков, видела их страшную гибель, перенесла то, чего не может выдержать ни одно человеческое сердце. Но ее сердце выдержало, и в последние минуты жизни она сумела стать матерью для всех несчастных и обездоленных, наставила их на путь борьбы и достойной смерти.

Между тем бой на опушке леса продолжался. Немцы не знали сил противника, залегли, постреливали, ждали подкрепления. Через час Гриша отослал десять человек, остался с двадцатью бойцами, еще через час отослал еще двенадцать и остался с восемью.

Солдаты поднялись в атаку, когда подоспели эсэсовцы. Те шли высокие, здоровые, пьяные, без головных уборов, в черных кителях с закатанными рукавами, а на рукавах череп и перекрещенные кости. Шли они во весь рост; пулемет перебил первый ряд — второй ряд перешагнул через убитых, третий ряд — через второй; они достигли наших и вступили в рукопашный бой. Немцев и полицаев было много, а у Гриши всего восемь человек, все они погибли в этом неравном бою. Но эсэсовцы потеряли более половины своего состава и дальше в лес не пошли. Приехали их машины, увезли убитых и раненых, а трупы Гриши, его сыновей Вени и Толи и еще пяти бойцов остались на поляне. Утром партизаны их забрали, перенесли в дальний лес и проводили в могилу двадцатью залпами из винтовок.

В отряд Сидорова пришло около четырехсот человек. Для многих эта страшная дорога была последним усилием, осуществленная надежда — последней надеждой, многих похоронили в первую же неделю. Тех, кто выжил, Сидоров оставил в своем отряде или передал в другие отряды, а стариков, старух, больных припрятал у верных людей на хуторах, где они дожили свои последние дни. Олю, как наказывала моя мать, переправили в Чернигов к Терещенко, Терещенко ее принял, стал ей отцом, и она носит его имя — Ольга Терещенко... Теперь у нее двое детей, и, как ее приемный отец, она тоже адвокат. От нее, от Оли, я и узнал многие подробности жизни и смерти нашей семьи, из всей нашей семьи она осталась единственным свидетелем.

Гетто закончило свое существование в сентябре сорок второго года, война кончилась в мае сорок пятого. Из тех, кто вышел из гетто, мало кто остался в живых: погибли в партизанских боях, потом в армии, когда партизаны влились в наши регулярные части, а те, кто остался жив, расселились по стране, рассеялись по лицу нашей земли, почти никто не вернулся домой, дома ни у кого не было.

Все же нескольких партизан я разыскал, и они дополнили рассказ Оли теми подробностями, которые она не могла знать. И эти взрослые, мужественные люди, прошедшие через все, через что только может пройти человек, подтвердили, что моя мать Рахиль действительно на их глазах растворилась в лесу, растаяла в воздухе. Они клялись, что видели это собственными глазами. Может быть, это не так, может, своими глазами они этого не видели, может быть, эта легенда возникла как галлюцинация в мозгу у людей, доведенных до крайности. Исход из гетто был чудом, и когда совершается одно чудо, то возникает и другое, и эта легенда укрепилась в сознании как действительность, как факт.

Но даже Сидоров, он остался жив, я с ним много раз встречался после войны, даже Сидоров, старый коммунист, чуждый всякого суеверия, и тот, когда я его спросил о матери, ответил неопределенно:

— Сам я этого не видел, твоя мать до нас не дошла, но люди говорят, что так оно и было...

И, знаете, отвел глаза... Ему, понимаете, было неудобно сознаться, что он, старый член партии, командир партизанского отряда, не верит ни в бога, ни в черта, а вот в таинственное исчезновение моей матери верит.

До войны в нашем городе проживало несколько тысяч евреев, теперь их было не более двухсот человек. О судьбе тех, кто остался под немцами, вы знаете, а те, кто не попал под их власть, те или погибли в боях, или, уехав в эвакуацию, прижились на новых местах. Вернулись в основном старики, и среди них наш парикмахер Бернард Семенович, еще бодрый, чистенький, седой, благообразный.

Много дней старики ходили по дворам, пустырям, дорогам, лесам и полям и собирали в мешки останки убитых. Трупы истлели, но некоторых Бернард Семенович опознал по волосам: оказывается, волосы в земле не пропадают. И еще опознали останки моей сестры Дины. Эсэсовцы привязали ее к кресту старым электрическим проводом, провод остался на костях, по проводу ее и опознали. Останки опознанных захоронили на кладбище, а неопознанных — в братской могиле, той, что гитлеровцы устроили в лесу. Старики хотели всю братскую могилу перенести на кладбище, но это было невозможно — тысячи убитых, да и кладбища фактически не было, надгробные плиты растащили, а само кладбище по приказанию комендатуры перепахали.

Нашли останки Сташенков, всех десятерых, они лежали вместе, как и висели вместе. Телеграммой я вызвал Александрину Афанасьевну Сташенок, она приехала, приехал и Максим, ее племянник, сын Андрея Сташенка, и останки их родных мы захоронили. Второй сын Сташенка, Петрусь, не присутствовал на этом печальном обряде: он погиб в боях на Северном Донце.

Останки моего отца, Якова Ивановского, не нашли, хотя соседи указали место его захоронения — пустырь по дороге к реке. Я даже нашел человека, который по приказанию полицаев рыл могилу. Но никакой могилы на этом месте не оказалось — чистый песок. Мы перерыли весь пустырь и ничего не нашли: только песок, песок, чистый сыпучий тяжелый песок... Останки моего отца исчезли бесследно. Странно, не правда ли?

Я часто наезжал тогда в город, почти в каждый отпуск, помогал как мог. Все это, знаете, требовало много усилий: восстановить старое кладбище, привести в порядок братскую могилу, собрать деньги на памятник, соорудить ограды. Приезжала и Александрина Афанасьевна Сташенок, ходили мы с ней и в райисполком и в горсовет, там, конечно, сочувствовали, но хватало и своих хлопот: надо восстанавливать город, предприятия, налаживать сельское хозяйство, все разбито, разрушено. Надо думать о живых — это безусловно, но забыть мертвых мы тоже не можем, они не воскреснут, они продолжают жить только в нашей памяти, и отказать им в этом, лишить их этого мы не имеем права. Я приезжал, ходил, хлопотал, а когда возвращался в Москву, переписывался с Сидоровым; он уже вышел на пенсию, время у него было, и он тоже помогал чем мог — с этими людьми он жил, работал и воевал.

Потом, надо признаться, я стал реже ездить туда. Годы не те, надо поехать подлечиться, и жене надо отдохнуть... Последний раз я был там в семьдесят втором году, в сентябре, в тридцатую годовщину восстания и уничтожения гетто.

Мы с Сидоровым пошли на кладбище. Кругом золотились осенние поля, мы шли дорогой, по которой уносили из гетто мертвых и по которой моя мать Рахиль и мой дядя Гриша увели живых. Кладбище восстановили, огородили и на том месте, где были могилы, посадили молодые березки, они уже выросли, эти березки, стоят ровными рядами и шумят листвой над безымянными могилами. И внутри ограды оставлено место для новых могил, где похоронят тех, кто умрет, когда положено умереть.

Грустная картина — пустынное кладбище без плит, без памятников, без надписей, без цветов. Где могилы моих предков? Где покоятся бабушка, дядя Лазарь, мой брат Саша, мой маленький племянник Игорь?..

Постояли мы с Сидоровым, помолчали, потом пошли на братскую могилу, ту, в сосновом лесу, возле бывшей веранды Орла, где когда-то продавали кефир и мороженое, где отдыхали в гамаках люди, где когда-то сидели и пытались объясниться на разных языках мои юные отец и мать и где они сумели объясниться только на одном языке, великом языке любви.

У братской могилы были еще люди, местные жители, несколько человек: старики, пожилые, были и дети — те, кто вырос тут после войны... Кто-то из них знал мою мать Рахиль, моего отца Якова, моего отважного дедушку Авраама Рахленко, кто-то и не знал. Но здесь лежали их бабушки и дедушки, их отцы и матери, их братья и сестры, лежали в громадной яме, где их, безоружных, беспомощных, расстреливали из автоматов...

На могиле был установлен большой камень из черного гранита, на нем — вверху на русском языке было высечено: «Вечная память жертвам немецко-фашистских захватчиков». Внизу — надпись на еврейском.

Рядом со мной стоял Сидоров, бывший шахтер, потом директор обувной фабрики, потом партизанский командир, теперь пенсионер. Он родился в Донбассе, но давно жил здесь, знал и понимал все насквозь.

Он показал на надписи на камне, высеченные по-русски и по-еврейски, и тихо спросил меня:

— Слушай, Борис, а правильно они перевели русский текст?

Ребенком, лет, наверное, до восьми или девяти, я учился в хедере, потом перешел в русскую школу и, конечно, давно забыл еврейские буквы.

И все же почти через шестьдесят лет из неведомых и вечных глубин памяти передо мною встали эти буквы, эти слова, я вспомнил их и прочитал:

«Веникити, дамам ло никити».

Смысл этих слов был такой:

«Все прощается, пролившим невинную кровь не простится никогда»...

Сидоров, видя, что я медлю с ответом, скосился на меня, все понимал, умница, и снова спросил:

— Ну, точно перевели, правильно?

— Да, — ответил я, — все правильно, все точно.

1975 — 1977
Ялта — Переделкино

В издательстве «АСТ»
в серии
«Мастера. Современная проза»

ВЫШЛИ КНИГИ:

Джозеф Хеллер
ПОРТРЕТ ХУДОЖНИКА В СТАРОСТИ

Айрис Мердок
ДИЛЕММА ДЖЕКСОНА

Джойс Кэрол Оутс
КОЛЛЕКЦИОНЕР СЕРДЕЦ

Эндрю Круми
МИСТЕР МИ

Ольга Токарчук
ПУТЬ ЛЮДЕЙ КНИГИ

Кадзуо Исигуро
КОГДА МЫ БЫЛИ СИРОТАМИ

Кристиан Комбаз
ВЛАСТЕЛИН УРАНИИ

По вопросам оптовой покупки книг
издательства АСТ обращаться по адресу:
Звездный бульвар, дом 21, 7-й этаж
Тел. 215-43-38, 215-01-01, 215-55-13

Книги издательства АСТ можно заказать по адресу:
107140, Москва, а/я 140, АСТ — "Книги по почте"

В издательстве «АСТ» вышли книги:

Ирвин Шоу

БОГАЧ, БЕДНЯК • МОЛОДЫЕ ЛЬВЫ

Агата Кристи

ДРАМА В ТРЕХ АКТАХ. ПЯТЬ ПОРОСЯТ. ОДНИМ ПАЛЬЦЕМ. МЕСТО НАЗНАЧЕНИЯ НЕИЗВЕСТНО

МИССИС МАКГИНТИ С ЖИЗНЬЮ РАССТАЛАСЬ. КАРИБСКАЯ ТАЙНА. Н. ИЛИ М. НОЧНАЯ ТЬМА

УБИЙСТВО В ПРОХОДНОМ ДВОРЕ. ЗЕРНЫШКИ В КАРМАНЕ ВИЛЛА «БЕЛЫЙ КОНЬ». ТАЙНА «СЕМИ ЦИФЕРБЛАТОВ»

Гарольд Роббинс

ИСКАТЕЛИ ПРИКЛЮЧЕНИЙ

Стивен Кинг

ЛОВЕЦ СНОВ • НУЖНЫЕ ВЕЩИ

СТРЕЛОК. ИЗВЛЕЧЕНИЕ ТРОИХ. БЕСПЛОДНЫЕ ЗЕМЛИ

Сидни Шелдон

ОБОРОТНАЯ СТОРОНА ПОЛУНОЧИ

Джон Гришэм

ФИРМА. КЛИЕНТ

По вопросам оптовой покупки книг издательства АСТ обращаться по адресу:
Звездный бульвар, дом 21, 7-й этаж
Тел. 215-43-38, 215-01-01, 215-55-13

Книги издательства АСТ можно заказать по адресу:
107140, Москва, а/я 140, АСТ — «Книги по почте»

Издательство АСТ представляет

В серии «Историческая библиотека»

Вышли в свет:

Кэролли Эриксон
«Мария Кровавая»

Филип Шорт
«Мао»

Р. Г. Скрынников
«Иван Грозный»

Р. Г. Скрынников
«Василий Шуйский»

Джордж Вейгел
«Свидетель надежды»
(Биография Папы Иоанна Павла II)

Герберт Бикс
«Хирохито и создание современной Японии»

Джин Строус
«Морган»

Чарлз Уильямс
«Аденауэр. Отец новой Германии»

Готовятся к печати:

Фрэнсис Уин
«Карл Маркс»

Дэвид Фрэйзер
«Фридрих Великий, король Пруссии»

Дитер Хэгерманн
«Карл Великий»

По вопросам оптовой покупки книг
издательства АСТ обращаться по адресу:
Москва, Звездный бульвар, дом 21, 7-й этаж
Тел. 215-43-38, 215-01-01, 215-55-13

Книги издательства АСТ можно заказать по адресу:
107140, Москва, а/я 140, АСТ – «Книги по почте»

Издательская группа АСТ

Издательская группа АСТ, включающая в себя
около **50 издательств** и редакционно-издательских
объединений, предлагает вашему вниманию
более 10 000 названий книг
самых разных видов и жанров.
Мы выпускаем классические произведения
и книги современных авторов.
В наших каталогах — интеллектуальная проза,
детективы, фантастика, любовные романы,
книги для детей и подростков, учебники, справочники,
энциклопедии, альбомы по искусству,
научно-познавательные и прикладные издания,
а также широкий выбор канцтоваров.

В числе наших авторов мировые знаменитости:

Сидни Шелдон, Стивен Кинг, Даниэла Стил, Джудит Макнот, Бертрис Смолл, Джоанна Линдсей, Сандра Браун, создатели российских бестселлеров Борис Акунин, братья Вайнеры, Андрей Воронин, Полина Дашкова, Сергей Лукьяненко, братья Стругацкие, Виктор Суворов, Виктория Токарева, Эдуард Тополь, Владимир Шитов, Марина Юденич, Виктория Платова, Чингиз Абдуллаев, а также любимые детские писатели Самуил Маршак, Сергей Михалков, Григорий Остер, Владимир Сутеев, Корней Чуковский.

Издательская группа АСТ

129085, Москва, Звездный бульвар, д. 21, 7-й этаж
Справки по телефону:
(095) 215-01-01, факс 215-51-10
E-mail: astpub@aha.ru   http://www.ast.ru

**Книги издательской группы АСТ вы сможете заказать
и получить по почте в любом уголке России. Пишите:**

107140, Москва, а/я 140
ВЫСЫЛАЕТСЯ БЕСПЛАТНЫЙ КАТАЛОГ

**Книги издательской группы АСТ вы сможете заказать
и получить по почте в любом уголке России. Пишите:**

107140, Москва, а/я 140

ВЫСЫЛАЕТСЯ БЕСПЛАТНЫЙ КАТАЛОГ

**Вы также сможете приобрести книги группы АСТ по низким
издательским ценам в наших фирменных магазинах:**

Регионы

- г. Архангельск, 103-й квартал, ул. Садовая, д. 18, тел. (8182) 65-44-26
- г. Казань, Сибирский тракт, д. 11, тел. (8432) 78-23-20
- г. Казань, ул. Баумана, 13
- г. Новосибирск, ул. Б. Богатного, д. 260, тел. (3532) 10-17-86
- г. С.-Петербург, Невский пр., д. 116, тел. (812) 279-80-68
- г. Самара, пр. Кирова, д. 301, тел. (8462) 56-49-92
- г. Самара, пр. Ленина, д. 2
- г. Азов, б-р Петровский, д. 3
- г. Белгород, пр. Б. Хмельницкого, д. 132а, тел. (0722) 31-48-39
- г . Воронеж, ул. Лизюкова, д. 38а, тел. (0732) 13-02-44
- г. Калининград, пл. Калинина, д. 17-21, тел. (0112) 44-10-95
- г. Краснодар, ул. Красная, д. 29
- г. Курган, ул. Гоголя, д. 61
- г. Курган, ул. Куйбышева, д. 87, тел. (3522) 22-36-23
- г. Магнитогорск, пр. Ленина, д. 50, тел. (3519) 37-55-65
- г. Магнитогорск, ул. Звенягина, д. 9
- г. Н. Новгород, пл. Горького, д. 1/61, тел. (8312) 33-79-80
- г. Н. Новгород, ул. Литвинова, д. 25/32, тел. (8312) 77-99-44
- г. Новороссийск, сквер Чайковского
- г. Новочеркасск, ул. Московская, д. 10, тел. (86352) 2-30-53
- г. Орел, Московское шоссе, д. 17, тел. (08622) 4-48-67
- г. Оренбург, ул. Туркестанская, д. 23, тел. (3532) 41-18-05
- г. Ростов-на-Дону, пр. Космонавтов, д. 15, тел. (8632) 35-99-00
- г. Рыбинск, ул. Ломоносова, д. 1 / Волжская наб., д. 107
- г. Тула, пр-т. Ленина, д. 18
- г. Ульяновск, ул. Врача Михайлова, д. 10
- г. Ульяновск, ул. Гончарова, д. 12
- г. Ульяновск, ул. Железной дивизии, д. 6
- г. Челябинск, ул. Кирова, д. 7
- г. Челябинск, пр. Ленина, д. 52
- г. Челябинск, пр. Ленина, д. 68
- г. Череповец, Советский пр., д. 88а, тел. (8202) 53-61-22
- г. Иркутск, ул. Ленина, д. 15, тел. (3953) 24-28-05
- г. Пермь, ул. Крупской, д. 42, тел. (3422) 22-91-17
- г. Тюмень, ул. Республики, д. 155, тел. (3452) 22-45-50
- г. Киров, ул. Комсомольская, д. 37
- г. Киров, ул. Пролетарская, д. 22а
- г. Н. Тагил, ул. Первомайская, д. 32, тел. (3435) 25-43-92
- г. Н. Тагил, ул. Дзержинская, д. 47

Литературно-художественное издание

Рыбаков Анатолий Наумович

Тяжелый песок

Роман

Художественный редактор *А. Касьяненко*
Технолог *Г. Трушина*
Технический редактор *М. Касьяненко*
Корректор *Л. Гайворонская*

Подписано в печать с готовых диапозитивов 04.01.03.
Формат 84×108$^1/_{32}$. Печать высокая с ФПФ.
Бумага типографская. Усл. печ. л. 15,12.
Тираж 5000 экз. Заказ 468.

Общероссийский классификатор продукции
ОК-005-93. том 2: 953000 — книги. брошюры

Гигиеническое заключение
№ 77.99.02.953.Д.008286.12.02 от 09.12.2002 г

ООО «Издательство АСТ»
368560, Республика Дагестан, Каякентский район.
с. Новокаякент, ул. Новая, д. 20
Наши электронные адреса:
WWW.AST.RU E-mail: astpub@aha.ru

При участии ООО «Харвест». Лицензия ЛВ № 32
от 27.08.2002. РБ, 220013, Минск, ул. Кульман,
д. 1, корп. 3, эт. 4, к. 42.

Республиканское унитарное предприятие
«Полиграфический комбинат имени Я. Коласа».
220600, Минск, ул. Красная, 23.

Рыбаков А.Н.

Р93   Тяжелый песок: Роман / А.Н. Рыбаков. — ООО «Издательство «АСТ», 2003. — 277, [11] с. — (Собрание).

ISBN 5-17-018296-1.

Трагическая история о жизни и судьбе Рахили и Якова Ивановских, вобравшая потрясения мировых войн и ставшая подлинной сагой о любви, прошедшей через все страдания человеческие.

УДК 821.161.1-311.6Рыбаков
ББК 84(2Рос=Рус)6-44